W I Z A R D

株式投資が富への道を導く

Paths to Wealth Through Common Stocks

by Philip A. Fisher

フィリップ・A・フィッシャー［著］

長尾慎太郎［監修］

丸山清志［訳］

Pan Rolling

Paths to Wealth Through Common Stocks
by Philip A. Fisher

監修者まえがき

本書はフィリップ・フィッシャーの著した〝Paths to Wealth Through Common Stocks〟の邦訳である。これは高名な相場書である〝Common Stocks and Uncommon Profits and Other Writings〟（パンローリングより『株式投資で普通でない利益を得る』［仮題］として二〇一六年夏に刊行予定）の続編と呼ぶべきものである。それでも原書が出版されたのは実に半世紀以上も前になるが、ここで示されるメッセージは最近書かれたと言われてもおかしくないほど斬新かつ堅牢である。ウォーレン・バフェットをはじめ、多くの資産運用者がフィッシャーの教えを絶賛するのもなんら不思議ではない。

本書は前書と比べるとこれまで相対的に世間の注目度は低かったが、その先進的な内容は瞠目に値する。それらは、科学技術の進歩の影響、経営陣の質の評価、投資における心理的要素の意義、マーケットにおける予測の無意味さ、機関投資家の役割、投資情報における集合知の可能性、サービス産業の将来など、そのまま現代の経営学の講座で教えられていてもおかしくない項目である。今もって価値の高いこれら真理の数々を一九五〇年代に一人で見抜いた著者の洞察力には驚くばかりである。

また、著者はモトローラへの投資に象徴されるように大成功した投資家として名が知られているが、ストーリーテラーとしての才能もあるようで、本書のパイオニアの例は大変興味深い。資産運用業界における多くのエキスパートが、自分自身では高い技術や知識を駆使し得ても、それを分かりやすい形で他者に伝えることがほとんどできないなかにあって、フィッシャーの教授の巧みさは極めて特異である。このたび著者の一群の翻訳書を出すにあたり、第一弾として本書を日本の読者に届けられるのは大変喜ばしいことである。今後出版されるほかの著書も併せて堪能していただければ幸甚である。

翻訳にあたっては以下の方々に心から感謝の意を表したい。翻訳者の丸山清志氏は分かりやすい翻訳を、そして阿部達郎氏は丁寧な編集・校正を行っていただいた。また本書が発行される機会を得たのはパンローリング社社長の後藤康徳氏のおかげである。

二〇一六年三月

長尾慎太郎

本書を、「みんながそう信じているようだから、そうに違いない」という考え方にしがみつかないすべての機関投資家ならびに個人投資家に捧ぐ。

目次

さらなる投資指南書の必要性

証券投資に関する書籍はテレビコマーシャルか推理コミックかのようになりつつある。私たちのほとんどが、そのような本はすでにあふれるほど存在していると感じている。そこで、すでにあふれかえっている資料にさらに追加して、株式の取扱方法に関する分かりづらく、お互いに矛盾する助言を提供して投資家のみなさんを狼狽させてしまう前に、本書の内容がその混乱を解消してくれる内容なのか、それとも単にその混乱を増幅してしまう内容なのかについて、しっかりとした考え方をご紹介しようと思う。二年前、私はすでに混沌としすぎていたこの分野に新たな一冊を加えた。私がそうした理由は、そうすることによってみなさんに伝えるべき投資哲学があると信じたからである（今でもそう信じている）。その本に対する読者の驚くべき反響が、この結論の証明となってくれた。しかしここでさらに一冊加えるということは、単にこの分野をますます混沌とさせるだけではないだろうか。市場ではすでに二〇種類以上もの石鹸が発売されているのに、さらに新たなブランドを一つ加えるようなものではないのだろうか。

本書のような書物が根本的に必要であるとの結論を私が徐々に強めていったのは、私自身『**株式投資で普通でない利益を得る**』（パンローリングより二〇一六年夏発売予定）という書物を執筆したことから得た経験が主な理由となっている。この本は株を保有することで価値ある利益を手にし、また継続的に利益を手にし続ける方法をまとめただけでなく、リスクを最小限に抑えながら並外れた利益を最大限に手にするための方針を紹介している。この本では主に二つのことを念頭に執筆した。第一には、長年にわたり市場価値を劇的に増加させてくれる媒体となる可能性の高い、素晴らしい経営体制を持つ特別な会社を、投資家（またはそのアドバイザー）が特定する方法を示すこと、第二には、そのような異例の会社の株式を買う最高の時期、そしてぐんとその機会は減るが、最初にうまく選んだ株式の売り時について示すことである。

前作以来、私のもとへ全米から投資家の声が寄せられてきた。その問い合わせのなかから私は何度も繰り返し、非常に多くの既存および将来の株主が欲しがっている追加的な情報のようなものに対する異例とも言える見識を紹介してきたと信じている。

読者の問い合わせは大きく二つに分類される。一つは、これからの時代に直面する実際の状況において、私の投資哲学（あるいはこの場合、ほかのどのような投資哲学でも）をどのように応用すべきか、というものである。例えば、この物価上昇の問題はどれだけ重要で、この問題に対してどう対処すべきか。外国との競争や、海外投資の見通しはどうだろうか。投資に最も有利な業種はどこだろうか。本書の最初と最後の部分は、おおむねこのような質問に答える形で書かれており、ここから直近数年の間にある銘柄については株価を大きく上昇させ、一方で多くの人が大きな期待を寄せている銘柄の株価については失望となるような強くも極めて逸脱した影響力をとらえて、投資家が損するよりは利益を上げることができるようにする方法を示している。

二つ目の分類のなかでは、非常に多くの投資家が私が前作で強く強調した内容を認識しているようである。つまり株で高い利益率を上げるためには、少数の人だけが有するある程度の知識と時間が必要となる。よってほとんどの投資家は専門家のところへ行くことを選ぶのだが、それも極めて正しい選択である。あらゆる年齢層、そして控えめな所得層から極めて裕福な階層までさまざまな人から、私は次のような質問を繰り返し受けている。「本当に信頼の置ける投資の専門家はどのように見つけたらよいのでしょうか」。私は投資ビジネスのなかのさまざまな区分について、その強みや弱みに関する基本的理解が極めて欠如しているということは分かっている。しかし、そのような人々が求めている人物を見つける手助けとして最も大きく貢献するものは、そのような背景知識であることは確かである。そのような質問にお答えするために、「あなたと投資ビジネスの行き先」という項目を入れた。この基本的な背景知識のなかに私は五つのステップを加え、私の考える、投資家が選択するべき適切な投資関連商品群を示した。最後に今後起こることについての私の意見とその理由を述べ、投資に関する健全な助言を提供するという投資会社の根本的な機能に関して、現在行っている業務を改善するために今後取るべき道について付け加えた。

それに加えて二つの小さな項目を入れ、投資家の混乱がいまだに多く存在すると思われる題材に関する投資概念についてもお話しする。その一つである株価の大きな上昇が起こる仕組みについて私が述べた部分では、重大な利益を上げるということに限って言えば、株という区分全体にかかわる最も重要な事項の一つについて記している。それでもこれについては、投資家の一〇に九人はまったく意識していない。

別の著書でも書いたように、私の示し方は極めてくだけた形式である。私はあなたやほかの読者に対して一人称で話しかけており、これらの投資法則の多くを示すときには、私が唯一事業として運営しているファンドの少数の大口投資家に対して説明するときと同じ言語と事例や推測を用い、同じように問題を明確にして説明している。

それでも、もし単純な日常語で表現する試みをしていたとすれば、ここに示す概念について過度に単純化しようとはしないだろう。過度に単純化することで、株を取り扱う技をマスターするのが非常に簡単に感じられるようになるかもしれないが、それと同時に投資家は、予定していた利益を取り損ねる結果ともなる。それは投資家がルールを極めて単純化した結果、現実のほんの一部にしかそぐわず、あらゆる場面に適応できないものになるからである。最初の著書が出版される前、私は自分の著書を「人気の」売れ筋に仕立て上げるチャンスをすべて捨て去っているとも言われた。その理由は、私が素晴らしい投資チャンスを偶然に頼らずに見つけだすために必要なことをすべて説明することで、だれもがすぐには簡単に実行できないことを書くことになったからである。それでもその本に対して驚くばかりの読者の反響があったのを見て、投資界の大部分を占める人々は、実際には理論どおりにはいかない過度に単純化された理論には飽き飽きしており、投資の問題を現実に即した形で説明してくれる、より複雑な扱い方を歓迎することを理解した。

さらにこれも前の著書で説明したとおり、自分の主張する物事が現在一般的に受け入れられているファイナンス理論と部分的に、あるいは真っ向から対立するものであるからと言って、自分が最高の投資理論だと信じるものを書くことに迷いはない。著書『株式投資で普通でない利益を得る』の初版で私は、「株式投資の多くの側面に関しては、捻じ曲がった考え方や中途半端な受け入れ方をされていることが非常に多い。しかし配当について言えば、この困惑はそれほど大きくない」と書いた。その言葉を書いてから二年とわずかであるが、この問題に関して私が指摘したポイントを確認できるような、素晴らしい株式市場の事例が多く出ている。わずか二年前にあれだけ広く支持されていた間違った見方が、すでに消滅し始めている。同様に、私は本書の多くの箇所で、現在のほぼ全世界の投資関係者に受け入れられている、安易でぞんざいと私が考える観念のほとんどとかなり食い違った立場をとってきた。物価上昇に対処する手段となる、例えば現行のＦＲＢ（連邦準備制度理事会）の「金融引き締め」政策の完全な愚行、投資信託、外国に投資をする英知に対する私のコメントは、この例のほんの一部にすぎない。その当時もまた、投資の事実に関して、ほぼすべての人が当たり前のことと受け入れて深く考えていないことが、間違いであることがはっきりとし、そしてこの事実についてよく考えて正しい答えを導き出した人は、十分な報いを受けられただろう。当時人気だった見方を常に闇雲に受け入れていた人々が、著書が最初に出たときにいぶかしげな表情を見せたそのポイントは、実は健全なことだったということが、わずか二年の荒れ狂った株式市場の歴史で証明された。同じように、私が今みなさんに紹介しようとしている観点の健全性について、その判断を未来とあなたに委ねたいと思う。

一九五九年一二月

フィリップ・A・フィッシャー（カリフォルニア州サンマテオ）

第1章　一九六〇年代に予想される重大な変化に合わせる

偉大な投資とは何かという概念の変化が、普通株にも大きな影響を与えることになった。通常、このような新たな影響力が現れてしばらくは、投資界の多くの人にその影響の本当の重要性が理解されないようだった。後にその出来事の本当の意味が知られ始めると、影響を受ける証券の市場価格に見事な変化が訪れる。時に、富はある出来事の重要性をいち早く理解した人によって形成されるものであり、その影響が個別の銘柄に大きな変化として現れる前に行動を起さなくてはならない。

一九五〇年代に金融界に起こった新しい状況への大きな二つの調整の例を検証してみよう。過去の再調整を検証すると、一九六〇年代に訪れる出来事の理解と予想がしやすくなる。

その一つは、企業経営の技術がこの四半期に進歩したことで、投資の水準を実質的に「ブルーチップ」と呼ばれる工業株にまで成長させたことである。投資の世界では一九四〇年代後半まで、大きなリスクをとる立場にない場合、自分の証券の持ち分は債券や高格付けの優先株、一部の公共サービス企業の株に限定すべきだと考えられていた。この時代は、会社がまだおおむね家族経営であったことはまだ記憶にあるだろう。会社を支配していた人物は非常に能力の高い人か、あるいはその正反対の人物であった。しかし、当時の慣行として権限の委譲はまれで、外部株主の利益のために経営の連続性を確保すべきとの考えからはほとんど行われなかった。後継者の育成が仮に考えられていても、それは通常、いずれだれか若い親族に継がせることを視野に入れたうえでの考えであり、一族の利益を維持することが目的であった。会社のトップは独裁者であるのが普通で、意思決定を行うときには良くも悪くもその個人的信念に基づいて行われた。多くの客観的材料と外部のさまざまな専門家の意見を集約し、決定を行うための事実に基づいたより良い根拠を探すという考え方はほとんどなかった。日々の出来事をこなしていくなかで、非常に頭の切れる経営陣が長期的な計画を持ち、外部の株主に対する強い責任感を伴って経営にあたることで、株価が上昇する機会が訪れた。投資家は企業に対して支払う対価という観点で、この重要な新勢力から恩恵を受けることになったのは何も驚くべきことではない。むしろ、急進的に改善した経営を通して特定の株式の価値が本質的に高まる方向にあるこのトレンドはずっと昔から続いているものであり、ここ何年にもわたり、株価にこのトレンドが反映される前から存在していたものなのである。

一部の普通株に影響を与えた、恐らくこれと同じくらい重要な新展開の例について考えてみよう。科学的な研究を正しく行うことで、新製品を次々と開発し、売り上げを伸ばしていく企業が多く出現したのである。ただ、これらの重要な開発は何年も前に始められていたのだ。一九四〇年代の終わりにかけて、このトレンドはかなり存在感のある重要なものとなっていた。しかし投資に関して、この極めて収益性の高い経営術を会社が本当にマスターしたことに対して、金融界が広く評価を示したのは一九五〇年代に入ってからである。実際にこれらの非常に有望な会社のＰＥＲ（株価収益率）が、その特質を株価に反映し出したのは一九五〇年代もだいぶたってからのことだった。

一九五〇年代に株価が織り込んでいった「新しい要素」（当時はそう思われていた）を研究することから得られる教訓には、二つの重要なことがあると考えている。一つ目は、そのような新しい影響力を、ほかのだれよりも先に考慮した人々に蓄積された利益（場合によっては損失の回避）の実現。二つ目は、新しい影響力と称されるものは、しばらくたってからでないと影響を及ぼさないということである。よって、一九六〇年代になって知られるようになる影響力を比較可能な形で予見するために、その未来の背後にある力を予見する必要はないのである。それよりも単純に、十分に調整されていない銘柄、あるいは正しく調整されていない銘柄の属するグループについて、もっと最近の影響力を研究するだけでよいのである。

A．株式とインフレ

一九六〇年代には（それに先立つ三〇年間と同様に）、さらなるインフレの脅威は、引き続きすべての投資家にとって非常に重要なことだった。しかし私の考えでは、一九六〇年代に入れば、株の保有とインフレの本当の関係性がより明確に理解されるようになったことは確かだと思う。そのために、特定のグループの銘柄が現在の株価水準とは異なる水準で売買されるということが起こったのである。この関係性を理解している人たちは、今後長い年月の間に、非常に大きな損失を被ることから逃れられる可能性が高い。

これらの事情は全体として、投資に非常に大きな重要性を持っていることから、その株のさまざまなグループとの関係性を検証する前に、まずインフレの根本的な性質を探究してみても良いかもしれない。その真の原因が理解できれば、投資家が基本的なことを考えるときに政治家たちのまちまちの独断的なコメントに翻弄されずに済むかもしれないからだ。

まず考えなければならないことは、もちろんインフレという言葉の純粋な意味である。難しい定義は数多く存在するものの、投資という目的を考えた場合、私は込み入った定義に立ち入る必要性もないし、好ましいとも思っていない。実用的に考えて、インフレとは同じ金額の米ドル（あるいはそのほかの通貨単位）で手にすることができるモノやサービスの総量が徐々に減少していく状況としてとらえれば十分である（逆の現象が起こることは少なく、一時的である）。このような状況は、比較的長い年月にわたり米ドルの価値が下落したあとに、おおむね同等の長いサイクルで物価全体の水準が下落し、米ドルの価値がそれに応じて上昇していくというアメリカ史の大部分にわたりよく見られたこの状況と比べて非常に対照的なことである。

投資家が物価上昇について最初に認識すべきことで、恐らく最も大切なものは次の点である。アメリカ国民の圧倒的多数の人が政府に対する税務や義務をしっかり守っている間は、物価がどんどん上昇していく事態を避けることはできない。政府の無駄をなくすことや財政の健全化が、非常に望ましい目標である。民間事業が急激な負のスパイラルに入ることを避けられれば、それは物価上昇の速度をさらに抑えることにつながり、場合によっては一時的にインフレを完全に止めることさえできるかもしれない。しかし、有力政治家が現代の米国においてインフレ自体が永遠に止まってしまうだろうなどといった話をしたとしても、単なる口先だけの話としかとらえられないだろう。

これからもインフレが続くと、なぜこれほどまで確信を持って言うことができるのだろうか。それは、私たちが作り上げた経済のシステムの下において、インフレの種が芽吹くのは好況のときではなく、不況のときであるからだ。米連邦政府の歳入のおよそ八割は法人および個人の所得税で賄われている。この連邦政府の基本的財源は、ご存知のとおり民間企業の景気に左右される。景気後退が全体的に緩やかなものであったとしても、その財源は急速に収縮してしまう。

しかし、景気全般が悪いときに起こることはそれだけではない。私たちは事業がうまくいかず、政府の税収が最も少ないこのような時期でも、失業保険や農家救済策も含めて政府に対する負担が急激に増加するように法律を定め、自らの首を絞めているのである。そのうえ、そのような法律による支出は、本当に厳しい不況が訪れるようなときに政府の資金から特別に流出するほんの一部である。一九五八年の比較的穏やかな不況時に議会が取った行動を検証してみると、これがはっきりする。ありとあらゆる提案が即座に通過し、経済を救うという名目で国庫が犠牲となった。その適用範囲は個人や法人の所得税軽減の大胆な策から（これで縮小する購買力を拡大しようとした）、困窮しているグループおよび公共事業の大幅な拡大計画に対する特別融資枠を使用する組織作りに向けられた。このような事業のほとんどは実行されず失敗に終わったのだが、面白いのはその理由である。「その対策が不況を終わらせるために本当に必要なものである」とすれば、その手のプログラムに対する反対の声は主要な政党のいずれからも聞こえるはずはなかった。それどころか共和党は、不況はいずれにしても間もなく終了するので、それを待って、インフレを引き起こす対策だけを実行し、期待されているような回復が実際に起こらずに「そのような対策が必要となる」事態を待つほうが良いとの立場をとった。

しかし一九五八年の不況は長く続かず、結局、そのような対策はほとんど採用されなかった。政党政治の実用性がまったくといっていいほど理解されていないなかで、私たちの選んだ代議士が大不況の苦悩に支持者を再び迷い込ませるよりはましだとして、巨額の財政赤字をさらに膨らませる道をほぼ全会一致で選択するという事態に対して、疑問を投げかけることができる人は果たしていただろうか。その意味で、この赤字を生み出す道が国益のためになっていないと、確信まがいでも構わないから自信をもって言える人がいただろうか。巨額の財政赤字は物価のさらなる上昇につながると言うことができる。また物価全般の上昇が良くないことであり、そして大変であるということについては、十分に認識されていることと思う。しかしこの大変な状況は、一九三〇年代前半の世界大恐慌のような不況と同様に、労働者や経営者に降りかかる苦悩のように大きなものなのだったのだろうか。

この問題は、各自が個別にどう考えるかはともかくとして、一般的な考え方はすでに決まっている。一五〇年前、経済の安定的な繁栄は、人々の幸せな結婚生活を保障することと同様に、政府が口を出すような問題ではないというのが世論だった。これはすでに『**株式投資で普通でない利益を得る**』（パンローリングより二〇一六年夏発売予定）のなかで私が述べたとおりである。五〇年前には、だれも飢えないように配給や炊き出しのような比較的お金のかからないことをするべきだというのが世論となった。まだ極めて農業中心の経済だったが、物価上昇を引き起こすような財政赤字を生み出す状況とは程遠かった。連邦政府による所得税の徴収などは、当然のことながらまだまだ未来のことであったのだ。割合として見ると、今日と比べて、国家レベルでの歳入は景気の変化に対してそれほど激しく反応していなかった。

その結果、どうなっただろうか。歴史的には最近のことではあるが、政府要人と有権者の双方が一致して持っている意見としては、永遠の繁栄を維持するという政府の義務は変わりそうにない。残念なことに、厳しい時代に政府ができる主な対処法は、税金で徴収する以上の資金を支出し、トレンドを転換させるために新しい購買力を十分に創出するようにすることだけである。これもインフレに勢いを与える。景気が時に低迷することは、自由企業のメリットを享受するために支払わなければならない代償であり、一方、全員の生活水準が低いこと、生産される商品が少ないこと、個人的な自由の喪失は、どうやら政府が唯一の雇用主であることの代償のようである。したがって、私たちが自由経済システムの利益を得ているうちは、予期しない景気停滞はときどき訪れるということである。私たちが民主主義の国に住み、世論が今日のように反応するような状況では、インフレはさらに続いていくということだ。

しかし、ここで別のことも考えるべきである。それは、独裁政権でなくても物価上昇を止めることができるという誤った考えを多くの人が持っているということは、同じような誤った見方を持っている人がさらに多くいるということである。つまり、物価が上昇するのは当然のことであり、そのペースが加速することは避けられないということだ。物価上昇は馬に例えられることがある。最初はゆっくりと歩いているが、最終的には荒れ狂い、危険なギャロップで駆けていくということだ。「ギャロッピングインフレーション」や「ランナウエーインフレーション」といったよく耳にする言葉も、間違いなくこの比喩的表現から発生している。

このように、インフレが加速するのは避けられないとする立場の議論は次のように展開される。価格が上昇を始めると、先見の明のある人々は現在の状況がインフレに結びつくということを察知する。これらの人々は将来必要となると思われるモノを、その価格が高くなってしまう前に買い始める。このような付加的な需要によって、必要なモノの価格の上昇は平常時よりも加速する。このように加速する価格上昇を見て、さらにほかの人々もインフレになる可能性を警戒し始める。今度はこの人たちも将来の需要を先取りするため、物価上昇のスパイラルにさらなる勢いを加える。通常ならば、あとになってから必要になるものを消費者は今日のうちに買い、ビジネスマンは物品の在庫を通常よりも極端に積み増し、投機家はこのような状況から手っ取り早く利ザヤを稼ごうとする。このような動きのすべてが寄与して、インフレ旋風を巻き起こす。

明らかにすべてが反対のことを示しているにもかかわらず、これだけ多くの人々が私たちの世界に存在するインフレの悪をまことしやかに評価する。そのうえで自らを恐怖に陥れながら、現在の緩やかな物価上昇が今後はずっと毒性の高いギャロップ型の物価上昇に変わることは避けられないと宣言し、完全に投資家を欺いてしまうのである。このような人々はもう何年も前からこの展開を予想し、そして完全に間違ってきたわけであるが、彼らの確信は一般的にかなり受け入れられている。この受け入れられている事実が、投資家にとって重要な意味を持っており、私がここで述べているとおりである。しかしそもそも、どうしてこの見方は起こっている事実と相反しているのだろうか。過去何年間かは、ビジネス界のかなり多くの人々がインフレがどんどん進行していく可能性が高いと考えていた。しかしこのビジネス界のどこを見ても、これを理由として平和な時代に在庫を積み上げる傾向を見てとることができない。対照的に、私たちが目にするのは、在庫全体を削減するための方策を見つけようとする努力のほうである。在庫を抱えるためのコストにはさまざまなものがあり、将来的に物価水準が全体的に上昇していくからといって、在庫を積み上げるのが割に合うとは言えないのである。

この問題を明確に理解するために、コストについて詳細に検討してみるのが良いだろう。まず、超過在庫とかかわる資金に対して発生する利息というものがある。自由な手元資金がなく、超過在庫が借入金で賄われている場合、そのコストはさらに大きくなる。それからこの在庫を保管・管理しておくコストもある。これに関しては火災や盗難、その他の損害に対する補償の費用も加えなければならない。次に、その地域の財産税が課税されるが、これはある特定の時期に在庫を抱えていた場合に、その地域ごとに評価され、徴集される税金である。最後に商品の種類によっては、時間とともに物理的に損傷が発生するリスクも存在する。またスタイルや技術の変遷もリスクとして存在し、価値を下落させる要因となるだろう。

このような理由から、第二次世界大戦以降の米国ではインフレが実際に起こり、インフレに対する意識が高いにもかかわらず、インフレのヘッジとして商品の在庫を積み上げるという傾向はまったく見られないのである。そのために前倒しで買うという行動はまれに見られるが、それはほぼいつも物理的な不足を懸念して起こる行動であったり（例えば、朝鮮戦争の初期のような）、特定の商品の価格上昇に対する懸念から起こる行動であったりするのだが、全体的なインフレに対する懸念が原因となることは一度もなかった。時には、特定の商品の価格が将来的に（緩やかだが）間もなく上昇していくと言われていても、前倒しの買いが起こらない場合もある。上昇は費用を抱えることに比べたら、微々たるものなのである。

このことは、何も第一次世界大戦の後間もないドイツやフランスで起こったギャロッピングインフレーションのような加速が、米国で起こる可能性がないと言っているのではない。しかし、このようなことが起こるためには、物価上昇が全体的に大きく加速されなければならない。実際に起こる前に事前シグナルがたくさん出るはずである。さらにすでに述べたように、そのような加速が実際に起こったとしても、これは好況のときよりも不況のときに起こると考えられる。そのような時期には通常、株式投資では掘り出し物がたくさん見つかる。これは投資家にとって大きな意味を持つ。つまり株価が高いときには、余剰資金があったとしても、インフレでその現金の価値がいつか目減りしてしまうことを懸念して、あわててそのお金を市場に投じる必要はないのである。

インフレが進む速さは、実際にはどれくらいなのだろうか。毎年、物価上昇がどれくらいの速度で進行しているのか（つまり、同じ金額のお金で買うことができるものがどれだけ減っているのか）。それを百パーセント正確に言うことができる人は一人もいない。この問題を測定するために作られたさまざまな指数に誤差が存在しないと自信を持って言える人がいないからである。しかし米国労働統計局のＣＰＩ（消費者物価指数）は非常に精巧に作り上げられており、このように複雑な問題を測定する場合でも正確な測定に近い状態にできると考えられる。一九五〇年一月一日より一九五九年一二月三一日までの一〇年間にわたり、この指数は年率換算で平均二％を若干上回る値を示している。まずその可能性は低いのだが、この指数の正確度が五〇％と想定する。このように想定しても、年間上昇率の平均は三％をわずかに上回る程度にすぎない。

純粋に投資を考えた場合にこれが意味することは明白であるはずだが、それでも投資家はこれを理解できないことが多い。つまり長期的な視点で見て、インフレは考慮すべき大きな要因であるということだ。一〇年間を見て、最低でも二〇～三〇％程度の価値上昇を実現するような手段を持ち合わせていない投資は、良くない投資と考えられる。

しかし、ここが多くの投資家にとって大きく足を踏み外すポイントとなるが、現金や国債、その他多くの株式が内在的にインフレプロテクションの機能を有していないからといって、この種の資産に対する投資をやめて、最初からできるかぎり正しい投資先を選ばなければならないと、断固として主張するわけではない。平均的な年では、この現金の実質価値の収縮というものはたかだか二～三％といったところである。これは現在、現金から発生する利子所得の金額（税引き後）とほぼ一致する。つまり利子要因を無視した場合、四年経過しても実質的な収縮は八～一二％を超えないということである。しかし、どの年を見ても最も投資に適している株式であれば、その株価は三％を優に超えて上下し、四年という期間で見れば、その株価の変動は八～一二％をはるかに超える。

あなたが賢い投資家であるならば、この物価上昇の問題を正しい視点で見ていただきたい。長期的に見て、私は次のような目標を持つべきだと考える。「少なくとも将来的に避けて通れない現金の収縮を相殺できるだけの上昇を約束できないような投資はしない」。しかし短期的には、正しい投資を選択して正しいタイミングで買うことが、インフレプロテクションを即座に手に入れることよりもずっと重要であるということにも気づくべきである。逆に投資家がまとまった額のお金を比較的早い時期に決まった目的で使うために保存しておく場合（例えば、家を建てるとか、家族を海外旅行へ連れていくとか）、そのお金は現金で持っておくべきであり、インフレプロテクションの対策を講じるべきではないと思う。物価上昇をヘッジするために正しい商品を購入したとすると、同じ金額を預金のままで同期間置いた場合に比べて購買力は比較的緩やかにしか増加しない。しかし、投資した商品の場合は、それを現金化しようと思ったとき、その価格は大きく下落している可能性がある。

物価上昇に対する認識が高まっているこの時代に、これだけ多くの投資家が現金を保有することに関してほぼパニックのようになってしまうのはなぜだろうか。彼らは買いに走り、まだ残されている本当の投資機会を見つける試みに時間をかけない。あるいは、これは個人の性急で未熟な行動のサインと言えるかもしれない。しかし多くの場合、私はそのような行動の背後には、何か大きく違ったものがあると思っている。インフレのテンポが加速するのは確実だという幻想が根拠もなく受け入れられ、ゆえに現金や現金同等物を投じる速度が最重要事項となってしまっているのである。

これは非常によく聞かれることであり、私の結論に対して多くの思慮深い方々が下さる反論についても十分認識している。強烈な物価上昇が発生する唯一の要因は、戦争や事業の不振などによる赤字の結果である（よってほかの時期にはインフレに対するヘッジをそれほど急ぐ必要はない）。この私の主張は、彼らによると、インフレがマネタリーベースの拡大だけによって起こるという前提のみに基づいていると言うのだ。実は彼らは一貫して、物価の上昇はまったく違った別の要因によって引き起こされると主張している。その原因は私たちの経済に存在する不公平な利権であり、法律によって労働組合にも与えられている。単一の組織に対して必要な労働者を供給したり、業界全体からこの供給を止めたりする独占権を与えることで、組合は社会のほかの組織が追随できないようにする強さを身につけてきた。これによって賃金は大きく上昇し、その結果として企業側はその上昇分を価格の上昇という形で社会に転嫁する以外、方法がなくなってしまった。この力こそが、良い時代にも悪い時代にも物価上昇の原因として作用しているというのである。

私はこの議論とほぼ同意見であるが、これは全体像のほんの一部にすぎないと思っている。インフレを生じさせる要因は賃金の上昇ではなく、マネーサプライの拡大であることは確かだが、この二つはおおむね同じものである。つまり、賃金の上昇が生産性の上昇よりも大きい場合、経営陣としてはその大部分、あるいは全部を価格上昇という形で転嫁せざるを得ないからである。また平均的な企業の利益は一ドルの売り上げのうちの数セントにすぎないのに、賃金の合計金額はその何倍にもなるので、賃金の上昇を吸収できるところは価格の引き上げ以外にないのである。すると、政府にとっても選択肢がなくなるのは時間の問題である。米国政府は、FRB（連邦準備制度理事会）というシステムを通してマネーサプライを増やして一連の賃金上昇を「承認」することで、この賃金上昇によって上昇した価格でも、一般の人が必要な数量のモノを購入することができるようにすることが可能である。しかしその「承認」を拒否し、マネーサプライを以前の水準にとどめておくことも可能である。「承認」を拒否すれば、物価が上昇した水準でも、以前に普通に取引されていた数量を支えるだけのお金が供給されないことになる。悪い時期がここから始まるのだ。「マネーマネジャー」と呼ばれる人が自らの方針を逆転させるか、不況が悪化するかである。そこで政府の歳入が縮小して費用が増加すると赤字が発生し、例の手段をとってマネーサプライを増加させることになり、結局は賃金上昇も承認されることとなる。

幸運なことに、今日では大きな労働組合とほぼ同等の力を持つほかの力も存在し、それは一般的な価格構造に対して反対の効果を及ぼす傾向がある。これは最近の産業構造における科学的研究および開発工学の驚くべき進化である。企業の執行部や科学者やエンジニアのチームワークのメリットは非常に大きく、ハーバード大学のサムナー・シュリヒター教授がこれを「発見の産業（Industry of Discovery）」とうまく表現し、本当に驚異のスピードで成長している。この六年で三倍となり、現在の年間支出はおよそ九〇億ドルとなっている。この数字は、合計数百万ドルしかなかったわずか三〇年前の支出から、右肩上がりの状況となっている。

大きなグループを構成するエンジニア界の人々は日々、新しい機械や手法を駆使してモノを安く作るための方法を見つけているが、その価格構造に対する影響力をイメージするのは簡単だ。また見失われがちなのは、その仕事が統計学的に処理されづらいという理由もあるが、モノを良くしようとしている研究者グループも価格構造に対して影響を与えている。例を見れば、はっきりとするだろう。仮に、タイヤ一本の値段が三〇年前と同じだとしよう。当時、パンクは数千マイルごとに起こるのが当たり前だった。今日ではパンクは非常にまれである。当時のタイヤ当たりの総マイル数は、限りなくゆっくりとした運転速度であった割には、今日の標準から考えるとほんのわずかな数字でしかない。したがって、メンテナンスに含まれる総費用を見た場合、まとまった価格削減が実現したことになる。

永遠に成長し続けるこの「発見の産業」には、モノを安く作ろうとする傾向とともに、労働を相殺する力があり、上昇する人件費を相殺するのに大いに役立ち、その影響を和らげている。研究中の費用を支払う時点と、商品の価格低下、あるいは改善という形が結果として現れる時点との間には著しいタイムラグが生じる。支出は一貫して増加していることから、数年後には利益のカーブも同様に上昇していくことは確実であると言える。したがって、この要因による価格を低下させる力は、弱くなるというよりは強くなっているといったほうが確かなようだ。この理由によって、私は物価上昇が止まると考えているのではなく、巨額の赤字が生まれる不景気な時代でないときには、物価を上昇させる力を押さえつけるこの強力なブレーキで、投資家はじっくり絶好の投資のチャンスを狙ってもよいのだと考える。投資家は物価上昇の進行速度におびえて、目先の物価上昇に対するヘッジを急ぐ必要はないのである。

投資家がある時点でインフレの進行を確信すると、自然な流れとして自分が正しいと思うことに思考を集中させようとする。つまり、物価が上昇していく世界のどこに、自分の資金を置くべきかという問題である。しかしこの背景には問題がまだ一つ残っている。一九六〇年代に典型的だったインフレの状況に最もよく合う投資先について具体的に考える前に、それを理解しておくことはどの投資家にとっても有益であると思われる。

私がここで言おうとしていることは、ほぼ全世界で受け入れられている信念の精度に挑戦状をたたきつけるようなものかもしれない。ただ単に多くの人が何かを真実と信じて、そのことを疑わないというだけで、それに疑問を投げかけること自体が場違いと感じている人もなかにはいる。そのような人には、いつの時代にも人間の知識の及ぶどの分野においても、ほぼ全員に真実と受け入れられ、わざわざ深く考えられていないようなことの多くは、時間がたてばそれが完全に間違いだったと証明されることがよくある、と私は言いたい。地球が太陽の周りを回るのであり、その反対ではないということに気づくまで、文明が生まれてから何万年もかかった。私たちの前の世代くらいになってようやく、モノが完全な固体であってもそのほぼ全体は空っぽの空間であるということを素晴らしい科学者が証明したが、それも今の私たちは当然のことと思っている。妊婦は二人分の食事を取るように言われていた時代を覚えているだろうか。経験的に持っている非常に好ましくない風習である。あることが一般的に当然と考えられ、有力な地位にいて信望を集めている指導者がそれに合わせて方針を決めているからといって、それが正しいということにはならないのである。

現代では、ほぼすべての銀行家や多くの政府が、インフレに対処する方法は金利を上げることだと思っている。仮に物価上昇がゆっくりと進む私たちの世界において、人々が理論経済学者の説く伝統的な物価上昇理論どおりに行動するならば、あるいは人々が急速に進む物価上昇局面で予想どおりに実際に動くならば、金利を上げることで効果的に抑制することができるだろう。このとき事業者や消費者や投機家は、現在は必要なくとも、あとになって高くなってしまうと思われるモノを取り合うだろう。この動きによって価格はどんどん上昇し、多くの人が在庫を抱えすぎ、買いすぎの状態に陥り、このブームもはじけてしまうことになる。この余計な購入分はクレジットや借入金で行われるのがほとんどだ。したがって、与信を拡大するのをストップし、借り入れなどの費用を引き上げることによって、このような危険な行程は停止し、本当の意味での物価上昇抑制策となるだろう。しかし、現実にはだれも不要なものの購入や先走った購入をしているというのを表に出すような人はいないので、私たちの世界のインフレを抑制するための金利引き上げは、単に食べすぎの患者に対して肺炎の即効薬を使っているようなものとなる。

これは投資の適切なタイミングを測るうえでかなり有益であることから、ここで利上げによって実際に何が起こるのかをきちんと検証してみることにする。まずはわれわれの知っている中央銀行の要人が何と言っているかを見てみる。頭に置いていただきたいことは、この人たちは権力を持っているということだ。彼らが銀行の信用の供給をコントロールできるということは、お金の利率に多大な影響力を及ぼすことができる地位にいるということである。

賃金を上げよ、と彼らは言う。そうすればインフレが誘発される。これで事業を行うコストが上昇し、したがって消費者が買うもののコストも上昇する。原材料の価格や最終製品、サービスの価格も上がる。これももちろん物価上昇を誘発する。価格上昇の影響を直接受ける製品のコストが上昇するだけでなく、コストの上昇によってその製品やサービスを購入するほかの会社のコストも上昇するため、ほかのモノの価格も上昇せざるを得なくなるのである。しかし「お金のコストを引き上げよ」と中央銀行の人は言う。そうすればデフレの誘発となる。会社が事業を継続し成長していくためには、お金を借りる必要があり、これによって事業コストは増加し、ほかのあらゆる会社と同様に、事業を維持していくために価格を引き上げることが必要となっていくにもかかわらず、彼らはそう言っているのだ。これは納得いくだろうか。

おかしなことに、ある特定の状況ではそういうことが起こるのである。しかし、私たちの経済が容量いっぱいに動いているとしてみよう。このとき主要産業の大部分では、工場から最大限の生産が絞り出されている。さらに、例えば鉄鋼の実際の消費増加率が、このときの需要ほど多くはないと仮定してみる。しかし、鉄鋼プラントでは国の実需に間に合わせるためだけでなく、将来の見込み需要にも対応できるように、新たに追加建設されるプラントのために在庫を積み上げる努力がなされるのであり、この需要は産業界において、現在の需要と将来建設が予定されている鉄鋼プラントの需要の両方への供給に対する要請があるかぎり、続いていくと想定される。このような状況では、会社が借り入れできる資金量を引き締めることで、次の二点のような価値ある効果を上げることができる。まず新しい鉄鋼プラントの建設速度を減速させることができる。これで鉄鋼に対する超過需要のある一定の量が将来に押しやられることになる。つまり、ブームを引き伸ばすことができる。さらに重要なことは、このことで多くの会社は経営が成り立つ範囲で、必要最小限の在庫を自分たちで抱えながら、うまく切り盛りをすることを余儀なくされるということである。鉄鋼業界の顧客すべてが工場の生産容量を超える量を求めるような逆の状況では、鉄鋼価格はランナウエーインフレーションに陥ってしまうが、それを防止することができるのである。このような状況においては(このような状況においてだけであるが)、高金利といわゆる「金融引き締め」という政策は、物価上昇の傾向を緩和するのに大きな力を発揮する。

ところが一九六〇年代の米国経済は、前述の例とは極めて異なる状況にあった。全産業にわたるストライキに直面したときを除いて、主要産業の大部分では稼働率が七割～九割となっていた。つまり、ほぼすべての場所に余力があったのである。数百万人が失業した状態にあり、この状態は続いていくだろう。さらに重要なことは、今日の産業界が考えている新規設備や新型機器の導入計画は、その多くが低金利の時代には承認されるが、高金利の時代では大幅に削減されてしまう種類のものであり、どれも新しく容量を増やすためのものではないのである。これはむしろ、古い設備を近代化するためのものである。そのような計画は一台当たりの生産の低コスト化を実現するものであり、通常は古い機械や旧式の手法を新型機械や改善された手法に置き換えるために導入される。

　インフレ抑制のためにこれより重要なことはない。ここにインフレに対抗する二股に分かれた武器がある。一方は、企業が低金利で借り入れを行い、その近代化計画をどんどん実施していけるように援助することでコスト削減を行いやすくする。私たちの競争体制における通常の仕組みでは、そのようなコスト節約はほぼ常に顧客へ転嫁されてきたが、賃上げ分にも対応する価格引き上げをしなくとも吸収できる形で行われてきた。他方で、この追加の近代化計画が産業界から創出される追加受注も、全業種の総量を押し上げるのに十分な量となると言える。賃金全体も増加するということは言うまでもないだろう。これは間違いなく、私たちの法人所得や個人所得の増減に左右される国家財政の構図を劇的に改善させる。

　ここまでで、物価上昇の減速に対して「金融引き締め」策をとることが思ったような効果を上げない理由が、徐々に明らかになってきているかもしれない。それをきっかけに、後々確実にインフレを加速させる力がかかり始めるのである。すでに説明を試みたとおり、常にモノを改善しやすくする方法を見つける試みを通して、研究や開発工学はこの物価上昇を減速させる強力な力となって作用してきた。しかしこのコスト削減のための工学的開発のほぼすべてに資金が必要であるため、その技術の産業への導入は金融市場の影響を直接受ける。コストが高く借り入れが難しい場合、ほとんどの企業では研究開発部で最も優秀な成果を得られたものしか利用しないように圧力がかかる。その他の魅力的な計画は、財政的な運営手段が途絶えるか、コストがかかりすぎるという理由で延期されたり、放置されてしまったりする。したがって物価上昇を回避するために引き上げられた金利そのものが、生産コストの抑制や物価引下げのために行われることを抑えてしまうという結果になるのである！

またこれは、金融引き締めでインフレが進行するカラクリとしては唯一のものでも、根本的なものでもない。すでに基本的な物価上昇の発生要因となるものは産業界における不況であることは説明を試みたが、それは厳しいビジネス環境が一定期間続いてしまうことで、避けられなかった赤字財政が急速に拡大するからである。かなり昔となる一九三〇年代を見ても最近の一九五七年を見ても、ＦＲＢが大胆な金利引き締めを奨励したときはいつも企業全般に対する影響は同じであった。産業は資本支出を切り詰める。住宅建設やその他の資金調達コストが消費者に達する末端価格に大きな影響を与える大企業ならば、通常大きな影響を同様に受ける。このようにブランコのような産業の減退がその他の系統にも悪い影響を与え始め、全体的な減退が開始される。一九三〇年代の世界大恐慌以来、それぞれ企業の業績悪化の影響は連邦政府の赤字の急拡大につながっており、拡大するインフレは経済の一部となってしまっている。

仮に私がこの高金利の効果についての問題に、異常なほど長い時間をかけたと思われたとすれば、それは私がその問題を多くの投資家が感じているよりもずっと重要だと思っているからである。投資家は、物価のさらなる上昇の可能性が非常に高いということから目を離すべきではない。ただ、通常であればこのインフレはゆっくりと進むため、絶好のチャンスをじっくりと待つべきであり、価格が上昇しそうなものになりふり構わず飛びつくべきではない。ところが、金利が高くなり始め、マネーマネジャーが上昇を喜んでいるようならば、このルールは少し変化する。このとき投資家はいつもよりも警戒度を引き上げなければならない。事業は衰退し始めてもおかしくない。衰退が見られなくても、株価は利回りの水準を合わせるため、債券価格を追って下落する可能性が高い。これは何も、投資家がこの時期に全面的に買いの姿勢を控えるべきと言っているのではない（本当に素晴らしいチャンスというものは、単に短期的な要因を理由に逃すべきではないからだ）。買う対象についてもっと多くを要求するべきだと言っているのである。

金融引き締めが主流となる時期がしばらく続くと、構図はがらりと変化する。物価の上昇と闘うためにＦＲＢが金利を上げるということは、人が体内に入ってきた危険なウイルスを餓死させようと、栄養を取るのをやめてしまうようなものである。ウイルスが消滅するずっと前に、その本人が飢え死にしてしまう。そのうえ、ＦＲＢは多くの個人と同じように、苦痛が増すにつれて断食をあきらめ、方針を転換してしまうのが普通である。投資家は通常、この変化がいつ起こるかを正確に知る確実な方法をまったく持ち合わせていない。しかし、飢餓の期間が長引き、資本財や建設などの業界が苦境に立たされる一方で、連邦政府の財政赤字が拡大していくと、新たにインフレが進行し、急激な政策転換が実行される可能性が高まる。したがって、赤字の時期が長引けば長引くほど、個人としては自分が投資している証券について長期的には適切な投資先なのだと、もっと自信を持つべきである。

どのような種類の投資先がインフレの対抗策となるのだろうか。一九六〇年代に入り、突然認識され始めた荒削りで、未熟な考え方がここ一〇年ほどのうちに登場した。一般的に信じられてきたことは、資産としてのあらゆる株は、過去にも現在にも未来にも、いつのときにもインフレに対するヘッジとして存在し続けるということである。これは、どれも正しいとは言えない。現時点で過去に関して言えば、このことは、過去一五年間に堅調に価格が上昇してきた資産をかなり大量に保有しているとして（つまり、現金の購買力が低下している）、その所有している大量の保有株式の価格がまったく上昇しておらず、むしろかなり下落しているという事実を見れば、簡単に証明できる。これだけで、株式はモノの有形資産（土地、工場、在庫など）の所有権を表し、物価上昇時には現金に対してモノの価値が上昇することから、株式を保有することを通してこれらモノを所有することが、株主の現金価値の目減りに対するヘッジになるのだという、広く受け入れられ、信憑性があると思われてきた論理が崩壊してしまうのである。

多くの投資家はさらに一歩踏み込んでこの論理をとらえている。つまり、地下に大量の天然資源を保有している会社は、インフレヘッジとして理想の会社だと言うのである。現金の価値が下がるときにはこのような保有資産の価値が相対的に上がるため、前述のような企業の株主にとっては備え付けの保護装置が備わっているというわけである。これらの会社のなかには、これから説明していく理由で、インフレヘッジとしては非常に価値の高い会社があるかもしれない。しかしこう言えるのはまったく別の要因からであり、単に便利な天然資源を大量に保有しているからというわけではない。これこそ一九五八年と一九五九年に、石油会社の株式を保有して暢気に構えていた投資家が気づき始めたことであった。

「株式は有形資産の所有権であるから、自動的にインフレ対策になる」という共通の誤解を取り除くことは、基本的な概念を一つだけ頭に置いておけばさらにやりやすくなる。私たちが買うモノの価値は、一般的な価格水準の範囲内でほかのモノとの比較で常に変化している。例え全体的に物価がゆっくり上昇しているときでも、氷河のような壮大な動きのなかで、一つ一つの価格は上昇するものもあれば、下落するものもある。しばしば新しい技術が発明されたり、発見されたりして、物事を進めるコストが大幅に削減されることがあるが、そのときに実現される価格の下落は目を見張るほど大きいこともある。また、一般的な嗜好は変遷するが、それは関連商品やサービスの価格が著しく上昇したり下落したりする原因ともなる。

このポイントを説明するための極端な事例を一つ紹介しよう。少し大げさに思われるかもしれない。それでも物価の上昇局面において間違った種類の株式を買うという単純な間違いを避けようとする株主ならば、当然、このことを念頭に置いていることだろう。さらにここでは現代社会が経験したなかでも極端な例として、一九二〇年代のドイツを見てみることにする。当時のドイツマルク（第一次世界大戦前の価値はおよそ二五セント程度だった）の価値はすっかりなくなってしまい、一時期の一〇マルクは一切れのパンを買う購買力もなくなっていた。多くのドイツ人はその結末を予測し、弱体化する自国貨幣を物理的なモノに換えることに全力を尽くした。しかしここで、ある一人の人間がインフレに対するヘッジとして、バッスル（女性のスカートの後ろを膨らませるための腰当て）でいっぱいの倉庫を取得したとする。一八九〇年代、私にはその理由はまったく分からないのだが、女性の間で体の特定の部分に偽装を施す願望が高まったので、当時であればこの所有権は非常に理想的であったと思う。あのころならば、この商品の価値もかなり上昇しただろう。しかし一九二〇年代では、演劇の衣装としての特別な需要がある以外、バッスルは何の価値も持たなかった。その価格が高かろうが安かろうが、あるいはだれもがまもなく価値がなくなると考えていた通貨で値段が付けられていたとしても、ほとんど見向きもされなかっただろう。だれも欲しがらないし、だれも買おうとはしない。一九二〇年代のバッスルは、物価上昇に対して最低限のヘッジにもならなかったのである。

ここで株の話に移ろう。ある会社が清算されるような状況にでもなければ、株式の持ち分に応じたその会社の資産価値は、市場で売買される通常の株価とほとんど関係がない。その理由は、根本的に資産は株主に手渡されないかぎり、それが生み出す利益のためだけ、あるいは金融界全体が生み出されると期待している利益のためだけにしか有益でないからである。もしこのことを疑い、確かめてみたいのであれば、とても単純なテストをしてみるとよいだろう。NYSE（ニューヨーク証券取引所）で取引される銘柄リストはほぼ常にアルファベット順で並べられている。このリストのどこでもいいから無作為に選び、そこから二〇銘柄を研究してみる。時価と資産価値は、どのグループを選んだとしてもお互いに関連性がまったくないことに気づいていただきたい。資産価値よりも大きく割り引いて取引されている銘柄もいくつかあるだろう。また会社の資産価値の何倍もの価格で取引されているものもあるだろう。関連性はまったく見つけられないのである。それでもまだ納得できないようであれば、別のテストを紹介する。数年前に比べればぐっと数は減ったが、資産価値と比べて割安である銘柄に対して注意を喚起する速報のようなものがブローカーによって発行されることがある。数年前に発行されたものを一つ手に入れてみよう。あとから見れば簡単なことだが、挙げられている銘柄のその後の動きを一般的に認められているマーケット指数と比較してみる。すると多くの資産は、株価の市場における動きとほとんど関連性がないことに気づくだろう。その資産はインフレ局面で価値が上昇しているところと、していないところがある。しかし、資産価値に合わせて株価を上昇させるためには十分ではない。資産価値は、それ自体では株価の上昇を引き起こす十分な力を持ち合わせていないのである。

株式の価値を上昇させるものとして二つの要素があるが、この二つは深くかかわりあっている。一つは、株式の収益力の上昇である。もう一つは、その収益力の将来的な予測についての共通認識である。後者のほうが重要である。二つのことがお互いに非常に深い関連性を持っている理由は、ある特定の会社が毎年素晴らしい率で一株利益を伸ばしている場合、金融界ではこのトレンドが将来にわたり長い間継続すると結論付ける傾向が強い。事業サイクルのそのときどきの影響を加減しても、この論理の流れは極めて正しいことが多いが、時に間違っていることもある。いずれにしても一株利益の堅調な増加があってこそ、その収益に応じた市場価格の堅調な上昇があるのであり（そして金融界が特定の株式にますます高いステータスを与える）、それによって一般的に成長株と結びつけて考えられる価値の大幅な上昇の大部分がもたらされるのである。この組み合わせによって、投資家にとって健全なお金という意味で最大限の純利益がもたらされるのである。また、通貨の価値が下落しているなかでは物価上昇に対する最大限のヘッジともなる。

言い換えると、物価上昇がどのような状況にあろうと、大きく上昇するような株式だけが投資家の資産をインフレから守る防衛手段となるということだ。それは株とインフレ防衛の間にある本質的な関係が原因ではない。そのような本質的な関係など何も存在しない。これは単に、その会社のやり方が非常に素晴らしいために、インフレによる投資家のお金の価値の減少と本質的な株式価値の上昇の程度が同じか、それ以上であるという幸せな偶然が起こるからである。つまり投資家の実質的な資産は、インフレの影響で縮小させられるのと同じ割合で保存されることになる。仮に本当の成長株をその会社の魅力が金融界で認知される前に購入するならば、それは現在ゆっくりと進行する物価上昇のなかで現金価値が目減りしていくよりも、株価上昇のほうが常に大きいということを意味する。したがって、真のインフレヘッジという意味以上に投資家は大きな実利を手に入れることになる。

別の言い方をしてみよう。本当のインフレ防衛手段となる唯一の株式タイプを選ぶためのルールは、私が『株式投資で普通でない利益を得る』で説明したとおりである。研究などの手段を使い、毎年一株利益を増加させる方法を発見した能力の高い経営陣を抱えた会社を見つけることだ（そのときも事業サイクルのなかの一時的な上下の波は毎年許すものとする）。経営陣がこの成長を維持するために確固たる意志を持ち、同じ理念の下で養成された若手幹部を抱えることで防衛策をきちんと講じているかを確かめておく。そして、もし金融界のほとんどの人がその状況を完全に把握する前にその株式を購入することができるならば、保有し続けなさい。株価がどこまで上昇しようとも、その経営理念が続くかぎり持ち続けるのだ。これらをすべて実行すればインフレに対する本当のヘッジを手に入れることができ、またインフレを大きく上回るものを手に入れることができるだろう。その会社の非凡な資質がかなり広く認知されてからでも、その会社を買ってみる。それほど大きな効果ではないが、それでもまだインフレヘッジとなるだろう。逆に並みの会社を、しかもかなり多くの人が株価を吊り上げてしまったあとに買ってしまうこともある。この場合、恐らくインフレに対する本当の意味でのヘッジ機能を果たすことはないだろう。

ここで多くの人が、次のような疑問を持つだろう。「もしほとんどの株がインフレに対するヘッジ機能を完全に果たさないとしても、少なくともいくばくかのヘッジにはなるのではないだろうか」。いずれにしても物価上昇は、不景気の期間を短くする力があり、好景気の時期には経済をより刺激する傾向がある。この傾向は、ほぼ全株式に対して収益力を高める効果とはならないだろうか。この収益力が株式の実質的な価値を上昇させ、少なくとも貨幣の価値の減少を部分的に相殺するものとはならないだろうか。

これに関して肯定的な答えとなる信頼できる証拠が十分にはない。しかし私としては、一九五〇年代が進むにつれ、株が（ただ株であるというだけで）インフレ回避策となるという考えが投資界から一掃されたのは、この問題に重点が置かれすぎてしまったからではと疑念を持つようになってきた。それは投資家が同じ状況の二面性を無視してきたからである。つまり物価の上昇が株にとって痛手となる一方で、手助けにもなるということである。

物価が上昇していくと、物理的に事業行為を同じ量だけするためには、お金がもっと必要になる。仮にある会社で、すでに最小限の在庫でお客のニーズに迅速に対応できるほど経営が効率的になっているとすると、物価が上昇するたびにこの最低水準の原材料や生産工程の労働力、手持ちの完成品を維持するためにとっておかなければならないお金がどんどん増えることになる。気をつけてほしいことは、会計の作り話でもないかぎり、これは流動資産ではないということだ。それは永続的に続く追加投資であり、会社が常に手元に準備しておかなければならないものである。会社が現在の地位を保っておこうと考えているならば、その水準の在庫を最低限維持しなければならない。同じような考え方で、物価が上昇していくとき、入金が増えなければ会社は拡大するどころか、従来の水準を維持することさえ難しくなる。思い出してほしいのは、機械や建物の勘定科目のなかには実際の消耗よりも償却期間が短いものもあれば、長いものもある。それでもいずれはどれもが消耗してしまう。会社が計上することのできる償却率は、各項目について消耗までどれくらいかかるか、税務当局がどのように見積もっているかによって異なる。しかし私たちの使っている旧式で、どちらかというと不公平な償却法の下でのこの償却率では、会社はこの種の資産に当初かかった費用を回収できるだけであり、将来的に新しいものと交換するためにかかる費用は考慮されていない。したがって、物価上昇局面では、すべての企業において常に財政面での危機が起こるのである。これはかなり大きな金額となり、帳簿上でその項目が償却される価格と実際に入れ替えるときの費用との差額を表している。

株主の視点から見ると、物価の上昇によって生じるこの財政上の危機に対する防衛手段はただ一つである。それは安定的に増加していく収益の流れを作り出すことである。この増加していく収益とは、通常は既存の事業活動の規模を拡大したり、事業ラインに関連する新規活動を始めたりすることでもたらされる。物価上昇局面で事業を十分行っていけるようにするためには、この成長は大きくなければならない。古い事業にも追加資本の提供が必要になるうえに、新たなラインにも資本を投入しなければならないという問題が出てくるからだ。これを実行するために、拡大させる箇所を正しく選ぶうえで、偉大な能力があり偉大な判断のできる経営力が必要となる。そのような経営力を持つ会社は、インフレ局面以外にも非常に価値ある投資のできる会社と完全に一致する。このため、並みの経営陣を持つ会社ならば、どこの株を買ったとしても、物価上昇に対するヘッジにはほとんどならない可能性が高い。

一九六〇年代に入ると、この一点を理解していることは、そのすぐ数年後にインフレにかかわる金融事情が大きく変化したときに、知らない場合に比べて損失を回避するうえで非常に重要になる。一九四〇年代から一九五〇年代にかけて、物価の上昇のさらなる進行が避けられない兆候が現れていたが、一〇年後にはすべてが当たり前のことになった。それでもどういうわけかほんのわずか数年前まで、多くの投資家がこの兆候を知らなかった。その後、一九五六年から一九五七年にかけて、また一九五八年から一九五九年にかけてはさらにその傾向が強くなったが、それまでこの問題についてそれほど心配していなかった何百万人もの投資家の間にインフレに対する集団恐怖症が広まった。ファンダメンタルを含めて何も変化していないのに、そしてインフレの危険度は何十年も昔と比べても高くなっていないのに（低くもなっていないが）、投資家はあたかも、すぐに株（株ならほとんどどれでも良い）を買って防衛策を講じないと、自分の投資しているファンドが消滅してしまうかのような行動をしたのである。その結果起こったことは、ありとあらゆる種類の株の価格やＰＥＲの急上昇である。なかには本当の意味でその後のインフレに対するヘッジとなるべきものもあった。しかし自身の将来の収益力に影響を与える状況によっては、ヘッジが不適切であったり、それどころかまったくヘッジになっていなかったりするケースも見られた。

一九五六年から一九五九年にかけてマーケットに群がってきた多くの裕福な個人投資家は純

粋な長期投資家と言われたが、投機家とは思われていなかった。当時の投資家は真剣に物価上昇を心配していた。そのせいで彼らは非課税の地方債に対する愛着を失い、またそのような非課税証券が裕福な投資家にとっては税引き後の手取り利益の拡大効果になるということに対しても興味を失っていったのである。彼らは好きな株を、価格などお構いなしに買うこともあった。買った株を金庫に入れ、必ずやってくると信じていたさらなる物価上昇に対する防衛策がこれで講じられたと胸をなでおろした。購入した株価がいくらであろうが、物価の上昇が株価をもっと高くしてくれるだろうと安心していた。

このような動きを受けて、一九六〇年代に入ってやり手の投資家たちから非常に注目されていた事態が起こったと私は考えている。この話をする理由は、株式投資に新規参入してきた当時の裕福な投資家はさまざまな方面で素晴らしい能力を持っていたかもしれないが、投資ＩＱは低かったと断定しても問題がないと思うからだ。もしそうでないとすれば、少なくとも一〇年も前からはっきりと現れていたインフレの兆候を見ながら、インフレに対してリスクの高い非課税商品に集中することはなかっただろうし、またあれだけ拙速に思慮もなく、株式であれば価格がいくらであろうと、物価上昇に対する防衛となるというような理論を受け入れたりもしなかっただろう。

私がきっと起こるだろうと信じていることは次のとおりである。察しがつくかもしれないが、最近インフレという言葉に誘われて株へ転向した多くの人たちは、これまでの人生を地底で送り、天空のメカニズムなどほぼ何も知らない人と同じような行動をとると考えられる。そのような人に夜の八時きっかりに月を見せてみる。そして夜が更けていくと共に、月が天をきれいに横切っていくと教えてあげるのだ。この人は非常に強い興味を持ってその様子を見る。しかしその動きを見ることができない。だから、じっと見続ける。八時一分、月はまったく同じ場所にいるように見える。八時二分、まだ何の変化も見られない。八時三分、彼はまだ何も変わったところに気づくことができず、八時四分、いまだに同じようにしか見えないことに腹を立てて帰ってしまう。この人は別のことをしたらもっと有意義に時間を使えると考えた。ところが未明の二時に戻ってきて見上げてみると、八時四分にうんざりして待つのをあきらめてしまった見事な変化が現れているのである。

私はこれが、主に物価上昇を理由に株に投資することにした比較的最近の多くの転向組に起こったことだと思う。何カ月も、恐らく数年にも及ぶ時間が過ぎる。インフレが進行する速度では、株を購入してからの期間でインフレが巨大な力であることを見てとることは、非常に困難であると思う。彼らにも、心理的八時四分がやってきてしまう。ちょうど自分が防衛されていないという集団的な恐怖に突然見舞われて株式を購入したときのように、「インフレは、本当はそれほど重要ではないのだ」という感情に一時的に支配されてしまうのである。これが起こると、株式離れの集団的な行動によって短期的に大きな影響が出ると考えられるが、くしくも物価上昇に対する防衛ニーズが最大になるときに起こってしまった。それは一九六〇年代に入りそれほどたたないうちであった。

抜け目のない投資家が、そのような可能性を受けて即座に取る行動として二つの道がある。まず多くの景気循環株が、過去の基準から判断するとおおむね極端に高い価格で売買されているとき、この投資家は自分の持ち株を再度見直し、本当に素晴らしい投資でなければ処分することを考えるだろう。一方で、『株式投資で普通でない利益を得る』で繰り返し述べているように、その本当に普通でない株式が一時的に割高になっているという可能性が高いだけで、投資家はそのような証券を売却したいという誘惑にかられてはならないのである。単に次のようなことが起こる可能性が高すぎるのだ。①株価は期待どおりの動きをしない、②期待どおりの動きをしたとしても投資家はさらに株価が下がるのを待ち、当初よりも高い水準に再び上昇するまで市場に戻ってこない、③そのような動きになるときには株価は上がり続けていて、底値が現在の株価水準よりも高くなってしまう。

「どのような株式でもインフレヘッジになる」という考え方が大衆の間で冷めるということは、実際にそのような状況が起これば、この抜け目のない投資家にとって将来の行動の道が開けるということになる。いつも見つけるのが大変と言われる真の成長企業も、少なくともこの時期には全体の売り圧力に押されて下落する。そのような売りの波が来れば、本当の意味でのインフレ防衛策となる株式にもまたとない買いのチャンスが訪れる可能性が高い。一般的に言って、通常の主要市場の下落によってあらゆる種類の株式が下げ基調のなかで急落するが、本当に良い銘柄だけには急回復が起こり、新高値を付けていくのである。

まとめると、一九六〇年代の終わりまでには一般の投資家も、インフレは不可避であり、どのような投資をするにしても、このすさまじいインフレの力に対抗する防衛策を考えることは最重要課題の一つになるという本書の見方を認めるだろう。しかし、そのころまでには投資家も自分の持ち株を保護する仕組みに関して、現在では考えも及ばないような高度なレベルに達しているだろうと思う。株式であればどれでも良いわけではなく、物価上昇局面でなくとも珍しく良い結果を出す無二の株式というものがただ一つ、本当の株によるインフレ防衛手段として認められることになるだろう。株が上昇するということと現金の購買力が下落するということに直接の関連性はないことに気づくだろう。一方、株がいずれにしても割安であることが多い不況の時期を除いては、インフレ防衛対策で買い急ぐ理由はまずないということも分かるだろう。購入する株式を正しく選択するということはとても大事であり、現金価値の実質的な縮小は非常にゆっくりと起こることから、必要であれば正しい買いを実行するには数年かかることもある。それでもこの問題に関してここまで高度な一般投資技術を身につけるプロセスは簡単ではないし、痛みを伴うものである。一九六〇年代に入れば、「株ならどれでもインフレヘッジになる」という考え方に対する大きな不満と失望が起こる時期も来るだろうと思う。この抜け目のない投資家は自分の今の持ち株を見て、本質的な魅力が欠けているにもかかわらず、主にインフレヘッジとして誤った価値が与えられているために、異常な株価で取引されているものはないだろうかと検討してみるだろう。後に全体的に失望の時期がやってくれば、この投資家にとって普通ではない魅力的な買いを入れるチャンスも巡ってくるかもしれない。

B. 機関投資家の買い

株式市場における機関投資家の買いは、主に次の五つである。①年金ファンドおよび利益共有ファンド、②個人の利益のための受託者で、主に大手銀行の信託部門、③投資信託、④保険会社、⑤教育機関や慈善事業団体――などで、お金をたくさん持っている大学などの大口取引も含まれる。

株式に対するこれら機関投資家の買いのインパクトは一九六〇年代特有のものではなく、すでに話したインフレ傾向とその新しさは変わりない。インフレの場合と同じようにその特徴的なのは、この比較的新しい影響力についての本当の意味を意識している投資家が徐々に増えているということである。つまりそれをどう活用していけば良いのか、そしてより重要なことは、どうやってそれらに傷つけられずにいられるかということである。

このような問題を理解するために、少し金融の歴史について知っていたほうが良いだろう。株の価格は、一九三〇年代の大部分は全体的に比較的安い水準で推移していた。この理由としては、次の二つのことが挙げられる。一つには、産業が全体に低調な時代だったということ。

もう一つは、ルーズベルト大統領が次に何をしようとしているのか、非常に多くの投資家が不安感を持っていたということである。しかしその他にも第三の、当時はあまり理解されていなかった株価を低く抑えていた大きな力が存在した。それは米国の税法による金融体系であった。

一九三〇年代、米国の地方および連邦政府の所得税は、現在ほど高くなかったものの、それまでの平和な時期を基準に見ると大変高い水準にまで達していた。これはつまり、多くの裕福な株主が死亡した場合、税金を支払うために株式のかなりの部分を現金化しなければならないということを意味していた。この貯蓄の切り崩し（つまり、そのような事態が発生しなければ市場に出回ることもなく、金庫のなかに納められていたであろう大量の株式が流出する事態を余儀なくされること）が起こったのは、ちょうど高い所得税が富裕層の貯蓄力を大きく食いつぶしていた時代であった。株式を買っていた大部分は、この富裕層グループであった。つまりこの一〇年間は、株価を押し下げるようなバイアスが最初から存在していたということだ。株式の購入に興味を持つ人たちの新規の資金だけでは、新しく発行される株式と遺産の現金化による株式の供給の両方に応えるには十分ではなかった。

しかし、第二次世界大戦後に機関投資家という新しい力が出現し、やがてそれ以前とはバランスを完全に逆転させることになった。もちろんすべての機関投資家がこの時期に出てきたわけではない。個人や銀行の受託者、保険会社、教育機関や慈善団体はそれまでにも長年にわたりかなりの量に上る株を保有していた。しかも多くの投資信託も存在していた。ただそのなかですぐに花開いたものはほとんどなかった。その後に現れたいくつかの新勢力はすべて理にかなった順番で現れ、株式市場に同じような影響力を持っていた。

最初に起こったこととしては、保守的な投資としての株の見方が急速に改善した。その結果起こったことは、プロの財産受託者や教育機関、慈善団体の資産総額のうち、株に対する投資の割合が増加したということだ。保険会社についても、その増加の割合はより緩やかなものというよりは急激であった。それは株に傾斜したオープン型投資信託が素晴らしい成長を遂げるための地ならしであり、また最も重要なこととして、株に傾斜した年金ファンドや利益共有ファンドの成長のための地ならしでもあった。

この年金ファンドや利益共有ファンドの安定的成長について、金融的に最も重要なことはまったく新しいことだが、重要な貯蓄の資源を株の購入に充てることができるという点である。工場労働者や低所得の事務職員などは、株を購入するだけの大金を蓄えているとは思われないが、通常ならポケットに入るお金が株式市場に向かって流れるようになったのである。同様に、堅調に増えていった投資信託の営業マンにとっても、それまで一度も株を貯金に充てようと考えたことのなかったグループに投資信託を売って、儲けが出るようになったのである。このようにして以前は貯蓄を株ではない資産で行っていたグループからも、株に対する需要が出てくるようになったのである。

簡単に言うと、一九五〇年代に入ってから機関投資家の買いによって上昇の傾向が強まり、高い遺産税や所得税の支払いが株式市場に与えてきた戦前の下落傾向に大きく打ち勝つようになったのである。さらに、もう何回も書いているように、個人の新規買いの数量がかなり大きくなったといっても、このような機関投資家の買いのほうが株価への影響ははるかに大きかったのである。その理由は、ある株式の所有権は別の人にわたるだろうが、株式を購入した新規の資金の大部分は、永遠ではないにしてもかなり長い期間にわたって株にとどまると考えられるからだ。近いうちに売りの対象となるようなものではなく、多くの個人投資家の持ち株のような状況とは異なる。よって、株式の出回る供給量が減少するのである。株よりもほかの投資商品のほうが望ましいとする考えに大きな変化が生じた場合にのみ、この保有株が市場に再び出回る可能性が考えられる。このような根本的な考え方の変化は通常かなりゆっくり進むものであり、株価が現在のような高い評価を得た場合には何年もたったのちに、条件が変化することで、一般的な考えの変化も支持されるようになるのである。

一九五〇年代に入り、時間の経過とともにこのような機関投資家による新規の買いがどれくらいあったのかを定量的に測る方法は、だれにも分からない。それでもそれらに関連する力がどれくらいの規模であったかを示すものは、いくつかある。一九五九年の終わりに、ジョン・ハンコック相互生命保険のバイロン・K・エリオット社長はサンフランシスコで行った演説で、一九六〇年末までには個人年金ファンドの積立金は一九四〇年の二〇倍に膨れ上がり、合計四八〇億ドルに上るだろうと予測した。同年七月、マサチューセッツ工科大学産業経営大学院（現在の経営大学院）のビクター・L・アンドリューズ・ファイナンス学助教授は米労働省が発行している『マンスリー・レーバー・レビュー』のなかで、年金制度に預託されたファンドが保有する株の数量は、一九五一年の一二％から一九五八年には二七％まで増加したと報告している。同月のウォール・ストリート・ジャーナル紙は、全米で行った科学的な標本調査を基に米銀行協会が出した推定によると（その推定の信頼性は当時としてはずば抜けて高かった）、三〇六億六四五〇万ドル、つまり米国の銀行の年金口座にある預り総資産の六一・七％が株に投資されていたと報じた。ボストン・ファンドという投資信託の一九五九年一一月の報告では、一九五九年六月三〇日時点で、六八の大学と短大が株式を三九億一二九一万九九五八ドル保有していたとされ、これは総資産の五六・六％に当たる。一年前は総資産の五一・七％だった。株に対しては伝統的にほとんど興味を示さないと言われていた生命保険会社でさえも、このトレンドに乗ってきているようだった。生命保険大手のエクイタブル生命のジェームズ・F・オーツ・ジュニア社長が最近出したコメントでは、つい最近までこの会社の総資産九六億ドルに占める株の割合は比較的少なかったものの、今後一〇年に毎年およそ四〇〇〇万ドル程度のペースで購入する計画があるとしている。生命保険会社が株式保有の傾向を強めることで生じる株式市場への潜在的なインパクトについては、最近のウォール・ストリート・ジャーナル紙の調査で、エクイタブル生命が保有する株の比率は総資産の〇・四％にも満たないことが明らかになったことからも分かる。最大の生命保険会社であるメトロポリタンは、〇・二五％

未満、プルデンシャルは二・三％、ニューヨーク生命保険は三・一％、ジョン・ハンコック相互生命は五％しか持っていなかった。

同じような推計が全米投資会社協会（ＮＡＩＣ）からも出されており、投資家の投資信託の購入金額は一九五八年に一六億ドルだったのが、一九五九年には二三億ドルとなった。また同協会の報告によると、買い取り請求額は一九五八年に五億一一〇〇万ドルだったのが一九五九年には七億八〇〇〇万ドルとなった一方、この資金源から新たに流入した投資向け資金は一九五八年の一一億ドルから一九五九年には一八億ドルにまで増えた。これを見ると、投資信託は毎年一〇億ドル分の株を買い、ポートフォリオに加えていった計算になる。

このような傾向のすべては、最近、ＮＹＳＥが行った研究によって確認できる。この研究では、一九五九年末時点での全上場株式への投資金額のうち、機関投資家全体としての保有金額は五一〇億ドルだったことが分かり、これは全体の一六・六％であった。その一〇年前の機関投資家の保有金額は九五億ドルで、時価総額の一二・四％だった。

しかし、これはすべて過去のことである。これまで起こってきたことを理解することでさらに利益を手にすることができる。今後起こることに対する判断の精度を上げることができるからである。ここで一九六〇年代に目を向けてみると、まず直面する疑問は次のようなものである。機関投資家による買いは今後一〇年間で、さらに大きな力となっていくのだろうか、あるいは、その重要性は縮小していくだろうか。

ここで最初に考えなければならないことは、機関投資家の買いが株式市場に与えていたインパクトはすべて新規の投資資金に由来するものだったということだ。重要なことは、以前はほかのものに投資されていた資金を株へと鞍替えしたことであった。歴史的な視点から見てみても今日、株は非常に重要視されており、株式投資は総資産に占める割合としてもかなり高い。このことは一九六〇年代に入ってからも、さらに大きく成長していくだろうか。もしそうだとすれば、株式の買い手となる機関投資家の数自体がこれ以上増えないとしても、マーケットに与えるインパクトは非常に大きい。

この問いに対する答えとしては、機関投資家の保有資産を株式で持つことは全体的にさらに進んでいくが、一九五〇年代に起こったほど大きなまとまりとはならないだろうということだ。それでも、株価に対して大きな影響力を持つために、大きなパーセンテージは必要ない。一九五〇年代の機関投資家による買い（これは大きな意味での株式の取得という意味で、個別銘柄間の乗り換えという意味ではない）によって、その分の買いはすでにマーケットから吸い上げられている。つまり一九六〇年代の買いのインパクトとは、それに上乗せされる部分となる。

株式投資への転換が進んでいくことが予想されると私が信じる理由は、ほかにもいくつかある。しかし、それは以前の規模よりも控え目になると思われる。株への嗜好が高まっているというのは重要なことであるが、国やその下にある行政機関が抱えている年金基金としての巨額な資産が株式へと向けられる傾向はまだやっと始まったばかりである。この新しい展開がベアマーケットの到来によって、一度の景気後退を乗り越えるだけの勢いを得る前にトレンドの芽が摘み取られなければ、それはそれなりの規模のものとなるだろう。

それでも特に年配の受託者の間では、それぞれの預かり資産のうちのある程度は債券を保有すべきとする傾向が数四半期は残るだろう。それは、債券が預かり資産のニーズに合致する理由があるわけではなく、債券が信託財産のバックボーンになると考えられた時代に彼らの財務的常識が形成されたからである。債券なしにファンドが適切に運用されるということが、想像できないのである。この高齢者たちに代わり、債券が高い評価を受けない環境で育った若い世代の受託者が出てくると、投資信託のような信託口座に入っている債券の割合はさらに少なくなっていくだろう。それらは多くの場面で株にとって代わられることになる。

そのような力をすべて相殺できるものではないが、部分的にはほかの影響力もある。必ずしも正しいとは言えないが、恐らく債券利回りは株式と比べて、一九五〇年代の多くの時期よりもずっと良くなるだろう。もしそうなれば、インカムゲインが縮小して元本の価値が長期的に上昇していくよりも、インカムゲインの拡大と元本の実質価値が減少するリスクをとる人が常に多い状態となる（もともとそうしている少数の人も含む）。これで当然、債券への回帰の動きも出てくる。これが特に顕著に現れる時期は、①債券価格がとても低い状態にあり、インフレによる目減りが進んでいっても短期的にそれ以上の回復が十分見込める場合、②株価が非常に上がっているために、今後の成長から受ける通常の恩恵よりも、大きく下げる見通しのほうが短期的に強い場合――である。

さらにそのような力とは別のもので、現在のファンドに食い込む重要なものとして、機関投資家が一九六〇年代の株式市場に与えると私が考えているものがある。適切に扱われれば、現在のような技術によって投資チャンスがたくさん開かれる経済のなかでは、機関投資家による投資では、株式は極めてしっくりいくものとなる。しかし、受託で運用している人もそうでない人も、多くの運用責任者は株式投資を扱うのに極めて不向きではないかと私は思っている。一九五〇年代を通じて支配的だった素晴らしいブルマーケットのお陰で、その人たちの無能力さ（とりあえず株の運用に関して）は顕在化しなかった。当時の株式市場で見られたほぼ一方向のトレンドは異常であり、永遠に続くことなど期待できない。一九六〇年代のどこかで一九五七年から一九五八年に見られたものよりももっと長期のベアマーケットが来れば、過去の運用上の脆弱さが顕わになってしまうことだろう。受託者やファンドマネジャー個人に幻滅を感じた受益者は、自分たちのプライドを守るために幻滅の材料を株に向けたほうが簡単だと考えるようになる。これも恐らく、一九六〇年代に入ってからの株式投資への傾向を減じる力としては重要な要素となると思われるが、一年や二年という期間でこの傾向を逆転させるほどのものとは思われない。

これらの力が、機関投資家によって運用されている資産を株式に向け、ファンドの組み入れ比率に影響する。そこで同じようにマーケットに重要な影響を与える問題を一つ考えてみよう。

機関投資家によるファンドの総額は増加するだろうか、減少するだろうか。一九五〇年代のように、新たに調達された資金が一九六〇年代にも株式市場に流入するだろうか。もしそうだとすれば、すべての株式投資家はこの力を計算に入れなければならない。この質問に対する明確な答えは、質の異なる機関投資家の見通しを評価することで得ることができる。

しかしその前に、規模の大きな多くの機関投資家が、ほとんど気づかれずにパフォーマンスを改善させている基本的な変化を考える必要がある。これは形式的な変化ではない。組織図のうえでは、ほとんどの団体が一〇年前と同じ方法で物事を進めている。実務上はほとんど変化のないところや、まったく変化のないところもある。それでも重要な存在になりつつあった多くの団体には顕著な変化があり、運用実績のうえで相応の改善となって現れていた。それまで株式の売買手法が何も上達しないなかで彼らの活動が大きく成長してきたとすれば、それは効率が上がるなかでの成長であった可能性が高い。

大手銀行や慈善団体、保険会社、投資信託などの組織が大量の株式を売買するという複雑な仕事に苦戦するなか、かなりの数の組織が「投資委員会」なるものを作って対応した。場合によっては主要な社内役員のみで委員会が構成される団体もあったが、メンバーの一部が組織の役員となり、その他に著名なビジネスマンや、取締役会のメンバーが加わることも多かった。

投資の専門家も複数雇われて、この投資委員会に対して助言を行う場合もあった。それでも最終的な権限を持ち、実際の決断を行うのは投資委員会であった（形式上はほぼすべての場合がそうだった）。

このフルタイムの投資専門家は「証券アナリスト」と呼ばれているが、多くの場合、だれよりも素晴らしい専門家となった。機関投資家の投資委員会の仕事は並みの水準であることが多かったので、機関投資家が株式を購入するという経験の初期のころには必要とされ、まだ実績もないフルタイムのアドバイザーの推奨を伝えるためにだけ、委員会が存在したに違いない。

それでも本当の能力を持った証券アナリストの名前が、投資委員会の会合で聞かれるようになった。有能な投資家にとっては、当初のこの動きはしばしば士気を打ち砕かれるものであった。組織の経理や会計課で働き、地元の公益事業所の所長になり、あるいは三〇〇万ドルの遺産を手に入れたという理由で、投資委員会のメンバーに選出される。その委員に選ばれたからといって売買する株式を選ぶのに必ずしも効果的な判断を下せるようになるわけではない。素人が副社長の盲腸を手術すべきかの判断や、訴訟を裁判ではなく示談で済ませるかどうかの判断を下すのと、何ら変わらないのである。それでもこの投資委員会のメンバーたちは、医学的な判断や法律的な判断をそれぞれの専門家に委ねた最初の人たちだったかも知れない。実際に彼らがお金のことにかかわっていて、投資委員に指名されたとしても、フルタイムの専門家が出す推奨銘柄一つ一つの判断を伝えるだけが仕事であり、その見識に対して疑問を投げかける者は結果的にいなかった。

疑い深い投資委員会との付き合いは、そのすべてが有能な従業員にとっては障害となった。

通常、委員の大部分（全員ではないが）はその従業員よりもランクがかなり上であるが、それはその組織のなかだけのことではなく、一般の社会や地域社会においてもそうであった。このせいでその従業員は、自分の考え方を通すことが難しかった。さらに投資の専門家は通常、手続き上のものだ。よって意見が分かれたときには何の行動も取れないため、専門家と反対意見を持つ委員が勝つのが一般的である。したがって、いつも結果は投資委員会でも最も能力の低いメンバーのレベルにとどまることになる。時折、ある組織に入ってまだ日が浅いものの投資ではとても有能な人が、「その株が買うべき銘柄ということは分かっている。しかし推奨して取り上げる意味がない。私が委員になっていても意味がないんだ」と話すのを耳にした。

それでも一九五〇年代に入ると、最も有能に分類されるフルタイムの投資家のなかからも、組織内でそれまでとはかなり異なった立場になり、その地位を謳歌する者がたくさん出てくるようになった。実際に彼らの推奨が委員自身の選択よりもかなり良い結果となることが分かると、投資委員のなかには実際の選択をそのような投資のプロに任せる者も出てきた。仮にこれがうまくいき、信託銀行や保険会社や大学などのほうが投資で著しく良い結果を出すことができれば、投資判断を投資委員ではなく、質の高い専門家に任せる傾向が強まるだろう。このサンプルサイズが十分とされ、例外は重要ではないと言えるだけのパーセンテージの母集団を獲得できているかは分からないが、私の経験からすると、投資の専門家に与えられる力が大きくなり、投資委員会の個人の影響力が小さくなっていくと、成果は高くなる。その理由の一つとして、基本的に判断が最も質の高い人の手に委ねられることが道理にかなっていると言うことができる。また完全に有能な投資のプロのいる場所では、投資委員会にいる著名人に支配されず、徐々に主導権を握ることができるからである。いずれにしても、一九六〇年代に入ると、競争によってこの傾向はより強くなっていくと思われる。そうすれば多くの大手機関投資家による買いは、質をさらに高めていくことになるだろう。そのような状況が続いていけば、より多くの人がそのようなサービスをする団体に目を向けるようになり、株式市場に対するそのような団体の影響力がさらに大きくなっていくだろう。

機関投資家のなかでも小さなグループが今後どのようになっていくかという傾向を一つ一つ見てみるとよく分かる。過去一〇年間を見たときにその小さなグループのなかでも最も急速に成長したグループは、年金ファンドと利益共有ファンドであった。しかし、今後一〇年間に、これらのグループが一方的に株式保有を大きく増やすという証拠はない。すでに同様の団体は数多く設立されており、これから出てくるファンドの多くはそれほど大きな存在にはならないという考え方のほうが正しい。しかし、既存の年金基金がすでに策定している資金調達計画や、利益共有ファンドに対して今後流入してくると予想される追加拠出金はすべて、株式に対する需要が安定的かつ永続的に増えていくということを示している。

私は、このような年金や利益共有ファンドでは将来の計画がきちんと決められているため、今後数年間に株式市場に対して強気の影響を削ぐ要因はたった一つしか考えられない。それは、ファンドの運営陣が不正や背信行為を行い、現在のアピールポイントを失い、根本的な原因が発生することである。同様の小型ファンドの場合、多くのことがベールに包まれ秘密にされているため、そのような点について判断を下すことは不可能だ。それでも大きな団体のなかには十分な技術をもって運営されているところが多く、制度全体が信用を失ってしまうような事態はどちらかというと起こらないだろうと思っている。

個人向け投資信託についても同様に、一九六〇年代にかけてさらに成長していくのは確実だと私は思っている。これはおおむね、大手都市銀行の信託部門（および財産管理業務）や独立系信託事業者の成長期待と同じように位置づけられるはずだ。私の率直な意見としては多くの人が反対すると思われるが、第二次世界大戦以前にはこのビジネスのかなりの部分は賢くない方法で運営されていたという不本意な状況だった。しかし、戦後以降は数多くの銀行がボストンやニューヨークからサンディエゴまで事業基盤を拡大し、資産運用の水準をぐんと高めていった。当時の社会状況では他社も手法の変更を余儀なくされた。その結果として、信託部門は全体として繁栄した。この成長が改善の見られる一九五〇年代を通して続くならば、一九六〇年代にはそれが止まってしまうような理由は見つからず、全体的に効率の上がっていくこの時代に上昇するのは確実なことと思われる。したがってこの重要なグループもまた、株式に対する新たな需要を生み出すはずである。

同様に保険会社についても、このところ定着してきている緩やかな成長率に合わせて、株式の買い圧力に加担しない決定的な理由が見つからない。教育機関や慈善団体についても、スプートニクショックの際、教育機関の重要性に世論は注目した。現代社会の限りない圧力を見て、人々は慈善団体の重要性に意識を向けている。繁栄の時代が続けば、新たな贈り物や寄付金が前述のような機関にたくさん集まる状況のほうが、逆境が襲ってくる状況よりも想定しやすい。しかしどのような状況でも、どのような変化が起ころうとも、それは買い圧力への変化であることは間違いない。

最後に、大手機関投資家の買い手として残るのは投資信託だけということになる。このグループに関しては、将来どうなるかを推定することは不可能だ。一九六〇年代にはどのようなことでも起こり得る。このうまい仕組みである投資信託はとても便利なものであり、ある程度の分散投資が必要でありながらも元手が十分ではない、ほかでなら断られるような人にでも投資が可能になる。さらに分散投資をしなければならないがゆえに、投資信託は、機関投資家は保有しないような種類の株式もかなり多くポートフォリオに組み込んでいる。そのような株式とはつまり、機関投資家ならば買わないような格付けの会社の株式のことである。今日の環境では、投資信託は適切な投資助言を見つけられないある一部の大口投資家に対して便利なサービスを提供している。このように多くの投資信託が広く分散投資をしているということは、投じられた資産はベアマーケットの時代でもやってこないかぎり縮小することはなく、また縮小しても速度はあまり速くなく、またマーケット全体の下落速度と比べると非常に遅い速度で縮小するということが約束されたようなものである。すべては良い方向へ行くと、明確に言うことができる。

その一方で、このように広く分散投資されているということはまた、マーケットが上昇トレンドにあるときには、その上昇とほぼ同じように多くの投資信託も上昇していくということを意味する。この点について多くの人は私の意見に反対だと思うが、私の考えでは、純粋に素晴らしい投資商品には、個人や法人がだれもつかず、多くの人が名を連ねていないということはとても考えられない。したがって、投資信託とはその基本的な性質からある程度月並みであったり、平均的なパフォーマンスであるという概念と結びつくものだ。有能な投資信託の運用者はいつも平均的なパフォーマンスを超えようと努力している。しかし、多くの投資家が望んでいるような素晴らしいパフォーマンスというものに出合うには、まだまだ長い道のりが必要である。

このような理由から、一九六〇年代に投資信託が増加するか減少するかという問題については、証券ビジネス全体が一九六〇年代に入って今よりも良い仕組みになり、小規模から中規模の株式の買い手が現在求めているサービスを提供できるかどうかということに大きく左右されるだろう。証券ビジネスにおける将来のトレンドについては、本書の別の部分で議論をしたいと思う。しかし投資ビジネス自体の構造に過激な変革でも起こらなければ（そして株式市場で居心地の悪い出来事が起こらなければ）、この投資信託ビジネスというものは引き続き多くの人を魅了し、そして成長していくはずである。

投資信託の世界には、もう一つ恐ろしいことがある。オープンエンド投信が大きく成長し始めたころから、すべて丸く収まっているのはブルマーケットのときだけだとする冷たい指摘がある。しかし、ベアマーケットにおいては受益者による解約が自己破壊的な問題を引き起こすことになる。つまり解約が集中すると、それに対応するために投資信託は保有株の売りを出して、解約資金を調達しなければならなくなる。すでに下落しているマーケットにおいて、解約をすれば、価格をどんどん引き下げる結果になるが、それがより多くの投資家を恐れさせ、現金を欲しがらせるようになる。その結果、さらに多くの資産が売り出され、これが株価に対する一層の圧迫要因となり、またまたほかの株主が現金を欲しがるということになる。

理論だけで言うと、この自己発生的な負のスパイラルは長い間続く可能性が高い。しかし実際には、一九五〇年代のベアマーケットでは何も大きな問題は起こらなかった。それでも一九五〇年代全体を見ると、その後にはっきりするように、異常なまでの強気な色合いが濃くなった。もっと強烈な長いベアマーケットが一九六〇年代に起これば、そのときはオープンエンド投資信託は投資家を失い、その結果としてサイズが縮小してしまうだろうか。

それは私には分からない。しかし私は、この一〇年間は大丈夫だったから、将来的にも大丈夫だろうと高をくくって問題を放っておくのは安全なことだとは思わない。平均的な投資信託に投資している人たちは、自分の持っている投資信託の価格が将来どうなるか、今や極めて楽観的な期待を持っていることだろう。このような期待が多くの投資信託のパフォーマンスと一致すると考えるのは合理的ではないと思う。なぜならこれだけ多くのファンドのポートフォリオが広く分散されているとすると、結果は平均近くになるということはほぼ確実であり、むしろあっと言わせるほど素晴らしい結果やひどい結果はないのではないかと思う。これだけ多くの株式がかかわっていれば、ある銘柄の普通のパフォーマンスが別の銘柄の見事なパフォーマンスを薄めてしまうことはほぼ確実だ。もしこの安定装置の備わった投資信託に資金が回され、その大部分がどちらかというと良い結果を本当に出していながらも、まだ投資家が考えるほど良い結果は出せていないとすると、大きな幻滅と解約の時代がやってきてもおかしくはない。

このようなことが起これば、多くの投資信託がお客さんに勧めてきた行動によって事態は悪化する。しかし、これは素人の投資家を対象とした大きなダマシだと思っている。これはキャピタルゲインによる利益についての話である。キャピタルゲイン（税法上、保有期間が六カ月以上の投資から生みだされた利益のことを指す）に対しては利子所得の税率が半分に軽減されており、上限は二五％となっている。投資信託のなかのこの種の所得は、受益者に還元することが許されているのである。つまり、この利益から分配金を出すことができる。当然、この分配金は投資家にとって大きな魅力となる。ほかの投資で得られる税率よりもかなり低いからだ。

このシステムのどこがおかしいのだろうか。仮に税金以外の要素で結果的に良い売りとなり、また投資家がマーケット全体との比較での持ち分の上昇分を純粋な利益として考えるならば、どこにもおかしいところはない。しかし残念ながら、これは一般的ではない。投資家はこの税金を節約できる分配金を好むようになってきたのだ。そのような利益ならばいつでももっと欲しがる。ファンドの営業マンは、このような分配金のキャピタルゲインがいかにセールストークに効果的かということを知っている。こうして投資家は分配金をより求めるようになる。マーケット全体が上昇した場合、ファンドはマーケットとほぼ同じくらい上昇した銘柄を売ることになる。つまり、キャピタルゲインは同じくらい上昇してきている価値の別のものに再投資されるのである。しかし、ファンドはすでに利益を分配金として受益者へ払っている。つまり再投資できるものは、利益から分配金を差し引いたものだけである。このときに買われる株式もまたマーケットと同じくらい上昇してきているので、以前に保有して売却した持ち分と比べると、今度買う株式は当然かなり少ない数量となってしまう。したがって、売却した銘柄よりもずっと将来性の高い銘柄を買うような極めて明快な場合でもないかぎり、このようなキャピタルゲインからの分配金は元本を取り崩して分配金を支払うのと、大差ない（これは純粋に投資として考えた場合であり、会計理論上の話ではない）。

これは非常に多くの人にとって理解しづらいものなので、例を一つ挙げてみよう。ノーザン・スチールの株式一万株がある投資信託によって一株二〇ドルで買われたとする。合計二〇万ドルである。株価は三〇ドルまで上昇し、これを売却して三〇万ドルを得た。従来の会計処理をする場合、これはキャピタルゲインの利益は一〇万ドルということになる。この株式は六カ月以上保有されていたので、この一〇万ドルは魅力的なキャピタルゲイン分配として受益者の手にわたる。残った二〇万ドルが次にサザン・スチールに再投資されるが、ノーザン・スチールを二〇ドルで買った当時に四〇ドルだったサザン・スチールの株価が、全般的に堅調な鉄鋼株に倣って現在は六〇ドルまで上がっている。そこで、このファンドの鉄鋼セクターの相対持ち分が同じになるように五〇〇〇株を買う代わりに（株価が二倍の株式を買う場合、買える株数は半分になる）、三三三三株しか買うことができない。実質的にこのファンドの同セクター持ち分は、三分の一を失った。この三分の一は「利益」の名の下に手渡されてしまうからである。

もちろんサザン・スチールの株価がノーザン・スチールよりも五〇％高くなればこの損失は帳消しになり、キャピタルゲインの分配も、会計上の話でなく、実際の利益として報われることになる。さらにこのキャピタルゲインの分配金が発生する元となるファンドの日々の取引を見れば、実際に行われていることはそれほど単純ではない。投資信託は、鉄鋼株一銘柄を売って、上昇が期待できる別の銘柄を買うというよりは、石油関連株と自動車株を一銘柄ずつ売って、石炭やコンテナや販売関連の銘柄を買うかもしれない。しかしここでのポイントは、キャピタルゲインによる利益を受益者へ分配してしまったために、売却した金額のすべてを再投資することができないということだ。このキャピタルゲインの分配金が分配した時点で投資家の元本の増加を減少させていないかどうかを見るには、額が減ってでも再投資された金額がキャピタルゲインを分配するために売られた証券の価値と比べて十分に上昇しているかどうかを数年後に確認すればよい。将来的には投資家保護の法制度ができ、投資信託は一定の期間内に賢い再投資をしてキャピタルゲイン分配の分も十分に補っていることを証明するか、またはそれを証明するまで分配金を出す権利を失うといった要件が付けられるかもしれない。しかしベアマーケットが到来して売却された証券とその後に数量を減らして再投資された分がほぼ同じパフォーマンスになって初めて、このキャピタルゲインの分配金がどれだけ元本を食いつぶしていたか、多くの投資家にとってより鮮明になるだろう。

この段階になって初めて、キャピタルゲインの分配金について何も考えずにいることは本当に危険な投資だと分かる。投資家や営業マンは分配金があるのが当たり前だと思っているし、それを欲しがる。しかし、相場は下落し、大きな利が乗っているのはわずか一～二銘柄だ。良い投資をするための基本ルールは、利益を伸ばし損切りをすることだ。言い方を変えると、相場が下落しているときにそのような数銘柄の株式が上昇しているのは、非常に魅力的だからである。投資信託は投資家や営業マンの圧力に屈して、持ち株のなかで将来的に上昇の可能性が最も高い株を売ろうとするだろうか。最も手放してはならない株を売ろうとするだろうか。もしそんな銘柄を売るようなことがあれば、そのファンドのパフォーマンスの先行きは暗いだろう。

このような問題が一九六〇年代の投資信託に降りかかると予想されることから、投資信託は株式市場の上昇トレンドから乖離していくことになるだろう（必ずそうなるとは言えないが）。

それでも投資信託の買いが拡大しようと収縮しようと、それ以外の機関投資家による株の買いが一九六〇年代を通して株式所有者への影響力をより強めることになるだろう。この力がどんな投資家にとっても見逃せないものになる二つの要因が挙げられる。一つは経済的なもので、もう一つは法的なものである。この一貫した買い、つまり市場から株式を常に吸い上げるこれらの動きは限られた銘柄に集中することはほぼ確実である。これはマーケット全体には広がらないし、広がっていかないと思われる。

最初にその経済的理由を見てみよう。ある業種において低コストの製造業者が上げる利益は、同じ一ドルでも収益力の低い業者と比べてずっと安全であり、よってそのような低コスト製造業者のほうが常に保守的な投資家に選ばれやすい。同様に生産コストがほぼ同じであれば、ある業種で毎年売買高が多い会社のほうが投資をするには魅力的であり、薄商いの会社は負けてしまう。そしてよくあることだが、規模と低コストの事業運営がともに備わっている会社の魅力は非常に大きくなる。

過去三〇年を見ると、低コストの大企業や比較的大きな企業への投資が魅力的になり、ほかの企業よりも優位に立ってきた。大企業はその規模に見合う大胆な試みができるため、小企業では難しいような柔軟性の高い方法で事業を進めることができる。大きな政府や大規模な労働組合が現れたことで、企業人事に関する各方面の専門家が多く必要となった。大企業はその事業規模の大きさから税金や産業（あるいは労働関係など）の専門家、首都の営業スタッフから海外各地に国際取引の専門家を置くなどさまざまなことが必要になり、その他にも数えきれないほどの専門分野を持っている。中小企業の経営者なら、自分自身が何でも屋にならざるを得ないだろう。今日のような複雑な世の中では、それは非常に高くつくことである。大企業であれば、経営の基本的な事柄に確かな強みがあるものである。大企業のほうがより運営しやすく、もっと奥行きのある経営や継続的な経営理念を実現していくことができる。一般的に経営状態の良い会社であれば、このこと自体が本当の意味での投資価値であり、PERの観点からは大きなプレミアムを払うだけの価値はあるだろう。最後に、大企業はまったく関係ない業種の経営のこともある程度敏感に知ることができるような体制を保っているのが通常で、他社が経営を効率化させるために何をしているのかを意識し、それを迅速に応用できるようにしている。これも完全にお金の価値に置き換えられるものである。

これらすべてを原因として、機関投資家から成る大きな株式市場がなくとも、少なくとも一部の「優良株」と呼ばれる企業は登場するだろう。比較的少数の経営状態の素晴らしい大企業の株価には徐々にプレミアムが付いていき、もちろんこのプレミアム自体が大きくなり、前述のような投資メリットのない会社の利益と比べると、これらの会社の利益は株価が徐々に上昇していくという形で表れていく。良い経営が継続することで、少なくとも平均を上回る成長トレンドが保証されることが確実であり、またその可能性が高いということが結果として表れるのである。

しかし一九五〇年代に入り、機関投資家の需要が永遠に膨らみ続けるような時代が実際にやってきた。このような機関投資家のかなりの部分の最終受益者の性質からすると、その資金のほぼすべてが最も強い証券に投じられることが求められる。大学の基金や遺族年金、企業の年金基金などの巨額の資金は株のようなリスク商品を組み込まなければならない大きな理由がある一方で、この種の投資家は最も上質の株式だけを保有するということが事業的にも経済的にも当然のことになる。

しかし、この基本的に合理的で経済的な理由は、巨大な機関投資家の需要を株式市場のたった一つのセクターに集中させている唯一の理由ではないのだ。機関投資家の多くの責任者は、受託者の法的責任も一手に引き受けている。信託財産が設立されるときに定められる受託者の責任に関する規則は、多くの判例からもかなり明確になっている。それはこれまでにないほど急速に変化しているこの時代に、賢い株式運用に導くものであるとは言えない。このような背景にある規則は受託者であろうとだれでも、すべての投資家が理解しておくべきものである。なぜならこのような規則は、あらゆる種類の株価に大きな影響を与えるものであり、これからも与え続けると思われるからである。

受託者は運用がずば抜けてうまくいったとしても、特にそれに対して報いられることはほとんどない。受託者の報酬は事前に決められており、運用成績が通常よりも良くても引き上げられることはない。逆に大きな損失を出せば、罰せられることもある。しかしひどい結果を出したからといって、必ず罰を受けるとは限らない。仮に受益者の資金に損失を出し、特定の規則に違反していたとすれば、信頼の喪失という形で個人的に大きなリスクを負うだけである！ここで思い出していただきたいことは、損失回復のために受託者を訴える受益者には、完全に後講釈で物事を見られる利点がある。つまりその出来事が起こってしまってから、当時その受託者はもっと知るべきだったと訴えを起こすこともできるのである。これとは対照的に受託者は先読みの力だけしか使えない。このような状況では受託者ならば、だれでも法的規則に最も注意を払い、運用の結果として、資産に大きな損失が出たとしても個人的に重い責任を取らされる事態から身を守ろうとしても驚きではない。

受託者が純粋に損失を発生させてしまったときに身を守るための法的な規則とは何だろうか。法律業界の言葉で言うと、その当時の分別ある人間ならばだれでも行うであろう行動をした場合には、受託者は個人的に責任を問われることはないものとされる。美しくまとめられているが、どういう意味だろうか。分別のある人間がすることとしないことは、どうやって証明するのだろうか。多くの弁護士が説明するときのような分かりやすい言葉で言うと、受託者がある証券を買う場合、ほかの多くの受託者が買っているものと同じものを保有し、またおよそ同じ割合で保有している場合は、その受託者は個人的な責任を負うリスクをほとんど負っていないことになる。繰り返しになるが、ほかの受託者の持ち株を証明することはできないので、最も規模が大きく有名で、最も情報を多く持っていると思われる受託者（例えば、ニューヨークにある銀行の信託部門など）の持ち株に大きなウエートが置かれることになる。「大きく負けても大丈夫。良い仲間と付き合っているかぎりはね」とある人物が皮肉を込めて言っていた。

このような規則の下では、受益者へのリターンが悪化しないとしたら、それは驚くべきことだ。この規則を作り出す裁判所としても、産業界では常に変化が起こっているということを念頭に置かなければならない。五年前には受託者が選ぶ対象としては非常に良い選択だったかもしれない株式でも、経営陣が代わってしまい、今日では持ち株として候補にすら挙がらないものもあるだろう。ほかの会社でも、五年前は素晴らしい経営が行われていたにもかかわらず、規模も小さく新しかったので信託基金による買いの対象にならなかった株式が今となっては、良い受託者であれば今後何年にもわたり買うべき証券となるかもしれない。それでも現在の規則の下では、前者の株式を持たずに後者の株式を買ったことで、後講釈によって受託者の判断が間違っているとされれば処分を受けるかもしれないのである。

受託者にとって逆境となるような法的背景のなかで、財産信託の運営が今日のように発展してきたのは、勇気のある受託者や少数派の先駆的な都市銀行信託部門の素晴らしい功績があるからだ。

起こってきたこと、そして現在も起こっていることで今後も起こり続けると考えられる状況は次のとおりである。強くて少数の銘柄（主に信託部門による買いに本質的に最も適している会社）は、いわゆる「機関投資家の承認」を得る。その多くはいずれも極めて高いＰＥＲという確かな属性を持っている。しかしこれらの株式は信託部門による買いが集中しているために希少価値を持ち、よってPERがさらに高くなる。信託財産以外のその他の機関投資家の運営するファンド、例えば保険会社や多くの投資信託なども、これらの会社は非常に強い会社であることから、少なくとも自分たちも保有すべきだと考える。これらの買い手がみんなでマーケットから株式を吸い上げてしまうため、このような会社の株価と機関投資家の承認を受けていない会社の株価との「サヤ」が極めて大きくなる。

一九六〇年に入ると、機関投資家ではないレベルの高い投資家は、より影響力のある機関投資家と同様に、このような環境を利用していかに利益を出していくかということに今よりもずっと敏感になっていくだろう。そして彼らは、機関投資家の強い承認を受けている少数の銘柄も、極めてゆっくりとだが確実に変化することに気づくだろう。それは非常に限定された高級クラブの会員リストのようなものである。毎年、ごくわずかな変化がある。例えば、最近大きな資産と権力を手にした少数の人は取り込まれるだろう。死亡する者もいれば、会員の地位を維持するための費用が身の丈に合わないとしてやめていく者もわずかに出てくる。しかし、そのような人は例外で、多くの会員は残る。

株で大きな利益を得る手法は、いつの時代にも容易ではない。しかし背景にあるこのような条件によって、一九六〇年代に大きな利益を上げるための最もやさしい方法が見つかる可能性が高くなる。機関投資家に認められている銘柄を注意深く研究していけばよいのだ。ここで私の言っている銘柄とは、中型の企業で収益が一貫して右肩上がりのトレンドを描いているか、これから描きそうな会社のことである。すでに機関投資家の持つ少数の銘柄として、買い承認されたリストに名前が載っているかもしれない。あるいは、まだだれも承認していないかもしれない。それでも突出した経営能力を持っており、成長性があり、業界にしては比較的利益率が良く、ゆくゆくは機関投資家にとっても魅力的に映るようになる、ちょうど良いサイズの会社があるかもしれない。そのような会社が成長してプロの投資家の買いに適切な銘柄となり、信託部門が持っている投資資金すべての圧力や、彼らが投資できる銘柄の大部分は株価が比較的上昇しているために、そのような会社はいずれ「高級クラブに取り込まれる」ことになる。つまり、機関投資家の承認を勝ち取り、その承認から起こるＰＥＲの急上昇という恩恵を享受することになるのだ。

　ある株式が前述のようなファイナンシャル・ステータスを得る前に買うことができた幸運な株主は、二重の利益を手にすることになる。そもそもこの会社の収益力が業界全体の成長よりも速い速度で成長していなければ、このステータスを手にはできないだろう。よって株主は最初に、この収益力の上昇トレンドの恩恵を手にすることになる。しかし、株主は別の利益も手にするのだ。ここである並みの会社を想定し、不況でも好況でもないある年に一株当たり二ドルの利益を上げ、株価は利益の一二倍の二四ドルで取引されていたとする。五年後、この年もまた不況でも好況でもなかったが、一年の利益が増加して今や一株当たり四ドルとなった。これだけで株価が二倍になり、さらにＰＥＲ利益の一二倍ということは株価は四八ドルということになる。また同時に、マーケットではこの銘柄が本当の意味で機関投資家向けの銘柄として受け入れられ始め、五年前には夢にも見ていなかった状況になった。株価は利益の一二倍で売られていたのは昔の記憶となり、そのような会社のＰＥＲは容易に二四倍や九六倍といった数字になる。言い換えると、敏感な買い手がこの機関投資家による承認とそれがもたらす市場価格の変化を正しく予測したことで、この買い手は自分の収益力を、持ち株の価値の二倍から四倍に転換することができるのである。

この投資家の富は五年間で四倍になったことになる。これが起こった理由の一つは、持ち株のＰＥＲが上昇したからであり、もう一つはこの株式の収益力が増加したからである。この投資家は、自分の純資産価値が増加した理由が持ち株の収益力が四倍になったという事実だけであるが、それを健全な資産基盤として安住していて果たしてよいのだろうか。

ある意味でこの質問に対する答えは、すでに時間をかけて議論をしたとおり、株に対する機関投資家の需要が今後も成長していくか縮小していくかという問題から出てきている。私が考える先行きとは、今後何年にもわたって現在と同じように比較的少数の銘柄に需要が集中し、株式市場全体としての収益力と比較しても機関投資家の選ぶベストの銘柄については非常に高い価格で取引されると考えられ、心配はまったくない。したがって、ＰＥＲが変わったために持ち株の価値が大きく上昇したことは、今やその株式が機関投資家の承認を受けたということである。このような状態は継続し、儲けがあまりに「リアル」（つまり永久に）であるために、その要因が収益力の改善だけであるかのように思われるだろう。

ただ、これと関連して投資家が注意すべきことが一つある。よくあることだが、どういうわけか特定の業種が一時的にマーケットの人気者になることがある。この投資界の人々の大きな情熱の背後にあるものは、時に極めて健全であることもある。しかし時には、プラスの要素はすべて間違いではないにしても、株価が実際から大きくくずれてしまうこともある。それは悪い要素に対して一時的にほとんどウエートが置かれていないか、まったく置かれていないからである。化学メーカー、アルミメーカー、生命保険会社、ウランメーカー、製薬会社はいずれも、第二次世界大戦以降いずれかの時期にそのような一時的に素晴らしい投資熱の影響を受けてきた。エレクトロニクスは一九五〇年代の終わりにかけて、そのような大衆のひいきにされてきた業種である。

そのような一般大衆の情熱の背景にある理由が健全なときは、このような特定の種類の株式に対する大衆の興奮も最終的には後退し、業界のなかで最もパフォーマンスの良かった会社の株価も天井からの下落がそれほど急激にならない。それよりも重要なことは、これらの素晴らしい株式が大衆にそれほど騒がれることもなく、二～三年の間に新高値を付けるまでに上昇していたということだ。しかし、この業界の見通しについて注目されると、同じ業界の二流の会社やそれほど経営状態が良くない会社の株価まで上昇して、健全な水準のＰＥＲを示さないようになるかもしれない。業界全体の盛り上がりが大きくなりすぎれば（一九五〇年代中盤のウランメーカーや生命保険会社がそういう状態になっていたかもしれない）、この危険に対する指摘はもっと聞こえてくることになるだろう。

別の言葉で言い換えると、これまで機関投資家向けでない銘柄で、今後機関投資家に認められて、大きなメリットを享受できるような銘柄を保有したい投資家は常に次のような行動をするべきである。持ち株のＰＥＲが市場全体のＰＥＲと比べて大きく上方修正されたときは、いつもこのような問題を慎重に検証すべきである。判断すべきことは、この変化は実際に機関投資家がこの銘柄を保有し始めたことが理由なのか、あるいはまったく別の要因で起こったのかということだ。いずれの場合も自分の保有している会社（業界全体ではない）について、経営や見通し、内在的なリスク、その他投資判断にかかわるようなあらゆる要素を考え、収益力に対する価格上昇の説明がつくかどうかを判断しなければならない。もし説明がつくようであれば、純資産の増加が偽りだと恐れる必要はなく、株式の収益力が上昇したと考えればよい。

これは反対の見方もできる。慎重な投資家が一九六〇年代に機関投資家の買いによって、大きな儲けを手にしようとするときに気をつけなければならない二番目のことは、一九六〇年代に多くの銘柄の株価に起こったことである。長い間、機関投資家から認められてきた株式は、消えていくのにも時間がかかる。新しい銘柄が加えられるのに時間がかかるからだ。しかし、いずれはこの変化が実際に起こる。ちょうどある上昇気流に乗った会社がいつか仲間に入れられるように、別の会社は通常その弱さが明らかになってから何年かたてば、その経営陣もやる気をなくして勢いがなくなり、あるいはその業界に付いていくことができなくなり、機関投資家の承認リストから外されてしまう。

ここで覚えておくべきことは、機関投資家に承認された銘柄の株価には、極めて質が高く優秀な人々（極めて質が高く優秀な人と世間で認められた人だけの話）は非常に高い竹馬に乗って歩き回るなどといった習慣がわが国にあったならば、予想どおりのことが起こるのだ。トップの人たちと同じ社交の場にいるための唯一の方法とは、高い竹馬に乗ることである。しかし、それぞれが高い資質を維持しているかぎりは、高い竹馬から落ちる危険性はほぼない。ところがそのうちの一人が質が高くて優秀な属性を失うと（即座にではなくかなり時間をかけたとしても）、その竹馬は腐り始め、突然、竹馬から落ちてしまう。

このように本質的に極上の投資先の価格は、機関投資家の需要のために竹馬の上に乗っているようなものだ。これについて特にリスクは存在しない。ＰＥＲも高止まりし、その並外れた特性を維持している間は利益の拡大に合わせて株価も上昇をするだろう。しかし、竹馬に乗せていた特徴を失ったとき、株価はとても危険な状態となる。その下落は利益の減少に合わせて下がるだけでなく、それ以上の下げ方をする。機関投資家が最終的に売ると、その付加価値も落ちてしまう。ところが価格の下落は、機関投資家が保有していたその銘柄が従来の魅力を失い始めて随分たってからでないと起こらない。この時差が発生する理由の一つは、特別な魅力があるとの評判を獲得したある銘柄について、その性質が変化してしまったと認識するのに投資家はどうしても時間がかかるからである。これに加えて受託者に対して所定の手続きを踏むように法律の圧力がかかるため、反応はどうしても遅くなり、特に規模が大きく著名なファンドほどその傾向が強くなる。このような理由から、ＰＥＲが最も高い水準にある銘柄を保有していても、その持ち株が今後も引き続き保証されていると信じるに足る理由があるかぎり、その高いＰＥＲを恐れる必要はない。

しかし一九六〇年代の投資家は、そもそもなぜこの機関投資家に承認された株式を持ち続けるべきなのだろうか。機関投資家の承認を受けてからピークに達すれば、あるいはピーク近辺にあるならば、あとは業績と同じペースでしか株価は上昇しないのではないか。それならば、その株式を売ってしまったほうが投資家にとって賢い選択ではないだろうか。確定した利益を、機関投資家の承認が得られそうなほかの銘柄に再投資すればよい。その判断が正しかった場合、近い将来、機関投資家に承認されることでＰＥＲが上昇して一株利益が増幅され、結果としてその資産は並外れた上昇率で成長をしていくことになるだろう。

右のことはすべて正しいが、そのような手法で投資をする人に限って、機関投資家の銘柄の持つ本当の性質を理解していないと思う。ある銘柄が機関投資家の承認を得て、今や新高値圏とＰＥＲ水準で取引されているのは、その銘柄がこれだけのリスクのなかでさらに成長していくという見通しがそれだけあるからである。一人の投資家が成功し、大きな資産を集めていくときに、少なくともその資産の一部を最も安全なタイプの投資先に入れておくことのほうがよいのではないかと思っている。特にある程度大きな利益を蓄積してきた人にとって、証券がさらに価値を上昇させていくことは、リスクの増加よりも市場価値の拡大のほうが早いペースで進むという見通しが期待できるのであれば望ましい。私なりの推論をすると、素晴らしいという理由である株式が投資適格のステータスを得た場合、その竹馬から降りてくるには非常に時間がかかり、よって慎重な投資家でも十分な警告を受けることができる。また、自分の持ち分を注意深く見ている大口の投資家であれば、手持ち資産の大切な一部となっている最高級の資産株から、利益を手にできないなどということはないはずである。この場合、成功している投資家に課せられるキャピタルゲインの重い税金は免れられる。結局、アメリカのビジネスの歴史を見ると、多くの目立った高PERの機関投資家銘柄は経営陣をいつも新鮮で体力のある状態に保っているため、その竹馬から落ちてくることなどなく、何十年も成長をし続ける存在であったことが分かる。

C．外国との競争

一九五七年半ばまで、多くのアメリカ人は自国経済の優越感にひたり、うぬぼれている状態だった。しかし、欧州の小型車はすでに米国市場に急速に流入してきていた。海外市場の多くの地域では自動車や建機類をはじめとする米国製品が、欧州勢やかなり安い労働賃金で作られた日本製品に押され、軒並に姿を消し始めている。この長期的な意義について、平均的な米国民にはまだ認識されていなかった。

そこに国内では劇的な景況感の逆転が起こった。つまり、景気後退の深刻化、金の大量国外流出、外国製の低価格自動車と、あらゆることが見通しを変化させることに貢献した。それまでの外国での一時間当たりの賃金は、どの国について話すかにもよるが、米国の四分の一から九分の一であった。その理由を聞かれれば、外国勢には技術力がないという認識だった。米国の「ノウハウ」がこの差を作っているのだ。このとき見逃されていた根本的なこととは、基本的な知性に関しては外国勢も米国に匹敵するものを持っていたということだ。米国からの「ノウハウ」や機器の輸出によって多くの支援を受けてきた頭の良い外国人は、多くの場合、費用は米国政府が負担しながら、私たちと同じ効率を手に入れていたのだ。

一九五〇年代の終わりにかけて、この問題の本当の深刻さがどんどん明らかになってきた。容易な解決策はどこにも見当たらなかった。一九六〇年代のほとんどの期間、頭の良い米国人投資家であれば、次のようなジレンマに直面したことだろう。「どう物事に対処したら、低価格の輸入品によって打撃を受ける会社や、そのような商品に流れる重要な顧客を抱えている会社に投資をしても、ダメージを受けないようにできるのだろうか」

投資家を守る対策には、三つの道がすでに用意されている。その一つは、該当する外国企業自体に投資をしてしまうという、分かりやすい方法である。これは非常に一般的な手法となってきている。しかし時間がたつと、ヨーロッパ共同体のなかの主力企業の株式を性急に買った投資家の多くは、どちらかといえば不愉快なサプライズを受けることになる。どのようなやり方をやったとしても、株で成功するためには、自分が一体何をしているのかを理解していなければならない。つまり、米国内の一般的な会社と比べて異国の地に本社がある会社は、近隣の類似企業のように調査が容易でないのが普通だ。この問題はイギリス以外の国の場合は同じで、言葉の障壁によって増幅されるだけでなく、その会社が抱えているたくさんの顧客や通常の仕入れ業者の投資情報までも同じように外国にあるということでさらに増幅される。何よりも重要なことは、外国企業は非常に異なる投資環境で育ってきているということだ。伝統的に外国では米国企業と比べて、ファンダメンタル情報が手に入りにくい。時には会計システム自体が大きく異なることもある。また、現地の多くの会社の株式の流動性が、米国の会社と比べると非常に低いということも挙げられる。したがって少量の売買でも株価に与える影響は、私たちが知っている変動よりもかなり大きくなることがある。

このことは外国への素晴らしい投資が不可能だと言っているわけではない。言いたいのは、多くのアメリカ人にとってこの方法は国内の投資で成功するよりも難しいということである。また、米国の金融界が何も考えず手放しで歓迎していた外国投資に対する熱も、一九六〇年代の到来とともに次第に色あせていくことが考えられる。これは外貨にかかる税金や政治による接収により投資の安全が脅かされる問題が出てきても、同じように発生するのだ。

二つ目の投資家が求めるべき道も、簡単に分析できるものではない。これは、米国企業が外国で大きな投資（多くの場合、投資規模は拡大している）をしている会社を買うことである。労働コストが安く、アメリカ式経営方法を採用している外国の工場は、同じ会社の国内工場と比べると投資効率が良いのが普通である。場合によっては、そのような工場があるために米国内の企業でも海外の競合他社から輸入された商品と張り合える価格を実現し、米国市場に出回る製品のすべてか、部分的に優位に立って勝ち残る会社もある。

外国に拠点のある会社でも、思ったほど魅力的でない会社があるのはなぜだろうか。その答えを見つけるために、それほど遠くまで旅をする必要はない。米国企業の投資が特に強く根付いているキューバの例を見てみよう。この国はまさに米国の行動に対して自由を許し、建国以来四九年間中四八年で、米国と友好的な関係にあった。この国の経済が堅調なのは、最大の産業でもある砂糖をアメリカ市場で特恵待遇されてきたためである。このような状況にあったにもかかわらず、人民の政府と言われた革命政府が次々と行動を起こすことを防ぐことはできず、キューバ国内に投資した米国企業の価値は中国共産党による政権奪取後の上海の企業価値並みになってしまった。ちなみに、中国共産党は中国国内の米国の投資を押収したり、脅したりするような無礼な行動はけっして取らなかったことは覚えておいてほしい。最初は企業が完全に「統制」下に置かれ、利益を上げることができないようにされたが、一方で外国からの投資は尊重された。すると投資に対する未払い税が増え、雇用に関する苦情がたくさん出てきた。やがて、元経営者が実刑を逃れたい場合などは問題を解決する代わりに、資産を返上してしまうほうがお得となるようになった。

キューバは極端な例だと言われるかもしれない。しかし近隣の中央アメリカで起こったユナイテッド・フルーツのケースは、長期投資家にとってはあまり良い話とはならなかった。ところでキューバはそれほど極端な例なのだろうか。それとも世界各地で起こりうる、あるいは今後起こっていくことの象徴なのだろうか。どうしてキューバのようなことが心理的に何度も繰り返されることになるのだろうか。

第一に他人の嫉妬や嫌悪の対象になるのは、裕福な人であることはほぼ間違いない。世界中の多くの普通の人にとって、アメリカ合衆国という場所は信じられないような金持ちの土地なのだ。アメリカ映画や絶えることのないアメリカ人観光客は、そのような印象を世界中の人々に植えつけている。恐らく九割のアメリカ人観光客は、アメリカの名誉となるような行儀の良い行動をとっているだろうと思う。その一方で外国に行ったことのある人ならばだれでも、行儀の悪く、批判を口にしたり、大勢で大声で叫んでいるというみっともない姿を目にしたことがあるだろう。残念ながら、このような行儀の悪いアメリカ人が一人でもいると、正しい行動をとっている五〇人のアメリカ人がいても、国際的な信用を大いに傷つけることになる。わが国の観光客は世界の多くの場所に、悪意をばらまいていることになってしまっているのだ。

自分とは異なる、外国人の物の進め方を嫌うという傾向に加えて、ほかには何があるだろうか。外国人の投資家であれば、特に個人的な米国法人でなければ、自然に現地の政治家のターゲットとなり勢力を伸ばすのに利用される。友好関係にあるとされるキューバで起こったことが、どうしてほかの地域で繰り返し起こらないと言えるだろうか。

もし起こる可能性があることならば、なぜもっと頻繁に起こっていないのだろうか。その答えを見つけるのは難しくない。まず一九五〇年の終わりにかけて、外国の安い労働賃金に刺激を受け、外国にある米国の工場に対する投資額は津波のような勢いで増加していた。これは関係諸国に繁栄をもたらしたとともに、ある程度の多国籍間競争を生みだし、この黄金の洪水から少しでも取り分を増やそうという動きが起こった。繁栄が新規工事やその他の利得とともに次々ともたらされているうちは、外国人が歓迎される存在となるのも自然である。お金の流れが止まり、利益の流れが逆転したときが市場心理のもっとも転換しやすいときである。恐らくこれは米国がスペインでの足がかりを築こうとフランコと交渉をしていたとき、欧州で観察していた有能な人たちが皮肉を込めて言っていたことと大差はない。西欧のほぼ全域にアメリカ資本が流れ込んで反米感情が高まり、場所によってはそれはかなりの規模となった。しかし何も得られなかったスペインでは、まもなく何かが得られるという期待を抱きつつも、米国の人気は一向に高まらなかった。

キューバ型展開が今まで以上に今後も起こりそうだというもう一つの理由は、そういう動きは不況のときに弾みがつくことが多いからだ。景気の良いときではない。選挙であるか武力であるかは別として、権力を握る者が出現したり覆されたりするのは困難な時代である。もしキューバがあれほど貧困に苦しんでいなかったら、カストロの試みは失敗に終わっていたかもしれない。現在多くの外国の土地を支配している多くの人々は、米国企業が現地工場を建設するために投資を増やすように熱心に努力を重ねている。よって、米国の投資家に対して友好的なのである。つまり、これが多くの野党政治家の立ち位置であり、彼らは不況がやってくれば現体制を覆そうと待ち構えていると言えないだろうか。

以上のような理由から、外国に大きな持ち分のある会社に投資することは、現在の収益力を表す数字ほどには、必ずしもそれほど魅力的なものではないかもしれない。外国に多くの工場を持つ会社は、最初の数年間は素晴らしい業績を収めるかもしれない。しかし、仮に外国での利益が国内の利益と同じくらい高く評価されるようになって、それが株価に表れれば、より重要な資産の一部から生まれる大きな利益も、割と早いうちに消えてしまうかもしれない。もちろん土地が変われば経験も変わるだろう。場合によっては何も深刻な問題が発生しないかもしれない。

したがって、仮に一九六〇年代に外国との競争に対する防衛手段を探している投資家にとって、このような外国工場が何の答えにもならないとしたら、ほかに何か安全な道はあるのだろうか。私はあると信じている。急速に発展する技術の個々の分野において、技術的なリーダーシップを獲得してそれを維持することが、米国企業が外国の低価格商品に打ち勝つ確実な方法である。そのような会社の株式を保有している投資家は、米国経済に対する外国の低コスト労働力の脅威について心配する必要がなくなり、外国投資の持つリスクを冒すことなく実利を手にすることができるかもしれない。

なぜそう言えるのだろうか。外国においては調査費用も安いので、外国の競合は素早く技術的なリーダーとなってしまわないのだろうか。答えは、外国よりも国内のブレインのほうがより科学的で良質であるからではないことは確かだ。そうではなく、このような技術はとても複雑で、さまざまな方面で開発されており、米国企業はある特定の高い技術を必要とする分野で強力な地位を築き上げている。一方、外国の企業はそれとはまったく異なる分野で同様の際立ったリーダーシップを築き上げているということだ。やらなければならないことは、前線にいることのできる有能な技術チームを抱えている経営陣を見つけることだ。つまり会社によってはそれぞれの分野（あるいはその分野のなかでも重要な部分）で十分に高い技術を磨き上げ、その会社が今日いる位置に明日までに私たちも追いつくという競争に終始することだ。明日まででにこの競争で目的が達成されれば、彼らは一歩前進したことになる。会社がこれをできれば、外国との競争は国内競争と同じレベルとなり、もう心配する必要がなくなる。

さらにそのような会社には、一九六〇年代に海外の工業国が確実に持つと思われる強靭さから来るメリットもあると思われる。ある会社の製品ラインが技術的に優位なものであれば、最近の海外の工業発展期にも見られるように、外国企業もやはりそれを買収したいと思うだろう。しかし最近までこれら外国の潜在的な買い手は、いくらで米国製品を買うかということに関連して、為替に制限を受けてきた。一九六〇年代にはこの問題はより小さくなるだろう。よって技術的に優位な会社に対しては、これまでの数十年では想像すらできなかった大きな輸出市場が開けることになるかもしれない。

最終的にその会社がずば抜けて優秀な製品を持っていて、それに外国企業がまったく歯が立たず、またこの会社には外国にも工場がある場合、外国人排斥のための徴税や押収といったことに対して、運の良い国にしか与えられない保護がつくことになる。ヒトラーの極端なユダヤ人迫害はあまりにも有名であり、説明の必要はないだろう。しかし、ヒトラーの多くのユダヤ人に対する扱いは極端だったが、ほんの一握りのユダヤ人は完全に守られていた。それは彼らが特殊な技術を持っており、ヒトラーはそれをノドから手がでるほど欲しかったからである。外国が必要としている重要な製品の生産ノウハウを持っている唯一の会社は、ほかの企業にはない形で、普通ならば敵対関係となる外国政府と交渉できる立場にいる。ヒトラーの例が極端すぎると思われるならば、中近東各地の主要石油会社の話を思い出していただけばよいだろう。これらの企業が悪い扱いを受けてこなかった理由は、契約上の合意に基づくものでも、これらの企業が好かれていたからでもなく、まさにこれらの会社だけが石油輸送手段および販路を持っていたからだった。ある必需品の製造方法を知っているということは、海外でナショナリズムの波が襲うようなことでもあれば、さらに重要なこととなる。

これはいったい何を意味するだろうか。投資家の視点からすると、一九六〇年代の外国との競争から身を守るためのルールは、外国との競争の有無に関係なく、素晴らしい投資先を見つけるというルールとなんら変わりない。仮に会社が最高の経営陣と技術的な優位性を備えていて、脅威となる外国との競争が起こる前に投資をしたとすれば、この投資家は一九六〇年代になって安い外国の労働賃金などについて心配する必要はないのだ。危険なのは、外国人にも簡単にまねできるような商品を作っている平凡な会社である。

以上のことはすべて、外国との様相の問題を狭い意味で見る場合の話である。そこでは、個人投資家は負けるのではなく、勝つのである。しかし、より広く目を向けるとどうだろうか。私たちの国は、外国の低賃金労働者の手で作られた安い輸入品の洪水に勝てずに苦しむのだろうか。

これに対する答えは今後どのような人物が大統領になり、この重要な問題に関して大統領がどのようなリーダーシップを発揮するかということが分かるまではっきりしないだろう。今後も国内の賃金が外国の賃金（これも上昇している）と比べて上昇速度が遅く、組合の力で多めに雇用させられた分の賃金上乗せが米国製品のコストに上乗せされないという前提であれば、米国企業の経営陣はこの賃金格差やコスト平準化の問題に対処していけるという実績が蓄積され始めている。

この組合の圧力による水増し雇用の問題、つまりまったく必要とされない職種を作りだす雇用規則が続いていくという問題は簡単に解決されるものではない。経営陣も水増し雇用についてはひどいと主張しているが（実際そうである）、労働者の立場としては効率の良い機械が導入された場合、影響を受ける人たちに対して同じ地域に同等の給料が確保できる仕事が見つかるまで、頑固にその規則を守るために闘うだろう。工学技術の発達によって数え切れないほどの新産業が生みだされると同時に、既存の産業もより少ない人で多くの製品を生産することができるようになっている。今の職を失った労働者に対してそれと同等の（あるいは改善された）仕事を確保するということは、大きな注目を集めることができさえすれば、それほど難しいことではないはずだ。幸運にも一九六〇年代に雇用の水増し問題に真っ向から立ち向かう政権が現れでもすれば、多くの米国産業は国内市場だけで自立し、現在の賃金格差で耐えられるところまで持ってくることができるだろう。これが起こらず、米国の人件費がほかの国に対して大きく上昇するようなことがあれば、大量の失業者が生み出され、経済全体がしばらく困難な状態に陥ることになるだろう。しかし今のところ、どちらのシナリオが実際に起こるのかを予測する材料がない。その行く先は、これからの大統領がまったく不必要な経済危機に国を陥れるのか、また大統領がその影響力と人を引き付ける力をすべての業界に対して発揮し、私たちの高い生活水準を下げることなく、メイドインＵＳＡの商品を外国の安い労働賃金によって引き起こされている現在の厳しい競争のなかで生き抜かせるために、有効策を打ち出せるかどうかにかかっている。経済界と労働者のリーダー双方がともにこれらの問題に取り組むべきである。現在までのところそのような兆候は見られない。仮にリーダーシップとは政府のみが発揮できるものだという点で一致するならば、すべてはだれが政府の先頭に立ち、いかに行動するかということにかかってくる。これらの問題について、本書を執筆している現段階において、判断を下すには時期尚早である。

D．人口増加分

厳密な意味で一九六〇年代の人口急増の問題が、今後の投資に与える大きな影響として話題にされるべきではない。そう考える理由は、前述のグループと比較しても、それが大きな投資戦力となるとはとても思えないからである。しかしこの問題に「ゴールデン・シックスティーズ」（黄金の六〇年代）という概念が加わり、またそれと非常に密接な関係があるため、適切に判断を下すことができるのであれば、検証してみる価値はあると思う。

一般的に言って、人口の数字を見ればこれから数年先の企業活動は保証されているという、薄っぺらな理屈を唱える人々は、極めて単純な根拠に基づいている。出生数の大幅な増加が第二次世界大戦時に始まったことに着目する議論である。わずかな例外を除いて、この傾向は以降ずっと続いている。しかし、これまでにこの人口増加によって起こったことは、主に幼児や小学生の増加であり、せいぜい一〇代前半の人口が増加した程度である。これらのグループが必要とするものは、そのすぐあとの年代が欲しがるものと比べると比較的単純なものだ。人口の増加が一〇代後半にまで広がってくると、需要は自動車や高価な衣服、ワンランク上の宿泊施設、その他若者の経済的要求を満たすものに発展していく。それから新しい家族の形成によってさらに需要は高まり、住宅や家電製品、家具など、さらに大きな経済的需要へとつながっていく。出生率がまだ上昇傾向にあり、幼児や子供世代からの需要が衰えるということも考えづらい。このような物への需要は、経済ブームや右肩上がりの繁栄を作り出していくだろう。

これに対して批判的な見方をする人は次のように答える。つまり、人口の増加そのものが繁栄をもたらすわけではないと言う。もしそうならば、インドやエジプトや中国などの国は地上で最も繁栄しているはずだが、それらはもっとも貧しい国々だ。この若い世代も、単に年齢で区切られているだけで、多くはお金を使っているが、大きな資産を形成するほど高い賃金を仕事から得ているわけではない。よって、ギリギリの家計のなかでやりくりしていかなければならないということになる。平均的な家庭では、今の収入でやっと必需品を賄っている状態だ。ということは、一〇代の子供や若者世代の余分な支出は、その親が必需品の購入を節約した分でおおよそ相殺されてしまう。産業全体の取引総量はだいたい変わらないということになる。つまり、お金の使われ方だけが今後も変化していくということであり、扶養家族が増えていけば、一人当たりの所得と生活水準は低下していくという結果になる。

では、この二つの予測のどちらが正しいのだろうか。アメリカ経済においては、現状を見ると恐らくどちらも正しくないだろう。多くの両親がそう教わっていると思うが、子供が成長していく過程で通常の必需品は増えていき、それによって拡大していく家計の問題を解決するためには、世帯収入の使い方を変え、両親が自分のために使うお金を減らしていくことになる。ここまでは悲観的な意見が正しい。必要な物を賄うための財源が十分に増えないのに需要が拡大していく状況では、勢い良く国全体が繁栄することにはならないだろう。

それでもこの話は全体像を言い表していない。エジプトや中国やインドと比べても、わが国の経済活動ではかなりの自由が許されており、個人や特に家庭の資産（公共の資産についても同様）については、十分なインセンティブさえ与えられれば拡大させることができるのだ。普段働いていない妻だってしっかりとした仕事に就き、家計の二番目の所得源となることもできる。家庭での需要がどんどん大きくなっていくなかで、夫はより一生懸命に働き、財政的に余裕を持たせようと努力をし、要職に就いたり、より生産性の高い仕事に就いたりする。一〇代の子供も成長すれば労働力の一部として加わる。その結果、ある程度ではあるが、年齢の高い子供がいる世帯では拡大する需要に対応するために、所得が拡大する。ある程度はビジネスの取引量自体が純粋に増えていくのである。

まとめると、ビジネスの全体的な水準を考える場合、人口増加による影響は世間で話題になっている「ゴールデン・シックスティーズ」ブームとまではいかないまでも、標準的な生活水準が急落するといった見方をしている人たちの予想ほどは悪くならないと思われる。それでもすべての産業界の総取引量の拡大は人口の変化によってもたらされているものであり、株を持っている者の視点で見れば、それは重要性が低くなる。それは投資家が持っている株式は経済全体のものではなく、個別企業のものであるからだ。これらの会社の製品の潜在的な市場が労働力の増加につれて拡大する一方で、競争も拡大する。ビジネスにおいて商品ラインが増えていくということは、単に市場が細分化されるということにすぎない。

一方で多くの家庭においては、部分的に家計の支出を変える必要があるかもしれない。場合によっては大きな調整も必要かもしれない。つまり変更が多いとしても、それは全体的に見れば、ある商品から別の商品への変更といったようなものである。増加するものもあれば、減少する品目もある。

では、最も増産が見込まれる会社を予測して、それに沿った投資計画をなぜ作ろうとしないのだろう。いくつかの珍しい極端なケースを除いては、このような道を選ぶのは賢いとは思わない。なぜなら、需要が増加する家計の下でどの商品からどの商品へ移るのか、個別の家庭でそれらがどう判断されるかを見極めるのは極めて煩雑であるからだ。これは単に、例えば家族が自動車をもう一台買うのをやめて、家のペンキを塗り直すといった単純な問題ではない。これまでずっと新車ばかりを買っていた家庭が低価格車を買ったり、中古車を買ったりする変化もあるかもしれない。スパゲッティを多くして肉を減らすかもしれない。たくさんのことを変更して、支出額自体も見直すかもしれない。技術の進歩によって欲しい製品の生産コストがぐっと下がったことで、節約になることもあるだろう。わが国にはこれだけ多くの世帯数があり、国民がこれだけの選択肢を持っていることを考えると、できることと言えば、せいぜい何が起こっているかを観察し、そのトレンドが継続していくかどうかを判断するくらいである。そのことから投資に関する決断材料をたくさん得られるということは、非常にまれなケースである。つまり人口の変化についてのこの問題は、騒がれすぎだということだ。

この人口の力が「ゴールデン・シックスティーズ」の考え方全体の基となる重要な土台となっていることを考えれば、この考え方自体が幻想に毛の生えた程度のものと言うことができるだろうか。そうは思わない。技術や発明が一貫したペースで進み、新しい産業の創出や古い産業を刷新する流れが生まれ、これまで世界であまり例のないような拡大基調や繁栄がもたらされることになるだろう。これが現実となるかどうかは、税金や融資制度、雇用政策などの政府による規制の問題に関して、制限的で賢くない政策が施行され、愚かな方向へ導かれてしまうことでこの流れがせき止められてしまうかどうかにかかっている。この問題は、時間が経過しないと判断を下すことができない。その一方で、一九五〇年代の終わりにかけて多くの株価が大幅に上昇したということは、この見通しの大部分がすでに株価に織り込まれてしまっていると考えてもよいだろう。言い換えると、一九六〇年代に素晴らしい上昇を見せる株とは、一九五〇年代よりもさらに特定の銘柄に限定されると、ほぼ確信を持って言うことができる。人口の増加曲線のような一般的に広く知られているような問題は、本当に例外的な場合を除いては上昇とはほとんど関連性のないものである。

エコノミストはお役御免、これからは心理学者の出番

未来を見ているとされる金融界でも、新しい影響力が現れてから数年たたないと変化した環境条件を認識できないということがよくあるが、この傾向についてはは私もすでに意見を述べている。私はこの傾向を、一九四〇年代〜一九五〇年代においては産業全般の予測が投資に関する意思決定をするうえで非常に重要な要因であるとみなされた、と考えている。今日でさえ、投資家も投資のプロと言われる人々も、驚くほど多くの人が賢い投資方針の神髄は可能なかぎり、良い事業予測を入手することだとまだ信じている。見通しがビジネスの拡大を示していれば買いだし、見通しが衰退を示していれば売りという具合だ。

何年も前であれば恐らく、そのようなことが今日よりも多くのメリットをもたらしてくれたかもしれない。銀行の構造は脆弱だったし、本当に苦しくなったときに政府による支援を受けることができるという保障は何もなかった（この過程ではかならず著しい物価上昇が起きる）。税制でも、景気が低迷し（よって連邦政府の税収も減少）、物価上昇をもたらすほどの支出を強く促すことはほとんどできなかった。景気が急落しているとき、その流れを止めるために強

力な対策を政府に取らせるような世論も形成されなかった。最終的に産業基盤は大きく縮小した。今日の複合的な経済では、基本的な特性の部分ではお互いの関連性がほとんどなく、そのなかにある多くの産業を見れば、政府の介入がなくとも現代の景気後退は以前と比べてある程度軽微になっていると思われる。多くの業種が縮小期にあっても、いくつかの業種は特殊な背景の恩恵を受けて拡大していく。これが経済全体をある程度安定化させることになる。

つまりこのことはすべて、何年も前と比べると不景気が投資家にとってそれほど重要な意味を持たなくなっているということだ。これはある企業がこの先どういうことをしていくかという情報を持っていることが、あまり重要でなくなるという意味ではない。そのような情報を持っていることが、株式投資において素晴らしい結果を出すために必須の条件ではなくなるということだ。簡単な計算をしてみれば、そのことがよく分かるだろう。一九三七年から一九三八年または一九五七年から一九五八年にかけてのかなりの景気後退と、同時に株式市場が下落したとき、ほとんどの株式は三五～五〇％値を下げた。良い銘柄は、その後の景気後退終了と同時に回復し、新高値水準まで上昇していくのが普通である。史上最悪レベルの景気後退のときでさえ、倒産した会社、つまり株価が一〇〇％下落した会社は全体のほんのわずかしかなかった。これらの会社の多くはとてつもない額の借金を抱え、株よりも優先株のほうが前面に押し出されていた。過去最大級の投機ブームを終えると、そのほとんどが借入金で賄われていたこともあり、株価は平均で八〇～九〇％の暴落となった。これと対照的に株式が何年にもわたたって上昇する場合、株式市場の歴史を扱ったどんなに粗末な研究結果を見ても、その上げ幅は非常に大きな数字になっているのが分かる。通常三五～五〇％程度の一時的な下げは景気後退を伴っていることが多いが、これと対照的に素晴らしい株式は（通常は成長分野に進出した経営状態の良い会社である）数百％上昇し、その水準で定着し、またさらに上昇していく。一〇年間の伸び率を一〇〇％単位ではなく、一〇〇〇％単位で見ることのできる会社がたくさんある。

これはすべて幸運で成り立っている。『株式投資で普通でない利益を得る』で説明を試みたとおり、普通ではない経営陣によってこれまた普通ではない高い利益率の株式が生み出されるが、少なくとも実行可能な精度で、そのような経営陣を選び抜くための確実なルールというものが存在する。一方で過去の記録を見ると、私たちの景気後退の予測は信頼できる投資ツールとして利用できるレベルまで達していないということだろう。今日のかなり複雑な経済状況下では、その種の予測に影響を与える要因が多すぎるのだ。増え続けるさまざまな影響因子同士の込み入った関連性は、まだ十分に理解されていない。私の考えでは、これが多くの経済学者同士で意見が食い違う理由であり、多くの経済学者が見当違いな間違いを犯す理由だと思う。

結果を出すという観点から見ると、投資に関する意思決定を行うときに経済予想に重点を置く投資家は、次の二つのグループに分類される。性格的に慎重な人はほぼいつも、非常にまっとうで説得力のある理由から今後の事業環境にとって経済的に大きな困難をもたらすと思わせるような印象深い予測を見つけてくる。よって好機と分かっていても、そのチャンスに乗ることはまずないし、結局は好機を逃し、経済予測が彼らにとって大きなダメージとなることが分かる。もう一つのグループは永遠の楽天家で、常に好き勝手に好材料を見つけてくる。彼らは常に自分の考えている行動をするように決断し、事業の予測に費やしている時間が割に合っているとは思っていない。

投資家が株式投資について判断を下すとき、経営陣の質と製品の個別ラインナップの成長性の評価という、単純にビジネス的な要因に基づいて判断するほうが賢い選択であるということに気づき始めている人が増えている。これら二つの評価はある程度正確に測定でき、長期的な投資のよし悪しにずっと大きな影響を与える。ビジネスサイクルを予測するに当たり、現在よりもずっと科学的な方法が使われるようになるまで、投資界における経済学者の役割は縮小し続けるだろう。非常に知性の高い経済学者自身の間でも、自分の専門知識ではこのビジネスの予測屋の役割を果たすことができるようになるにはまだ早いという認識が徐々に広まってきている。したがって、一九五九年秋に開催された全米産業経済学会の第一回年次大会報告書では、民間企業に対するアドバイザーの間で全会一致ではないものの、予測するのをやめるべきだとする意見が強まってきていた。また「事業に関連した社会や政治、ビジネスの環境についての情報」を常に経営陣の耳に入れ、独占禁止法に関連した動きについては法務当局よりも広い視点を持たせるといった仕事をして、雇ってくれている企業の役に立とうとする考え方が顕著だった。ある記者が「将来のある時点にかけた数字」についての自信をなくしたため、「私は予測ビジネスから足を洗う」と言ったということが伝えられた。これは民間企業（主に製造業、販売業、運輸業など）のための経済学者たちの話であるが、同じことが少なくとも株式市場の経済学者に関しても当てはまると思われる。

以上のような理由から産業全体のトレンド予測は、一九六〇年代の後半にかけて徐々にその役割を縮小していくと推測できると思う。では企業経営や金利の変化、税務などの法制度に関する変更以外に、投資家の注目が高まっていく領域が何か存在するだろうか。私は存在すると思う。良い言葉が思いつかないので、私はそれを証券価格に及ぼす心理要因と呼ぶことにする。

これを理解するために、いくつかの投資ファンダメンタルズについて見てみよう。なぜ株式はある特定の時間に特定の株価で取引されるのだろうか。その理由は、会社が今やっていることでも、過去にやったことでも、未来にすることでもない。この株式に実際に興味を持っている投資家、あるいは興味を持つ可能性のある投資家の大半が持っている考え方が要因となっている。その株式の本質的な性質とは関係なく、ある時点においてその株式について人がどう考えているかについて話題にするとき、私たちは心理的な要因について話をしなければならないのである。

もちろんこの心理要因は短期的な特性しかないことは確かである。多くの金融界の人は個別の株式や業界全体の魅力に対する過剰な評価に反応してしまう。その結果、一年から数年にわたり、この株式（またその業界全体の多くの株式）に対して本来の価値を超えたプレミアムを払っていることになる。しかし、この株式や業界がその明るい予想についていけなくなったとき、その夢から覚めることになる。本質的な企業価値付近まで株価が下落し、この株式のPERは落ちる。逆方向への反動は行きすぎることも多く、良い言葉が思いつかないのでこう呼ぼう。株価はしばらくの間「本来の価値」を下回る価格で取引される。

つまり個別株の価格は、地面ではなく幅広く空間を移動するヒモにつながれた係留気球のようなものとしてイメージできる。ヒモは「本来の価値」である。会社の収益力や本質的な見通しが改善すると、時間の経過とともにこのヒモは上昇していく。それ以外のものも含めて本来の価値に関する材料が悪化すれば、このヒモはそれに応じて下がってくる。ある任意の時点における金融界の心理的影響力（つまり金融界が本来の価値に関するこれらの基本的な事柄についてどう評価しているか）が、株価をこのヒモを上下に移動させる要因となるのである。しかし係留気球のように、一時的な集団の熱や根拠のない悲観論によって株価は本来の価値よりも大きく上や下に引き離されるが、本来の価値のヒモから完全に離れてしまうことはけっしてない。いずれはヒモのほうへと引き戻されてしまう。

この株式評価についての問題は、その本来価値を正確な価格としてぴったりと示すことができないためさらに厄介になる。これが「本来の価値」を幅のあるヒモとして係留気球の例で示し、また「本来の価値」と括弧付きで述べた理由である。ある企業のグループについては、同じ分野の企業同士でも、まったく異質の業界でありながら比較可能な成長率を示している企業の間でも、本来の価値について大雑把な予測を立てるために十分な材料がある。したがって、そのような比較をして、経営の質や成長率、景気後退に対する脆弱性などといった要素を参照することで、ＸＹＺ社株の現在の本来価値は一株当たり二五～三〇ドルである、というような予測を立てることができるのだ。これ以上細かく指摘することは難しいと思う。急成長している企業の場合は、ＰＥＲが非常に高く評価されていてもおかしくはないため、そこまで正確な推測はできないだろう。現在の成長率はそれほど大きな要素ではなく、その異常な成長率が今後どれだけ長く続いていくかが問題である。

時間が先になるほど、将来起こることについての判断を誤る可能性は高くなる。したがって、誤差の可能性に対して必要となるゆとり部分が大きくなれば、本当の価値を判断することもより難しくなる。いずれにしてもかかわってくる要素が非常に多いことから、本来の価値を判断するときに細かく損益分岐点まで求めることは賢いことではない。ある株式が十分に魅力的な将来性を持ち（本当の価値のラインが右肩上がりであること）、自分が推定する本来価値よりも二五～三〇％以上超えているような場合でもなければ、十分に素晴らしい利益を出してくれるだろう。危険なのは過熱した状態に引きずられてしまい、本当の価値の何倍もの株価で買ってしまうことである。

まとめると、ある株式のＰＥＲが高かろうが低かろうが、それはその株式が本質的に割安か割高かという判断には何の関連もないということである。他社と比較したときにある会社の資質や見通しに大きな隔たりがある場合、それは大きな違いとなって表れる。問題なのは、この高PERや低PERに事実の裏づけがあるかどうかである。本質的に良い株式と評価できる部分に対する大衆の意見が強すぎて、通常ならば良い投資となるはずが、単に現在の株価に対しての魅力にすぎなくなってしまっているのではないだろうか。あるいは非常に多く見られるケースであるが、まったく逆のことが起こっているのではないだろうか。つまり、投資界の多くの人が本来魅力的な会社なのに、PERが高いのではないかと恐れてしまっていて、将来的に約束されている株価水準までまだ上がっていないのではないだろうか。別の言葉で言うと、金融界の現在の株式に対する心理的な要因から、本当の価値のストライクゾーンから大きくずれる要因になってはいないだろうか。

投資を適切に行うためには、その重要なことを過大評価しないためにも、この手の研究の本来の役割を理解することが大切である。現時点でのマーケットの心理は、購入する株式の最終的な選択についてはまったく関係のないことである。その決定は完全に会社自体に影響を与えるファンダメンタルズに基づいて下されるべきである。現在の条件を基に十分と思われる成長企業を選び、十分な時間をかければ素晴らしい見返りを得られるだろう。これは二〇世紀のビジネス史全体を通じて繰り返し見られてきた現象である。ファンダメンタルズだけを見て、つまりそのときのマーケットの心理状態を無視すれば、忍耐力のある人には大きな利益がもたらされるだろう。しかしそれにはかなりの忍耐力（それとファンダメンタルズに精通するための能力）が要求される。また適切に選択されたはずの株であっても、投資家の心理的な弱さから購入のタイミングがずれ、利益の取り分が減ってしまうということもあるかもしれない。つまり買うタイミングを計るには、経済学者よりも心理学者のほうがずっと役立つということだ。経済学者が役に立つのは、ファンダメンタルズ的な要素に基づいて長期的な視点から非常に良い銘柄が二つ以上あるときに、どの銘柄を買うかについて二次的意見がより重要となる場合である。経済学者ならば、現在の株価でどれが最も魅力的で、どれが最も魅力的でないかということを決定する手助けとなるだろう。しかし、株式が投資に値するかどうかという基本的な問題に関して、一次的な判断としては彼らは何の役にも立たない。

これを心理的アプローチと呼ぶとするならば、私たちは投資界の人々が個別の株式をその本来価値と将来価値との両方に関して、どのように評価をしているかについて検討していることになる。したがって、例えばソ連がスプートニクを打ち上げる前に、多くの投資家がロケット燃料メーカーの株式を過大評価していたとしても、この出来事による衝撃はアメリカ人にとって非常に大きかったので、その過大評価はさらに過大になると心理学者が予想しても問題ないだろう。

同様の例で、しかも非常に重要な心理学的なことが一九五八年に起こった。この数カ月前に始まった景気後退の結果として企業の収益力が急低下した。一九五七年一一月一五日に下げ相場の底値を付けたが、ウォール街ではほぼ全員がそれは正しくはないと見ていた。大手証券会社の人々は株価がさらに下落すると予想し、こんな相場つきでは何も買うことができないと言っていた。マーケットがこれほどまで一致したことはめったにない。たった一年だけ天候が悪く、作物が育たなかったために素晴らしい農場を半分にしようと考える人はまずいないと思う。同じように株式も今後数年間に期待できる収益を基にして取引されるべきであり、その前の比較的短期間の経済環境の下でPERの何倍にもなることだってある。これと同じ理由から、インフレ対策として話題になっている株に心理的な魅力があるということを根拠に、株式市場へ向けられる投資資金の量について注目をする人もほとんどいなかった。ここに本質的に良い長期投資先となる株式を取得するのにほぼ理想的な心理的背景に裏打ちされた環境があったのだ。不況がさらに続いていたとすれば、ほぼ全員が弱気であったために売りの大部分がすでにこなされ、優良な株式の下落は緩やかにしかならない可能性が高かった。現実に起こったように景気の波が戻ってくれば、「株価が下がってから買い戻そう」ということで株式から現金へと移動した大量の資金が株式市場に殺到し、短期間で株価は上昇するだろう。これは現状の群集心理がファンダメンタルズからずれているのか、そのような傾向があとどれくらい続くのかということについて常に注意を払っておくことが、素晴らしい会社をどのタイミングで買うかを判断するのに大いに役立つということの完璧な事例となった。また良いチャンスを手にするためにはいつまで待てばいいのか、一時的に注目が集まっていない業種で良いチャンスを見つけるためにはどんなタイミングで探したらよいのか、ということも多く示してくれた。

しかしまたかなり違った形でも、株の扱い方について人間活動を研究する心理学のようなものが投資家にとってはより役立つかもしれない。この分野がまさに、私が今後大きく発展するだろうと予想している分野である。長年の間、株式投資の運用ほど人間の心を惑わせる性質のものはなかった。明らかに正しいと思われたことが、まったくの間違いであるということが繰り返し起こる。ベテランの証券外務員によると、まったく同じ間違いを何度も何度も何度も繰り返す顧客は少数派ではなく、多数派だそうだ。

このようなことは偶然でも何でもないと思う。いろいろな意味で株式投資の手法はこの五〇年で急進的に変わった。しかし利殖を得るために金融資産を購入するということに関して、群衆としての人間の性質はまったく変わらない。数百年前のオランダでチューリップの球根への激しい投機熱が起こったが、その球根価格のチャートを手に入れて数字を見てみると、一九二九年前後のあわただしい時代に経験した主要株価の上下のチャートと非常に似ていることに驚く。これよりもよく説明しているものが、イギリスの東インド会社の収益性に対して全英で希望的観測が高まり、一八世紀のブリテン諸島が株式熱の大きな波にのみ込まれることとなった研究である。一流と二流の銘柄のパフォーマンスの違いを見ると、当時と最近は驚くほど類似している。同様に上昇や下落の大きなトレンドの流れのなかに現れるさまざまな上下動の大きさや長さについても類似点が見られる。これらの類似点はさまざまな色をしているが、たくさんの投資家を見てきた鋭い人ならば大半が気づくようなものばかりだ。つまり、集団としての人間は同じ投資の刺激に対していつもほぼ同じような反応をするということだ。

ところで、この今も変わらぬ類似点を、ベテラン投資家はどのように心理学に応用すれば利益拡大の手段として使うことができるのだろうか。現在まったく知られていないが、きちんと研究すればかなりの価値を生み出すと思われる。ある分野の話を例に取ろう。それはまれにしか起こらないことではなく、技術がめまぐるしく進歩する現代においても頻繁に起こっていることである。

ある上場会社の研究開発部が、計画どおりにいけば恐らく全社の総利益率が五割増程度になる新しい製造法を開発している。経営陣は必要な予算捻出の承認を得るために、この議題を取締役会に提起する。予算が割り当てられる。新工場での仕事が開始され、立ち上げ期間として一年半の予定が組まれる。この立ち上げから半年後、新工程は初めて黒字化し、三年後には全社総利益の五割増とした目標を完全に達成する。

明らかにこのような発展があれば、関連銘柄の株価は著しく上昇するだろう。しかしどのタイミングで上昇するのだろうか。私の印象では――私が知るかぎりでは、いまだにだれもこの種の問題についてみんなが確信できるような研究が十分になされていないが――、鍵となる日付はこの議題を取締役会に提出するときだと思う。彼らならば、本当の投資チャンスを識別できる。彼ら自身に、株価を上昇させるのに十分な資金力があるかもしれない。そのような立場にいる友人や知り合いを持っている可能性はもっと高い。いずれにしても私はこの大雑把な印象を裏づけるデータを持ち合わせておらず、この時点以降、株価がU字回復するとは思わない。ウォール街でこの新プロセスが話題になるにつれて、数週間の間に驚くほど株価は上がっていくだろう。数カ月たって新プロセスからの利益が得られないと、期待を持って買った人たちのなかには売る人が現れ、株価は下落していくだろう。下落がどこまで行くかについては、この新プロセスが黒字化されるまでの期間の長さに左右される。最終的に予定されたとおりの利益が確保されたとき、再び上昇を始め、それまでの間にほかに好材料となる新展開がなかったとすれば、最初に買いが集まったときの高値付近までは上昇するだろう。

以上はすべて私の推測である。極めて確実性を欠くかもしれないが、典型的な良い銘柄が状況に左右されながらどう動いていくかということである。重要な点は、マーケットでは多くの人の力を集めて収益チャンスを見つけながら、既存客や見込み客のためにビジネスを構築していく試みがなされているが、このような事項についての研究は十分になされているとは言えない（個別環境が変化しているなかでも、市場全体レベルでの大きな変化をもたらすような影響力は当然調整される）。まだ研究されていないのは、マーケットの多くの人が心理的側面に注意を払っていないからである。つまり、人々がある出来事についてどう考えるかではなく、出来事そのものに意識が向けられているからである。そのためには研究している会社の内部事情についても精通していなければならない。取締役が新しい製品の重要性をいつ認識したかということは、一人以上の取締役と近い位置にいて、その事実について情報源となる人からこのことを聞かなければ分からない。決算報告書しか読んでいない者からは学ぶことはできない。

右の例は、知識のある投資家の成績を将来的に大きく改善する心理の研究であるが、ここでさらに根本的な株式市場の心理的問題が生じる。特にマーケット全体が加熱しているとき、好材料はかなり先のことまで株価に織り込まれる。この好材料のなかにはほぼいつか確実に起こるものの、ここ数年間は起こらないというものもある。そのような材料を、株主が待ちくたびれるか、あるいは新たな好材料が収益力に影響を及してしまったために売られてしまい、株価が急落してしまう。このような事態を避けるためには、どれくらい先のことまで織り込めば安全と言えるだろうか。この時間的要素は、投資について一般的に楽観的な時期と悲観的な時期では大きく異なるのだろうか。現代のように技術が複雑で製品開発の完了から生産に移り、その後利益が乗るまでの間にますます長い期間が必要になってくると、この要素に影響される企業の数はどんどん増えてくる。人間というものは投資に関する希望や自信、恐怖、忍耐といった刺激に対してはまったく同じように反応する。それは数年単位ではなく、一〇〇年単位の話であるため、これらすべては適切に金融心理を研究すれば解決できるはずの問題ばかりである。一九六〇年代も引き続き、この研究にますます注目が集まるだろうと思っている。

このような心理的問題を解決する方法で、一般的な結論を引き出すことができるだけの十分な事例を見て、ある特定の時期にどのように個別のニュースが受け止められるかを正確に査定する以外の方法は存在するだろうか。どうやら存在するようである。一九五〇年、オレゴン大学経営学部で財政学を教えるO・K・バレル教授はある実験を行った。これは後にコマーシャル・アンド・ファイナンシャル・クロニクルという経済紙に掲載されたが、マーケットはしかるべき注意を払っていなかったようである。この研究は、一般的な投資家が特定の種類の影響力に対して、どのような反応をするかということをさらに深く知るための技術的な先がけとなった。この方法は、共通している投資上の間違いを見つけることによって、非常に高い代償を払わされるような行動から投資家を守ることができるようになるという意味で、計り知れない価値を持つことになるかもしれない。

バレル教授は授業で、四〇人の学生がそれぞれ二万ドルを持ち、A～Fと名付けられた六銘柄のうちの好きな株式を、どれでもよいから即座に買わなければならないことにした。架空の六銘柄について学生に知らされた情報は、バレル教授が勝手に設定した株価と前年度の収益、配当率、過去の配当率だけであった。手持ちの資金を六銘柄の間でどのように使うかについては完全に学生の判断に任せられ、配分についての要求は出されなかった。

この六銘柄の株式の価格はそれぞれ決まった間隔で任意に変えられ、実際の市場での株価の動きを再現した。学生は自分たちの利益が最も増えると思われる方法で、好きなように持ち分の割合を変えるように指示された。株価の変化に伴い、ポジション全体がどのように変化したか、各学生の損益プラスとマイナスの様子を実験の全期間にわたり詳細に記録した。バレル教授の実験の意図の一つは、銘柄によって株価の上下がまちまちであるときに平均的な投資家のお金は減るかどうかを知るためであったので、学生は常に満玉を張ることが条件だった。そして再現した三年の期間が終了してみると、上昇した銘柄も下落した銘柄もあるものの、これらのプラスやマイナスはきれいに相殺されていた。

この実験の結果から分かったことは非常に興味深いことであった。まず投資家全員に見られる強い傾向として、株式に支払う価格と実際の企業価値の間に心理的な関連性を持たせていたことである。これについてバレル教授は、クラス全員のこの傾向は平均を押し下げる効果があったとしている。つまり学生がある株式に四〇ドルを支払ったとして、この株式が現在例えば二八ドルで取引されていると、今のほうがもっと魅力的に感じている。これに加えて、マイナスから抜け出せない理由として、教授は最も成績の悪かった学生の傾向として（このゲームのなかの話であるが）、利益確定をすぐにしてしまっていたことを挙げている。成績の良い学生はある程度の長い期間にわたって、利が乗っている状態を維持していたと指摘している。もう一つの興味深い結果として、マーケットが拡大するという理由から値嵩株は「分割」されるほうが良いとする考え方をする者にとっては少し驚きかもしれないが、値嵩株よりも低位株のほうを彼らはわずかに好んでいたのだ。このポイントを実験するために、同じPERで同じ利回りの銘柄も意図的に設定された。

しかし、この実験が示したもっと重要なことは、ある特定の投資条件の下で、現実のマーケットで常に投資家が恐怖や期待を抱くあらゆる条件から切り離された状態で、一般大衆がどう反応するかということについてのテスト方法を開発するうえで、先駆的な存在となったという点である。例えば、後知恵を使うのを避けるために、それぞれの特徴を隠して実際の株式を六銘柄選ぶこともできる。このとき、同じ三年の間に株価動向がお互いに大きく異なる六銘柄を選ぶことも可能だ。また学生でなく、経験を積んだ投資家を参加させることもできる。現実のように満玉を張ることを条件としないで、各参加者が初めて投資した金額だけを投資させたり、好きな分だけ現金を残させておいたりすることもできる。判断材料となるほかのデータは入手しようがないので、売買の唯一の指標を価格だけにする。今日では株価の変化自体が売買の大きな動機となり、私たちはこれ以上の知識をあまり持ち合わせていないということが分かっている。このような実験を行えば、投資家がどのような行動をとるのか（恐らくその理由も）を知る手助けになるに違いない。非常に成績の良い参加者（少数派）と、それほど成績の良くない参加者（多数派）との間に一貫性のあるパターンが見つかれば（恐らく見つかるだろう）、投資家が取るべき行動と取るべきでない行動についての有用なデータが取得できるだろう。

バレル教授の実験方法を応用すれば、株式分割や株価変動に対する投資家の反応以外にも、多くの投資に関する重要な問題を解明することができるだろう。本来心理的であるこのような問題と適切な投資行動との関連性の研究がまだ不十分であるため、投資家が成績を改善するための方法について網羅的に自分の考えを押し付ける立場に私はいない。一つだけ言えることは、一九四〇年代と一九五〇年代は景気サイクルの予測に注目が集まっていたが、一九六〇年代にはこれとはまったく異なる形のものに人々の注目が集まる可能性が高いということだ。競争のペースというものも、恐らくその要因となるだろう。しばらくの間、この種の研究は投資家にとって最も根本的な問題に対してほとんど成果を上げてこなかった。つまり、売買すべき適切な銘柄を選ぶという問題である。しかし、この研究は次に最も重要な問題である、いつ売買すべきかという問題について、大きな成果をもたらすかもしれない。

第2章　株価の大幅な上昇はどのようにもたらされるのか

ほとんどの大手証券会社では、自社や競合他社で出している主な「証券分析」のファイルを保存している。これはある株式の投資上の性質についての「分析」が目的だが、多くの場合は特定の銘柄の買い推奨である。この報告書はものによって量も調査範囲も大きく異なる。しかしその報告書が厚い薄いにかかわらず、ある特定の証券が買い手になぜ利益をもたらすのかについて重点的に書かれている。弱気や中立な立場で書かれている報告書はあまりない。

証券会社へ出向き、材料となりそうなある程度の大きさのサンプルを収集して検証してみるとよいだろう。なぜその銘柄の株価が上昇するのか、さまざまな理由が書かれている。このほかにももっと多くの理由があるだろうが、いくつかを以下に挙げてみる。

①一株当たりの総資産が異常に多い
②配当利回りが異常に高い
③増配が予定されている
④配当の実施や株式分割が予定されている
⑤会社の利益に対して株価が異常に安い
⑥毎年一貫して利益が増加している
⑦増益が見込まれる
⑧増収が見込まれる

⑨魅力ある新製品の発表が見込まれる
⑩その企業が異常な額の研究費を支出している
⑪ビジネスに関して異才を持つ人物が登場したことにより経営に重要な変化がもたらされるようなまれなケース（しかしこれは非常にまれである）

残念なことに私たちは、この人生においてあれこれするのに忙しく、あくせく生きており、何かやろうと思っている事柄について最高の方法で（最高とは言わないまでも良い方法で）結果を出すためにはどうしたらよいかということを、時間をとって考えるようなことはあまりない。フーリガン・アンド・バン・アスター・ブリックヤーズ社の株価の背景にある巨額な総資産や高い配当金を読むために多くの時間をつぎ込む代わりに、非常に基本的な項目のいくつかを最初にじっくり考えてみたほうがずっと有効であると思う。さまざまな銘柄について買うように私たちを駆り立てるさまざまな理由は、すべて同じ重要性を持っているのだろうか。そのうちのどれかが、より重要性が高いということはないのだろうか。忘れられていた銘柄が素晴らしい急上昇を見せ、株主に幸運な富をもたらすのはなぜだろうか。最も重要なことは、このような息を飲むような価値の上昇（五～一〇年の間に一〇〇〇%以上のような上昇）の起こる原因が、一般の人にはほとんど理解できない、証券分析のなかにほとんど現れないようなまれな出来事によるものではないのか、ということだ。

一九六〇年代の厳しい競争が、そのような問題について広く理解されるようになることは間違いない。幸運なことに物事は進化し、多くの枯れ木をきれいに取り去る作業は簡単になっていく。今からでも金融理論がいかに具体化されていくかという様子を見ていくことができるだろう。

すでに本書で述べたことだが、株式を発行している会社の資産価値と市場における評価との間にはほとんど関連性がない、ということを示すことは簡単だ。ただし、会社が清算される直前である場合や資産から生まれた収益が株主へ分配されようとしている場合は例外である。現在ではそのようなことは一般にも知られるようになったが、これは投資の知識としては比較的新しいものである。第一次世界大戦前には、多くの投資関係者は自分なりの査定をするとき、資産は収益と同じくらい重要なものだと信じていた。彼らは徐々に相場自体の動きから学習していった。資産に基づいて出される買い推奨は、今では見られなくなっていった。

頭の良い企業経営陣

この資産価値の問題を完全に明らかにしてしまう前に、資産価値というものが持つマイナスの意味合いについて理解しておいたほうが良いだろう。これも会社が清算されたり、他社に買収されたりする予定がない場合であるが、会社の持つ資産価値が高いからといって、株価が上がるわけではない。しかしただ一つ、資産不足は株価下落の要因となる。頭の良い企業経営陣であれば、投資すれば普通ではない大きな収益を上げることができるような投資先を探している。もしそのような経営陣が比較的少ない資産に対して大きな利益を出している会社を見つけたならば、その事業に参入して、その魅力的な利益を共有できるような方法を模索したくなることだろう。通常は、それが不可能な明確な理由がある。例えばそのメーカーが持つ、少ない資産で高収益の生産ノウハウであったり、特許による保護であったり、確立されたブランド名に対する顧客の忠誠心であったり、その他さまざまな要因を考えることができる。しかし少ない資産で異常に高い利益率を生み出すこの事業に参入することが新参者にも比較的容易である場合は、その他の多くの企業もこの分野に参入し、すぐに競争が起こる前のような利益を享受できなくなることだろう。したがって、資産価値が低く高い収益力を持っている会社を見つけた場合は、常にその分野でない会社の経営陣が参入を考えるのと同じ目線で考えなければならない。他社がその事業に参入できないような明確なビジネス上の理由が見つからない場合、資産価値が低いことを警告とし、そこには触れないほうが賢明だろう。それでもほとんどの場合、その分野で地位を確立した企業が大きな強みを持っていて、参入を拒んでいる大きな理由が見つかるものである。そうでなければずっと昔からすでに他社が参入を始めていることだろう。このような場合、投資家は資産や資産の簿価が将来の株価動向とは何ら関連性がなく、完全に無視してもよいと考えてよい。

さらに最近、投資家が気づき始めたことは、配当もこれまで思われていたような株価動向への影響があまりないということだ。これも**『株式投資で普通でない利益を得る』**（パンローリングより二〇一六年夏発売予定）で非常に細かく説明しているが、所得税が多くの株主にとって配当の手取りを大きく減らす要因となっている。また余剰資金からの配当収入を再投資する場合の問題やリスクもあり、これと対照的に同じ余剰資金を使うなら、突出した経営陣がこれまで株主にもたらしてきたような経営拡大のための再投資を行ったほうが比較的簡単で安全と言うこともできる。このような理由から無配当の株式を好む人がいたり、極めて低い配当率を好む人や非常に高い配当率で毎回増配を期待している人がいたりするのだ。つまり普通配当が増えるということは、一定の株主には魅力となるため、株価に対してある程度影響を及ぼす可能性があり、確かにその影響も出ている。しかし同時に、そのような増配の影響力というものは以前に考えられていたよりもずっと小さく、投資で大成功とされる資産価値が何倍にもなるような大きな利益と増配とは何の関連性もないのである。テキサス・インスツルメンツやアンペックスといった配当もなく、今後も長期にわたり配当する見通しのない急成長企業の株式に投資することが大きな成功となっている。配当によって多少の上昇は見られるものの、配当の支払いは大きなキャピタルゲインとは何の関係もないということに多くの人が気づいている。配当金が少ないＩＢＭやダウ・ケミカル、ミネソタ・マイニング・アンド・マニュファクチュアリング、イーストマン・コダックといった企業（幅広い業種からランダムなサンプルを抽出した）を保有している伝統的な投資家の成績が長年にわたり極めて良かったことからも、人々はこの点に気づき始めているのだ。

市場の評価を上げるという意味で、仮に実際の配当（現金）の重要性が以前に考えられていたほど大きくないとすると、財務内容が素晴らしい数字であっても、配当や株式分割の影響力は実質的にゼロとなる（ただし増配した場合は別である）。数々の素晴らしい研究がなされ、株式分割が実施されても将来の株価チャートの動きには何の影響も及ばないということが示唆されている。株式分割が発表される直前にはその株価は市場全体よりも若干良い動きをするように見えるが、果たしてそのような良い値動き（大幅に動くことはまれである）が分割のせいなのだろうか。それとも分割は取締役会で普通は否決されるので、会社の業績が非常に良好であれば、株価はいずれにしても上昇すると考えられるのだろうか。とにかく株価の大きな変化ということを考えると、株式分割や配当が与える影響力というものはそんなに大きくない。ある投資家は、株価が五〇ドル以下の銘柄を好んで買うかもしれない。同じお金でより多くの株式が買えるからだ。そしてこれが低位株への需要を高めることになる。しかし別の議論として、投資家がある株式をほかの株式と区別して選択する場合には表面的な影響を持つような問題しか見ない。良い投資チャンスだと見分けるようなことはほとんどなく、いずれにしても、結局は長期投資家となると思われるのである。そのために株式分割があると、下落している株式の売買高が増えて株主も増加するが、長期的に見れば株価には何の影響もないのである。

売り上げと成長の関連性や新製品の発売、収益性の向上に対する期待などは、すでに明白なことである。よって次に利益という要素を取り上げ、株価を大きく変化させる要因について考えていきたい。一株当たりの利益の成長と株の市場価格の相関性は非常に高く、しかもこれは非常に簡単に証明することができる。ここでだれでも知っていて、すべての投資家が自信を持っているようなことについて何ページも割くことは意味がないと思っている。一株利益が増加していて、この増加が継続するという確約もあるのに、その証券価値が市場全体と比べて見劣りするということはまれなケースである。しかし、ある特定の銘柄の株価が市場平均よりも大きく上昇（あるいは下落）している場合、収益力の水準が変化しているということのほかに、一般的には理解されていない何らかの要因はあるのだろうか。

私はそういうものが存在すると思う。その要因を理解している投資家は、その物事を正しく評価することができれば、長年にわたり莫大な利益を手にすることができるだろう。しかしこれは多くの人にとって新しい概念であり、把握するのが若干難しいかもしれない。私はこのことがとても重要なことと信じており、また完全に理解してほしいという理由から、間接的で遠回しな方法でこれを説明してみようと思う。

新しい概念

スミス氏は腕利きの外科医である。業界では有能な人物とされている。彼は巨額の報酬を得ている。仕事上の経費といえば、事務所の家賃と事務員の女性の給料が主なものである。個人の所得税を除くすべての経費を控除すると、年収は六万ドルである。

現在六一歳の彼は素晴らしい投資チャンスに目を付けており、手っ取り早く資金を調達できないかと考えている。しかし彼はお金のかかる趣味を持っており、また二人の前妻と現在の奥さんがいて、こちらにもまたお金がかかり、貯金はほとんどない状態である。そこで、彼はある素晴らしい考えを思いついた。スミス氏の親友が父親から板金工場を相続し、その株式を売却してかなりのお金を手にしていたのだ。そこで医療法人を始めてはどうかと考えた。彼には年間六万ドルを稼ぐ能力があり、法人を維持していくことができる。その収入の二〇％を彼が受け取り、残りの八〇％に当たる四万八〇〇〇ドルを株式として売り出す。毎年四万八〇〇〇ドルの税引前の利益がある会社の株式に、人々はいくら支払うだろうか。

スミス氏は投資銀行に電話した。すると手に入れられる金額は非常に少なく、そのようなことに手間をかけるのは割に合わないということが分かった。読者のなかでその理由を分かっている方はまずいないだろう。しかし先ほど言ったとおり、紹介しようとしている投資の概念をここで一つ一つ組み立てていくことも無駄ではないと思う。いずれにしても、その理由を説明しよう。このスミス医師は病気にかかるかもしれないし、事故に遭い、ケガをするかもしれない。そうすると彼の持っている収益力は、彼の非凡な才能に依存しきっているため、いつでもゼロになってしまう可能性がある。毎年、彼は年を取り、引退する確率も高まっていく。いずれは辞めるときが来る。また、彼は後継者をだれも育てていない。育てていたとしても、アシスタントがこの会社でずっと働き続けるという保証はない。可能性としては、このような職業の場合、彼は自営業でやっていたほうがよいということだ。また、スミス医師は持てるかぎりの力を使っているため、収益が増えることはほぼ考えられない。逆に収益が減る可能性のほうが高い。よって、自身の医療行為で稼ぐお金は一五％（二〇％から法人税を引いた額）程度でしかなくなり、またほかの投資などでお金持ちになっていると思われることから、以前と比べて懸命に働くという動機が薄れてしまうことが考えられる。

　このように一人の個人事業では、売却ができたとしてもたかだか自分の年収の二～三倍程度になる。そのビジネスはリスクが大きいわりには将来性がないのである。ここで板金工場の株式四五％を売却した友だちを見てみよう。この板金工場のオーナーであるジョーンズは、工場の株式を高価とは言えない価格で売却していた。高い株価が付くと言われていたが、これもジョーンズの生来の嘘つきな性格から出た戯言であった。公にされた記録もない個人的な取引であったため、高い株価評価を受けていると誇張していたのだ。買い手のロビンソンは年商の四倍弱の値段で株式を買い取っていた。

これ以上、払う可能性はあるのだろうか。当時、これほど魅力のないビジネスはなかった。必要な設備も非常に安価で、このような板金工場を経営するための専門的なノウハウは特になくても、だれでもこの事業に参入できた。実際に多くの人が参入してきた。多くの小さな工場が単純な仕事をして、競争をしている世界だった。ジョーンズの工場の生産品が安い値段で他社と競り合えるのは、ないに等しい利幅で売っているからだった。生き残る唯一の方法は、組合が示す最低賃金を支払い、従業員に何も強制せず、契約に反しない程度のギリギリの線で働いてもらうということくらいであった。ジョーンズが善意を持っていたとか、従業員に忠誠心があったかどうかは、ロビンソンにはまったく分からなかった。

ロビンソンの友だちは、この買収について警告していた。彼が持っていたのは少数株主としての持ち分であった。この会社はモラルのかけらもない男に牛耳られていたのだ。いずれ何かの奇跡が起こって利益が出たとしても、ジョーンズが自身を昇給させたり、経費として使ってしまえば、それを防ぐ手立てはないだろう。

若いロビンソンはそのすべてを分かっていた。しかし、別のことも分かっていたのだ。ジョーンズには持病があった。そしてロビンソンがこのビジネスについてすべてを知った二年後にジョーンズは死亡した。ロビンソンは残りの五五%の持ち分を相続人から一株利益の五倍という価格で買い取った。それは支配株だったため相続人はこれよりも高い価格で売ろうとしたが、ジョーンズの会社の株などだれも買おうとしなかった。

ロビンソンは長い間温めておいた計画を実行するため、ようやく動き出したのである。彼は複雑な合金鋼や特殊な希少金属でも、ごく限られたものしか熱に耐えられないということを知っていた。一方それらは、飛行機やミサイル、化学工場や石油精製所、あるいは原子炉などに使われる製品として、将来的にその需要が高まっていくということも知っていた。しかもそのような素材はすべて取り扱いが非常に難しく、国内の業界外にいる人間はだれも、儲かる製品を製造することができなかったのである。そこで彼はある大学の若き優秀な冶金学者のブラウンに出会い、会社に入ってくれたら買い取りオプション付きの未公開株をやると話をもちかけた（このとき社名はパイオニアメタル・コーポレーションに変更されていた）。

ロビンソンとブラウンはこの比較的新しい金属と合金事業の二つを仕事にした。どちらの仕事もお金がかかった。しかし、これらの新金属の製造に既存の施設のどの部分を充てることができるかを研究し、必要となる設備でまだ手に入らなかった機械の設計もできるようになった。会社は資金を使い尽くし、必要な物品を入手するための資金調達力もなくなっていたが、それでも二人はどうにかして手に入れた。

翌年、二人はわずかな黒字を出した。一方でその難しい金属の扱い方に関する知識はどんどん増えていった。それは問題が山積みであり、だれもが手を付けずにいた分野だった。そして知識が増すにつれて取引量も多くなり、控え目ながら利益も出るようになってきた。

そのとき彼らの転機となるエピソードが出てくるのである。二人は地域でも最大級のメーカーから仕事を受注したのだ。長い経験を持つこのメーカーにとっても扱いが非常に難しく不可能だったものを、ロビンソンは八週間で納品するという口約束をした。この大手メーカーも話を信じ、その最大の顧客に対して主要部品を納入する契約を交わし、顧客の事業の季節的ピークにこれを間に合わせると約束したのだった。納期に間に合わなければ、非常に大きな出費となる。納品日の四週間前に従業員が判断を誤り、それまでの仕事がすべて水の泡になってしまったときには、ロビンソンは本当に体を壊すところだった。

ロビンソンには納期について契約はなかった。しかし彼は約束を守らなければならないと思っていた。財務状況はギリギリで非常に厳しい状態だったが、残業も許可し、休憩なしで倍の時間働くことも許可した。さらに助っ人も雇い、八週間かかる仕事を四週間で終えるように手配した。彼はこのような状況に陥ったのも自分の会社が悪いのだと主張しながら、賠償の訴訟にはならないようにと願った。約束どおりに納品を終えると、ロビンソンは未払いの請求書から手元に残る流動資産を見積もった結果、彼のこのキャリアも終わりだと思った。

ところが終わるどころか、ロビンソンには人生の明るい未来が開けようとしているところだったのである。彼が約束どおりに納品した大企業の社長がランチへ誘ってくれたのだ。社長が発した言葉は、ロビンソンの小さな会社こそ、その社長が長年探し求めていた信頼できる取引先だというものだった。さらに今回の仕事での損失を補填するための上乗せ分を一切受け取らないと言い張るのであれば、この大企業は自社の利益のことを考え、ロビンソンが事業を継続していくのに必要な資金ならばいくらでも融資すると申し出てくれたのだった。さらに重要なことは、ほかの似たような話と同様に、この出来事の噂は、この業界や将来の潜在顧客に対して広まっていったということだ。どこの会社も、その業界にとどまらず複数の業界において、本当に信頼できる取引相手を求めるようになった。仕事はどんどん増え始めた。さらに、この競争はもはや以前のジョーンズ・シートメタルが参加していたような恐ろしいほど利幅の小さい、過酷な競争ではなくなっていた。パイオニアメタルのような知識と信頼性を備えた同じような会社は見当たらず、好調な会社ならば進んでお金を出すような会社となった。収益率も十分にあった。追加での設備投資もたくさん行われたが、借入金はすべて遅延なく返済された。

その一方で以前のジョーンズ・シートメタルの時代と比べて、パイオニアの労使関係と顧客との関係は非常に対照的になった。お金がなくて大変なときであっても、ロビンソンはありったけのお金を使って従業員を一人の人間として扱い、可能なかぎり休みを与えた。従業員は即座にこれを感じ取り、生産性が向上した。そこに好調な時代がやってきて、また別のエピソードが出てきた。これもまたドラマチックな話であるが、それまで彼が顧客から敬意を受けていたのと比べると、悲劇的な話である。ロビンソンは従業員に業務を頼み、彼は社用車に乗って出かけた。そして事故を起こした。パイオニア側に落ち度はなかったが、従業員は死亡してしまった。

ロビンソンはこれほど気の進まない仕事はなかったが、この未亡人にすぐに知らせなければならないと思った。彼女には学校へ上がる前の子供が三人いた。ロビンソンに金銭的な法的義務はなかったが、彼は彼女に対して、会社には子供たちに対する責任があると感じ、すぐにでも会社の負担で信託基金を設立して、子供たちが高校や大学を終えるまで見届けると伝えた。

この噂もいつものようにあっという間に工場内で広まった。家族から家族へと広まり、それはパイオニアの社員だけでなく、社外でも噂となり、この会社で働いておけば間違いないという思いが従業員の間で広まっていった。この会社で働いておけばいつもきちんと人間として扱われ、困ったときには後ろ盾になってくれる。その日からパイオニアの離職率は地域の平均を大きく下回るようになった。事業が拡大していくと、もはや仕事の空きが一つもなくなり、求人をする必要がなくなった。常に昇格する能力のある人物を探し求め、迅速な成長によって昇格の機会を多く設けるという経営方針の会社には、求人を出せばいつも多くの求職者が殺到し、優秀な人物を見つける苦労はなくなった。最も有望な人材だけが従業員になったのだ。

ロビンソンが経営に当たってきたなかで、これが最も努力の報いとなったことだったかもしれない。一人、二人と徐々に素晴らしい経営の才能を発揮する従業員が増えていった。彼らはロビンソンの目標や方針を理解し、ロビンソンのように考え、必要があれば、いつでも彼のために力を尽くした。ワンマン経営でなく、本物の経営チームが生まれようとしていたのだ。会社の鍵となるような研究開発者と同じように、このような経営者も会社の未公開株という魅力的なオプションと結びつけられていった。

この時点で多くの従業員がその栄誉に満足するものだが、ロビンソンはそういう人間ではなかった。彼は従業員に働きかけ、会社にある特殊なスキルを使うことによって未来が開かれ、競合他社にとっては難しすぎる成長分野を探すように言った。そこで見いだされたのは、この会社がすでによく使っている珍しい金属を使えば、ほかの方法では生み出すことのできない利点を持つ特殊なベアリングを作り出す可能性があるということだった。またパイオニアに在籍している特殊装置の設計者のなかに、それに必要な製造機器を設計する知識と構想を持っている人物がいた。新しい製造ラインはほぼ当初から成功だった。そして全米に同種の工場を数カ所に建設するだけの資金さえ調達できれば、この会社は新分野で急速に成長しているその特殊ベアリング業界において、全国的に先導的な立場に立つことができるという見通しがついた。

また、他社がパイオニアの技術に追いつき、主力メーカーとしての地位を築いてしまう前に迅速な行動をとることが重要であった。

しかし、この資金を必要以上に借りるのは、事業規模に対する負債比率が大きくなりすぎて安全ではない。そこでロビンソンは株式を売り出し、必要な資金のバランスをとることにした。

ジョーンズ社を買い取ってから一〇年間のうちに、ロビンソンは一株利益を一〇倍に増やした。しかし、ここでそれ以上に重要な局面に来ていた。ここで読者のみなさんの時間を少しいただき、ほぼ架空（しかし完全な架空ではない）の話を紹介することにする。完全に架空ではないというのは、ここで紹介するパイオニアの話には、実際に起こったこともあるが、そのすべてがこの会社内で起こったことではないという意味である。

ロビンソンは数行の投資銀行担当者に話をし、もしパイオニアが増資のために株式を発行するとすれば適性価格がいくらになるかを尋ねた。そこで彼は、投資家の視点で物事を見ると、この会社は以前のジョーンズ・シートメタルの時代からは劇的に変化したということを知った。その変化の主な理由は次の三つであった。

●後継者が育っていない会社で能力の低い経営者が一人いるというのではなく、ビジネスに長けた人物が数人いて、そのだれもが会社のトップに立ち既存の経営方針を継続していくことができる会社になっている。そのうえこれらの人物を下から引き上げ、リーダーとしてふさわしい人物に成長させた。まさにその人材育成術によって、これらの人物が年を重ねたときに交代するための人材もしっかり育っていた。

●利益幅が非常に小さく、小さな不運な事故でも大事になってしまうような状況でなく、会社が持つ素晴らしい技術（数多くの小さな経験に裏づけされた技術で、単独の大きな秘密はこれに当らない）で業界をリードし、顧客がこのメーカーならば信用できるとひいきにしてくれ、価格も妥当だとして受け入れられ、利益幅も十分に確保できている。

●会社がすでに基盤を固めている製造ラインには成長が見込まれ、それはこれまで新しいチャンスを見いだしてきたこの技術チームの存在がまだ発見されていないチャンスをこれから発見するという確約であった。

このような理由から、パイオニアは現在の一株利益の一八倍の株価で必要なだけの株式を売却できるとロビンソンは告げられた。一〇年前と一二年前にロビンソンがこの会社の株式を取得したときのＰＥＲ（株価収益率）の四倍である。

このＰＥＲの変化は、よく見逃されがちな重要なポイントである。ここがまさに、株式市場で得られる利益の大部分を占めるからだ。簡単な計算問題をして、この要因がいかに重要かということを見てみよう。仮にロビンソンが当初、ジョーンズ・シートメタル・ワークスの株式一〇〇％を合計三万ドルで取得していたとする。ロビンソンが初めて公からの資金調達を計画したときに一株当たりの利益は一〇倍に増えたとすると、そのＰＥＲが一貫して変わっていなければ、彼の持ち分は三〇万ドルに増加したことになる。しかし、ＰＥＲは四倍に上がっていたため、ほかの人が彼の持ち分を買いとろうとした場合、その持ち分の価値の四倍に当たる一二〇万ドルを支払うことになる（この時点では有能な経営チームも勘定に入っている）。別の言い方をすると、一二年間の輝かしい功績の結果として、ロビンソンの持ち分の市場価値を反映するＰＥＲが上昇したことで、彼の手元には九〇万ドルという利益が入ってくる。ＰＥＲに何も変化が起きなければ、利益の増加は素晴らしいとしても三〇万ドルにしかならなかったのである。

ＰＥＲが大きく上昇しても、それが一時的なものである場合は株式市場の気まぐれと思われてしまう。これが起こるのは、多くの投資家が魅力的な企業の見通しについて過大評価をし、その会社の株価を非現実的な水準まで押し上げるからである。また投資家は、時に株式市場全体に対して過度に熱中して（あるいは熱が冷めて）しまう。一年か二年の間に市場全体の取引価格が上昇し、一時的に危険なくらい高いＰＥＲ（あるいは魅力的でないＰＥＲ）となる。しかし、このＰＥＲが大きく変化する（変化が何年も継続し、ほかの株式と関係なく上昇していく）要因はたった一つ。それだけしか理由はない。その理由とは、根本的な変化が会社内で起こっているということである。この変化によって、会社の株式はそれまでと比べて安全性がぐっと高まり、また投資家にとってさらに魅力的になるのである。私がパイオニアメタルの事例を細かく説明したのは、このような経営にかかわる問題がただの抽象的な話ではないということをはっきり知る助けになればと思ったからだ。しかし、本質的には経営上の問題で、経営上の収益性の本来価値が投資家にとっては大きく増減するのである。

これを踏まえると、投資家がパイオニアメタル株を購入するとき、ロビンソンが当初購入した金額からすでに四〇〇〇％も上昇してしまった株式を購入することが賢明と言えるだろうか。パイオニアが約束どおり収益力をさらに伸ばしていったとしても、ＰＥＲという重要な指標から見ると、先見の明のある投資家が将来的に収益力が大幅に拡大するということが読めていたとしても、ＰＥＲが大幅に上昇してしまったあとに買うのは愚かではないだろうか。この質問の答えを理解するために、それから一〇年間にパイオニアで何が起こったのかを見てみることにする（ただ先ほどのような細かい話はしない）。ロビンソン経営陣の第二期ということになる。

特殊ベアリングのベンチャー事業はうまくいき、時とともにパイオニアはこの分野のリーダーとしても認められるようになった。しかし、これよりも重要なことが起こった。この経営チームは将来的に事業を大きく成長させ、会社が勝ち組になるための強みとなるような最新技術の新分野を発見するためのテクニックを身につけていたのである。そして、そのようなベンチャー事業をいくつか始めていた。全部が儲かったわけではなかったが、それでも多くは儲かった。それぞれの初期投資は小さかったため、大きな資本がつぎ込まれた事業が成功して利益を生むようになると、いくつかの失敗事例から出た少額の損失を大きく上回るようになった。このような価値ある新事業の資金調達のために、新規株式を数回にわけて発行しなければならなかった。しかし、これが行われるのは十分な利益がさらに見込まれ、資金調達をしたあとでも発行済み株式が増加した分に合わせて一株利益も増加し、希薄化されない場合のみであった。結果的に初めて一般から資金調達を行ってから一〇年がたち、パイオニアの一株利益はさらに三〇〇％伸びた。当然のことながらこの会社の総利益もさらに拡大したが、この数字が大きくなったとしても、収益力という観点からすると、株主にとっては意味のない数字だ。というのも、投資家の収益に影響を与えるものは一株当たりの収益が上がることだからだ。

機関投資家の買いの役割

しかし他方で、また別のことも起こっていた。会社の規模が拡大し、事業内容が増えていくと、全米の大手金融機関がパイオニアの成長に興味を持ち始める。このころになると投資ファンドや年金ファンド、さらに最も満足させるのが難しいながらも最も理想的とされる銀行の信託部門もパイオニア株に投資しようと考えるようになる。一つには発行済み株式数の数量が十分で、結果的にこの株式が広く流通し、よって機関投資家にとっては流動性も高く、通常取引を行うときにまとまった株数を売買しても大丈夫と感じられるようになったからだ。このようなことは、パイオニアが新規上場した時点では考えられなかった。もう一つは、パイオニアには複雑すぎて他社には参入が難しい成長ラインにも手を伸ばす能力があり、同社の株式はこの種の金融機関のニーズにぴったりと合致したからである。

私は本書の別のところでも、機関投資家による買いが市場に与える影響について書いた。この手の買いが集中する比較的少数の銘柄のほうが、彼らの対象とならない銘柄と比べるとPERがなぜ高く（通常は合理的に高く）なるのかということに言及した。パイオニアもこのグループに属する資格を有するようになった今では、株価も一株利益の三六倍となった。

利益が伸びたことでパイオニア株もこの一〇年で三倍になったが、さらにその二倍分がPERの伸びによってもたらされた。つまり、一〇年間で六〇〇％の上昇を享受したのは、パイオニアが新規上場をしたときに購入した人たちである。このような利益はリスクも小さく、これを鼻であしらう投資家はほとんどいない。一方、もし別の人がジョーンズの株式を購入してロビンソンが経営権を手にするのを手助けしていたとすれば、それによって得られた利益とロビンソンや彼の後援者が手にした利益と比較すれば、その差は微々たるものだっただろう。もし最初に購入していたら、二〇～二二年前に投じた三万ドルは一〇年前には一二〇万ドルになり、現在はその六倍の七二〇万ドルになっているのだ。全期間で見ると、一二〇〇〇％の上昇である。

これは当然架空の話ではあるが、その数字は大げさであろうか。大げさではない。事実、国内のさまざまな業界にいる何人もの素晴らしい経営陣が残してきた実績と比べると、むしろ小さい数字である。サンフランシスコにある私の事務所から南へ三〇マイルほど行ったところで、エンジニア兼ビジネスマンの二人の男が一九三〇年代前半に小さな作業場を使い、ビジネスを立ち上げた。ウィリアム・R・ヒューーレットとデビッド・パッカードで、電子工学研究室向けの機器メーカーであるヒューーレット・パッカードの共同創業者である。自社株を一般に売却することなく、現在の株式の時価総額は一億五〇〇〇万ドルを優に超えている（二人はつい最近持ち株のごく一部を売却したが、個人的な資産分散と不動産税対策のために流動資産を増やすのが目的であった）。その多くの部分はまだこの二人が保有している。これも前述の架空会社パイオニアメタルとほぼ同じ時間軸で達成された。ヒューーレット・パッカードの工場から北におよそ六マイルのところには、アンペックスの活動拠点があった。一九四〇年代の終わりにかけて、当時はまだ小さなこの会社の経営権を四人の人物が引き継いだ。彼らが投じた合計金額は、借入金や会社への立替金も含めると四〇万ドル近くに上った。この取引の結果として受け取った株式を四人がすべて保有していたとすると、本書を執筆している現時点での時価総額は四〇〇〇万ドルを超えてしまうだろう！　アンペックスの直近の株主総会通知書を見ると、彼らの現在の持ち分はその約八〇％程度であり、およそ三二〇〇万ドルとなる。株価が上昇するなかで売却された残りの二〇％も無視できない。オーナーたちが幾分かの資産分散を行うなかで、この持ち分も数百万ドルの現金を付随的に生み出していたはずである。

これらの二つの事例は、この狭いサンフランシスコ近辺に限ってもなんら特殊なものではない。サンフランシスコで最も有能な資本家の一人と言われた人物が、非常に初期のインターナショナル・レクティファイアーに対して一万ドルを投じる賭けに出た。一五年たって、この会社の彼の持ち分の価値は三〇〇万ドルを超えるに至っている。最近、この人物が私に話してくれたことだが、その最初の投資とほぼ同じ金額をサンフランシスコ・ベイエリアにある別の若い会社に投じたが、まだ五年も満たない現在の市場価値は一五〇万ドルを超えているという。そこから北へ行ったポートランド周辺では、期待どおりにテクトロニクス株が公開されることになれば、さらに大きな財の源となり得る。

このほかにも本書では、シカゴのニールセンやダラスのテキサス・インスツルメンツなどを取り上げている。これらの企業の直近の株主総会通知書を見てみるとよく分かる。ニールセンは一九二〇年代に創業し、現在の経営方針が固まった約一二年前にようやく軌道に乗ってきたが、この会社の有能な創業者の持ち分はいまや一二五〇万ドル近くの価値がある。テキサス・インスツルメンツの場合はこれよりも見事である。この会社の創業はニールセンのわずか数年後である。主要な株主であった三人も、少し遅れて就任した主要な経営幹部の一人も、だれも資産を持っていなかった。それでもこの四人のうちの一人の現在の持ち分は八〇〇〇万ドル。二人はだいたい六〇〇〇万ドル近く。そして比較的若いもう一人の持ち分は控え目に見ても二五〇〇万ドルである！

前出のパイオニアメタルの事例をはるかに上回るような富を最近生み出した会社はほかにもたくさんあり、その長大なリストを作るのは簡単だ。しかし、その作業にはあまり乗り気ではない。それはリストアップされた多くの会社のバックグラウンドを十分に知っていないからだ。個々の銘柄が見せた大幅な上昇が、一株利益の本質的価値が根本的に改善したのか、経営陣の向上が寄与したために利益がもたらされたのか、確信が持てないからである。それでもあと少しだけアメリカ西海岸の会社の例を出すと、一つはとてつもない成功を収めているリットン・インダストリーズであり、また少し古い会社だがフリーデン・カルキュレーティングマシーンという会社もある。これらの会社は一九三〇年代であれば一切合財を数十万ドルで買収してしまうことができたはずで（一九三二年から一九三三年の株価低迷期もとっくに終わった時期で、すべての株価がバーゲンになっていた時期である）、今日の市場では八五〇〇万ドルほどの価値が付く会社だ。スタータム・インストゥルメンツとエレクトロ・インストゥルメンツ（社名は類似しているものの、両社の事業はかなり種類が異なる）の二社も西海岸の会社で、有能な経営陣と大株主のお陰で同様の富が生み出された。

このような若い会社だけでなく、創業から五〇年から六〇年もたっている会社を見ても、そのような事例数は一〇〇単位で増える。ゼネラルモーターズという会社や、あるいはかなり規模は小さくなるが、一時絶望的な経営困難に苦しんだ若いころのダウ・ケミカルからも多くの億万長者が生み出されたが、これも今となってはビジネス史の一ページである。多くの人が気づいていないことは、わが国で産業化が始まって以降、いつの時代にも驚くべき数の会社が成長しているということである。

もう一つ興味深いことは、創業当時には特に魅力的な事業をしていなかった会社の多さである。ジョーンズ・シートメタル・ワークスの場合と同様に、多くの会社は展開すべき魅力的な関連商品ラインを見つけることで成功への大きな力を得てきたが、独自の事業があったからこそ有利に進めることができたのだ（テキサス・インスツルメンツがトランジスタ事業に参入したときなど）。その他の会社でも、例の大成功を収めている化学メーカーのように、参入している事業分野のどの部門に注力し、どの分野には注力しないかということについて、継続的に正しい決断を下すことが成功のための鍵だと気づいた（そうでなくとも、少なくとも決断において高い打率を維持すること）。

先ほど引用したパイオニアの例は、現実のビジネス界でいつも起こっている控えめな事例だと納得してもらえれば、ここではむしろ基本的な問題に立ち戻ってみたい。先ほど私が提起した問題についてまだ答えを出していない、根本的な疑問に戻ってみる。引き続きパイオニアの事例を出すが、一〇年早く買っていれば四〇〇〇％の儲けを手に入れることができたはずの人が、株価が利益の一八倍もある銘柄を買い、一〇年間でわずか六〇〇％の利益しか出ていないのに満足することができるだろうか。

その答えは、かかわっているリスクの大きさによってもちろん異なる。どのような投資でも判断の基準は、すべてがうまくいったときに儲けがいくらになったかということだけではない。それはかかわるリスクに対して、儲けをいくら手にしたかの問題なのだ。例のパイオニアの場合、ＰＥＲが低かった初期段階では会社の生き残りすら危うい状態だった。幸運だけでなく好判断もあったかもしれない。仮にロビンソンが重要な初期段階で重い病気にかかり、そのとき彼のビジネスマインドを代行する敏腕社員がいなかったとしたら、どうなっていただろうか。あるいは何千キロも離れたどこかの企業が素晴らしい技術を開発し、パイオニアがようやくその名声を確立しようとしていた金属や合金で、パイオニアよりも大きく優位に立つことができ、経済的にも新しい意味を持つものを発表したとしたらどうなっただろうか。また仮に大手メーカーの社長がパイオニアの業績に非常に感銘を受け、財政破綻を回避するための貸付金を融通してくれようとしたがちょうど休暇に出てしまい、その社長の補佐役が同じくパイオニアの経営方針に感銘を受けていながらも、会社の資金を融通してまで危ない賭けに出るべきではないと思ってしまっていたらどうだろうか。これらはすべて完全に起こる可能性があるものだが、その他の可能性も含めていずれもロビンソンの投資話の結末を根本的に変えてしまった可能性がある。

対照的に利益の一八倍で株式公開されたとき、重要な将来の成長を妨げるような可能性はより少なかった。競争力の高い金属や合金が発見されたとしても、それほど深刻な問題ではなかった。このころまでにこの会社では新素材へ転換する技術を習得する能力のある専門職が育っていたが、これと同じように重要なこととして、資金のかかる学習期を乗り切るだけの財力があったということだ。そのうえ、この時期にはパイオニアではすでに多角化が進んでおり、その新しいベンチャー事業を抱えていたとしても、各事業部門が費用のかかる移行期にも十分な利益を出し続けることができた。端的に言うと、相当リスクの低い六〇〇〇％は大きな危険が潜んでいる四〇〇〇％と比べてずっと魅力的な投資となる。

それでは二一年目から始まる三回目の一〇年期はどうだろうか。現在の株価は利益の三六倍である。投資先として非常に高い等級の投資格付けをほぼすべて獲得している。このような条件下でＰＥＲは、通常の年でこれより上に行きようがない。この状況では、パイオニア株を買うこと自体が愚かな行為ではないだろうか。会社の価値は利益の改善だけでも向上するかもしれない。しかし収益の向上が株価に与える影響は、ＰＥＲが向上するのに伴って収益が増えたときよりも大きくなるということは考えられない。

通常は見逃されてしまう見返り

機関投資家の株式投資の特徴については、これまですでに説明してきたとおりである。この説明をここで繰り返すことはしないが、もう一つだけ指摘しておこう。素晴らしい経営陣が株主にもたらす見返りは一つではなく、二つある。一貫はしていないが、投資家は、その株式が「機関投資家の天井」に達するまでPERが上昇し続けるということをあまり認識していない（パイオニアの例ではすでに達している）。したがって、金額的にも非常に重要なので、この項目をその問題に充てたいと思う。

ところで素晴らしい経営陣は投資家に二つ目の、しかも比較的重要性の高い見返りをもたらす。これはビジネスサイクルが原因で起こる株価の一時的な上下動を超え、株主の持ち分に応じた収益力が平均を上回る上昇率で一〇年ごとに拡大し続けるということである。例のパイオニアの株価が合理的に利益の三六倍で取引されているとすれば、その意味するところは経営陣が非常に良く、会社が次の一〇年間でさらに利益を三倍に伸ばすのが妥当だと考えられているということだ。そしてもしこの会社が成長して、次の一〇年で企業価値が三倍になる可能性に対して、成長しないリスクが一〇年前の半分になっていたとすると、この株式の現在の魅力は一〇年前に価値が二倍になる可能性に対して、リスクが大きかった当時とほぼ同程度ということができる。

頭の良い投資家ならば、パイオニアに関して私が示した確率が正しいとすると、抽象的な原則に基づいて二〇年前、一〇年前、現在のパイオニアの魅力はどれも同じという結論に至るだろう。しかし、この人はこの一般的な結論にはまったく興味を示さないかもしれない。この投資家が興味を持つことは、彼自身にとってどの投資が最も魅力的かということであり、同じ問題を考えているほかの投資家とは大きく異なる彼独自のニーズや目標が考えの対象となる。

私の個人的な考えではあるが、どの分類の投資が最も魅力的かという判断をするとき、投資家の資金量が重要な要因になると思っている。投資家の持つ資金が数千ドルで、ほかに手に入る見込みがない場合、素直に現実的な決断をするべきだと思う。最もリスクの低い投資で得られるリターンでは、一生かけてもその数千ドルを自分の生活水準を向上させるほどの大金にするのは難しい。したがってこの投資家は、二つのうちのどちらかを選択することになる。自分の資金を、将来の予期しない緊急事態に備えて自身や家族のために物価上昇対策を施したバスケットのなかの卵にしたいと考えているのだろうか。そうであれば、彼は買い物をPER三六倍のパイオニアのような、リスクの低い機関投資家向けの株式に限定するべきである。そうではなく、彼はこの資金のことを「余剰資金」と考え、緊急事態への備えとなるものはほかに十分にあると考えているのだろうか。この場合、もし彼が若ければ、将来有望なベンチャー企業の優秀な経営者たちが期待どおりの結果を残すと考えて投資してもよいだろう。それまで無名だった会社の経営陣がマーケットで知られるようになることで収益力が大きく拡大し、これをきっかけにＰＥＲに劇的な変化が生じ、信じられない上昇となるような大きなリスクを伴うタイプの株式に対して投資するかどうか、自分自身で判断する必要がある。

少し大口の投資家であれば、この選択はより単純になる。この投資家はすでに現在、自分の生活水準に大きな影響力を持つ十分な資産を持っている。したがって、現在は幸運な立場にあるが、投資で大きな損失を被れば危機に陥るような場合、この投資家は一〇年前と現在のパイオニアのような会社と似たような株式の組み合わせにすべきである。しかし、その投資家の裕福度（具体的には自分の生活水準を根本的に下げることなく、どれだけの損失に耐えうるか）や自分の資産をこれからどれだけ増やしたいかという意欲（具体的には、彼の年齢、子供にとって重要なバスケットの卵をどれだけ作り上げておきたいかということなどの要因）など、さまざまな変動要因によっては、初期段階のパイオニアのような株式の持ち分は少なく抑えておくという判断もあるだろう。いずれにしても投資家個人がどのような方針を持っていようとも、投資家は自分を取り巻く要因を理解すれば、より賢く個別の判断をすることができるようになる。ＰＥＲの変化による投資上の影響力が、株価に大きな変化をもたらす収益の変化と同じくらい強いことは一般的に見逃されがちだ。これが事実であるということに投資家が気づけば、彼は特定の状況の可能性を評価し、またその状況が彼の需要に合致しているかどうかを判定する場合に非常に有利になる。

ここまで述べてきたところで、この話題の最初のポイントに戻ってみる。ある株式を買い、ある株式は買わない理由について、ウォール街での典型的な説明は、それらの理由をすべて見ても一番重要な理由が出ていることはめったにない。つまり「ある経営陣が成長型の会社を発展させる能力を見せ始めたために機関投資家に受け入れられるのは時間の問題であるが、これまでのところＰＥＲを見ても、この経営陣の質にマーケットが気づいているという確証がない」という理由である。こう結論づけるのが正しいのであれば、その経営陣が大成功を収めるのももうすぐだろう。つまりここで言う成功とは、利益の一ドル当たりの価値の市場評価額が大きく上昇することによって、大きく拡大した収益がさらに増えるということである。

しかし、この価値ある貴重な発見が現実となるには、この説明が事実関係と一般論理の両方の点で正しくなければならない。本書でも説明しているとおり、低いＰＥＲは、ＰＥＲを高く引き上げる能力を持つ経営陣でない場合、その投資は大当たりとなるよりはワナとなる。経営陣は実際に優秀でなければならない。ただ、優秀と呼ばれているだけでは不十分である。具体的にボストンのある著名な信託会社の複数の重役たちが株の評価について話したように、経営陣は九〇％、業界が九％、その他の要因は一％である。この発言は数学的に細かいところまで証明されるものではなく、またその目的で出されたものでもない。しかし、本項で説明した問題を強調する意味で、株の価値の上昇が最大限になる方法の鍵となるアプローチの総括としておこう。

第3章　あなた自身とあなたの投資ビジネスの方向性

まったく期待はしていなかったことだが、『株式投資で普通でない利益を得る』（パンローリングより二〇一六年夏発売予定）を出版したことで、過去二年の間に投資家がどんなことを懸念しているのかが分かってきた。それは本が刊行されて以降、それまでいち面識もなかった人が訪ねてきたり、電話をかけてきたり、そして手紙もたくさんいただいたからである。その多くの人に一～二個質問をされた。その質問は多岐にわたったが、最も多かった質問は次のようなものである。「私は信頼できる人を探してきた。でも推奨する株式について本当の知識を持っていそうな人物を見つけることができなかった。お金を支払ってでもいいので、信頼できる人を紹介してほしい」

この種の質問が全米各地から来た。私は、現在の投資ビジネスが多くの投資家のニーズを満たしていないと言いたいのではない。なかには過度な幻想を抱いている人もいるかもしれない。それでも一部には、顧客のニーズに適切に対応してくれる有能な人物をすでに見つけている人もたくさんいるに違いない。しかし、適切な投資助言者に出会えていないと思っている人が驚くほど多くいるということは、投資ビジネスを根本的に改善する余地があるということだろう。

私には当初、このビジネスの欠点分析とそれが将来的にどのように解消されていくべきかについて、投資家向けの本で扱われるべき内容なのかどうかについて迷いがあった。私としては、これらは投資家向けの本で扱われるべきと判断した。個人的な考えであるが、多くの投資家が助言者を見つけられていないと感じていながら、その対価を支払うことに抵抗を感じていないとすれば、彼らは自分に生じている問題を理解することに興味を持つと思った。また、そのことを理解し、現在提供されている投資関連サービスでどのようなものが自分に合っているかを判断できるようになれば、そのような問題により強い興味を示すようになると思った。

確信を持って言えることは、本書のほかの部分で扱っている問題が一九六〇年代全体を通して投資家に影響を与えていると考えられるということだ。今説明しようと考えている変化も、この期間に生じたと思われる。一方で私は、金融ビジネスの世界にはそのような変化はいずれやって来ると思っているが、それがいつ生じるかということは正確に分からない。その理由は、今日の投資産業を支えている繁栄の陰に隠されている。私は、長年にわたって続いているマーケットの上昇トレンドによって、他人を投資に勧誘しようとしている多くの人のずさんな仕事ぶりが隠されてしまっていると考えている。同じくこの上昇トレンドは良い仕事をしている多くの業界の人々、そして恐らく普通の仕事をしているかなり多くの人々が毎年比較的まとまったお金を稼ぎだすことも可能にしてきた。物事がうまくいっている間は、大きな改善を求めようとする動機がない。「すべてがうまくいっているのに、大きく異なる手法でさらに大きな利益を手に入れるチャンスがあると言って、ボートを揺さぶるようなことをする人はいない」ということだ。

これはベアマーケットが長引いて、投資産業全体に輝きがなくなったときのみに、大きな変革を求めると言いたいわけではない。投資業界の先駆的リーダーはいつでも自分たちの持つ創意を駆使して、将来、大当たりしそうな銘柄を見つけようとする技術を開発したいと思っている。つまり、投資ビジネスの方向性を示すことはできるが、そこにたどり着くまでに二年かかるか、一二年かかるかは分からない。

この問題を理解する最初のステップは、すべての投資家がこの投資ビジネスの人々に何を求めているかということをはっきりと認識することである。自分のことは自分で管理する能力があり、仲介サービスのみがあればよいと感じている投資家は、極めて少数である（プロの投資業者は除く）。しかし、驚くほど多くの人が実質的に一つのことにしか興味がなく、ほかには何の興味も持っていない。その一つとは、推奨する証券について十分な知識を持ち、ある程度の時間が経過すれば、価格がおおむねそのアドバイザーの言葉どおりになるということである。

現代では、多くの投資家が合理的な考えを持っていることに驚く（あるいは教養があると言うべきかもしれない）。いまだに一部の人は自分の投資アドバイザーに今週どの銘柄が三ポイント上昇するかということを教えてもらいたいと思っている。また「マーケット」がどのような動きをするかを教えてくれるのが投資業界の人の仕事だと考えている。喜ばしいことに、そのように考える人の数はどうやら着実に減少しているようだ。今、多くの投資家が求めている人は、推奨している株式について配当が安全だと言えば実際に安全であり、ある銘柄がそれ相応の期間のうちに上昇すると言えば実際にマーケット以上の上昇を見せるような、総合的知識を持ち合わせている人である。推奨したことが正しいかどうかは、株式を他人の助言に基づいて買う人たちが興味を持つほぼ唯一のことと言えるだろう。その情報源がこの株式のバイヤーと関係ある投資顧問であろうが証券会社であろうが、また金融機関の投資銀行部門であろうが、それは関係ないのである。投資信託や銀行の信託部門に資金を預ける人々についても同じことが言える。このような場合、顧客が望むことは、金融機関の担当者が取引の内容に十分な知識を持っており、購入した株式が期待どおりのパフォーマンスを示すことである。

このパフォーマンスの問題は、顧客だけでなく投資業者にとっても同じように重要なことである。投資ビジネスの関係者のなかにはバカな行動をしたり、間抜けな者もいるだろう。しかし、その人が素晴らしいパフォーマンスを示す株式を選択し、またそれが一貫性をもって再現されれば、客が客を呼び、なかには数人まとめて連れてくる人も現れる。しばらくは手に負えないほどの取引量となるだろう。それとは対照的に、立派で好感度も高く、働き者の紳士が投資家に対するアドバイス業をしていても、株式の選択をいつも間違えているような人であれば、日々の支払いにも苦労することだろう。株に関する助言や販売をする人にしてみれば、過去の推奨銘柄の成否の記録は、現在どれだけ成功できるかを決定づける重要な要素である。

正しいことが投資業者や顧客にとって重要視されているのに、多くの個人や投資会社が推奨する買い銘柄の健全性の確認・再確認にほとんど時間を費やしておらず、適当に選んだ証券を顧客に売ることだけに時間を費やしていることに驚く。また推奨している買い銘柄が魅力的になるように、その確実性を高めるための手法を完成させようとする試みには、さらに少ない時間しか費やされていない。それでも素晴らしい投資を見分ける良い手法と悪い手法との違いとは、端的に言うと、一〇年ほどの期間で明らかになった成功と失敗の差である。

投資評価の方法

これから述べるような、よくある間違いは犯さないようにしたい。長年かけて開発された投資の業績を改善する一連のステップを、一般的な方法で検証してみる。そうすることで私たちは現在知られている方法の長所と短所を理解することができる。短所を知れば守るべき対象を知ることができ、将来的に実現できる改善点の本質を知ることもできる。

三〇年ほど前、魅力的な株を判断するために受け入れられていた方法は、公表されている貸借対照表と損益計算書を細かく検証することだった。そして、判断は会計の知識と事業に関する一般的な情報のみに基づいて下され、ウォール街の人間ならばだれでも知っている会社の製品の話に基づいていた。このような方法で素晴らしい投資対象を見つけようとすることは、相手の名前と数枚の写真で生涯のパートナーを選ぼうとするのと同じくらい微妙なことである（そして成功する確率もその程度）。そして、幸運であれば、結婚は成功し、長期投資は素晴らしい結果を収める。しかし生涯のパートナーも株式も、基本的なことについて多くのことが分からなければ、間違いを犯す危険性はかなり高い。あの惨劇に結びついた要因はほかにもいくつかあった。一九二九～一九三二年の強烈なベアマーケットでは、株を選ぶに当たってこの方法だけに頼った人々は膨大な損失を被った。この時代が金融界の多くの人々に残してくれた教訓とは、もし株で成功したいと考えるならば、それよりもずっと多くのことをしなければならないということだ。

大恐慌の混乱が終わると、株を評価する技術に関して、大きな前進があった。それは企業のトップに接触して、会社の株価の投資格付けにかかわるような質問をぶつけることだった。さまざまな団体の証券アナリストが出現し始めたのも一九三〇年代であった。それから工場見学も行われるようになった。また企業の経営者が再び金融機関を訪れるようになり、金融関係者や協会に対して自分たちの経営する会社の特徴などを説明するようになった。

これらはすべて有益なことだった。懸命に企業と接触したいと思っていた人々にとっては、会社の具体的な強みや弱みを以前よりも描きやすくなった。しかし第二次世界大戦の終結によって、それも十分ではないことが明らかになってきた。並みの投資やぱっとしない投資を一貫して除去し、勝つ確率が高くなるようにするためにはそれ以上のものが必要だった。投資する人が物事を本当に理解していると言うことができるようになるためには、それ以上のことをしなければならないのだ。

そこで投資の技術に関するさらなる大きな一歩を歩むことになる。私が書いた『株式投資で普通でない利益を得る』で、良い言葉が思いつかなかったために「周辺情報利用法」と呼んだものだ。この方法は、現在や過去に在籍している会社の関係者が知っている大量の情報を利用することである。会社にかかわったことのある顧客や納入業者、競合他社、政府や大学に勤務する研究員、元従業員などは、その会社の長所について驚くほど多くのことを知っている。より重要なことは、彼らが短所もよく知っていることだ。そのような情報には、かなりの偏見や誤解が含まれているかもしれない。しかし、これらの情報をつなぎ合わせ、経験を持っている人が十分な情報に基づいて自分の知りたいことやその理由を明らかにしたとき、研究対象の企業の姿は驚くほど鮮明に浮かび上がってくる。

なぜこのように回りくどい方法で情報を集めることが重要なのだろうか。それはある会社の組織とかかわりのない人間がバランスの取れた情報を入手し、投資を検討している会社の経営陣と面会したときに聞くべき情報を知る方法がこれしかないからである。会社の経営陣に聞くことが最も速い方法で、あらゆる質問に対して百パーセント正直な答えをもらえるかもしれない。しかし、尋ねられてもいないのに、その会社の経営陣が自分の会社の短所となる重要なデータを自発的に提供するわけがない。例えば、会社の経理部長が投資関係者との面談で、何人かの素晴らしい科学者を雇うためにかけられている巨額の費用はおおむね無駄になっているが、その理由は研究開発部長と営業部長の折り合いが悪いためだと言うだろうか。コストのかかる製品開発の大部分が高い技術を必要とする製品の製造に向けられているが、その潜在マーケットは非常に小さいため、株主の大した利益にはならないというようなことを進んで言うはずがない。当然このような重要な情報は、尋ねられてもいないのに出てくるはずもない。一つには、経理部長が同僚の部長たちの摩擦に巻き込まれるような危険は冒さないと思われるからだ。一方、投資関係者がその状況をすでに知っているとその経理部長が気づけば、直接的な質問に対しては慎重な言葉を使いつつも、恐らく情報の真偽についてはかなり正確な内容をほのめかしてくれるだろう。またこの問題について、さらに重要なことも言うかもしれない。その質問は「この状況を是正するために処置は取られましたか。もし取られているなら、その処置とはどんなものですか」となるだろう。

根本的に重要なことは、経営陣と接触する前に、周辺情報のような投資を大きく左右する機密性の高いデータを知るという点だけではない。ある会社の長期的な見通しを判断するうえで、経営陣のチームとしての総合的な効率性ほど重要なものはない。これは、投資対象になる十分な規模の企業の多くでは五～六人の重要人物だろう。会社の財務面にまだ関心が持たれないうちに、その可能性を調査するという奇特な投資会社の社員のみが経営陣の威光の恩恵にあずかれることになるため、ほとんどの重要人物、あるいは全員と面談を行うように調整が進められる。そのなかでも実際に面談をする一人か二人は、チーム全体の平均的能力を大きく上回る人物であることも、大きく下回る人物であることもある。チームの各メンバーの「周辺情報」を十分に手に入れてあらかじめ心構えをしていないかぎり、実際に役員の一人か二人と面談をした印象だけで経営全体の効率性や状態を判断できるようになることはまれである。このような場面での計算ミスは、ありふれた会社のなかから素晴らしい投資を探し出そうとするときに高くつく結果となりかねない。一方、周辺情報を収集して十分な準備をして、並外れて優秀な役員や比較的出来の悪い役員についての多くのコメントを聞いておけば、投資担当者はその人物を指定して面談の申し込みをすることができる。そうすれば、この担当者は確認したいことや反証したいことがはっきりと分かるので、非常に有利になる。

以上のような理由で、現在や過去に会社にかかわりのある人が持つ情報を最初にたくさん引き出しておき、必ずその後にトップの役員に接触するというテクニックを使うと、全体的に結果が良くなる。多くの一見良さそうな会社のなかから、投資担当者が本当の弱点を見つけだす方法はこれしかない。これらをすべてするには、確かに時間がかかる。しかし、市場全体に比べて素早く株価が上昇する企業に運用資金を投じることのできる人が手にする利益は非常に大きく、このように時間を効率的に使ったことに対する経済的な見返りは極めて大きいのは明らかだろう。

では、この「周辺情報利用法」がそれだけ効果のあるものならば、現在の経済的環境のなかで成功する投資手法としては、最強のものと言えるだろうか。私はこの手法には弱点となる要素があると考えている。時が来れば（それがいつなのかは分からないが）、さらに優秀な技術によって解消されるだろう。その技術は投資界に革命をもたらすだろう。そうすれば、今投資アドバイスをどこに求めればよいか分からないという多くの投資家の問題も解決するだろう。

では、この「周辺情報利用法」の悪いところは何だろうか。そしてなぜゆくゆくはこれを上回る技術に取って代わられるのだろうか。それはかなり時間がかかるからだ。単独で動いている個人が持つべき最低限の背景情報を手に入れるまでには、何カ月もかかる場合がある。会社の部外者でその会社の長所や短所を最もよく知っている人を見つけることは、それほど簡単ではない。またそのような人の紹介元を見つけるのも難しく、投資担当者との面談に時間を割き、また質問を快く引き受けてくれる人も見つけるのが難しい。地理的な条件もさらに問題となることがある。最高の情報提供者となるかもしれない人物でも、遠くに住んでいるかもしれない。その後にさらに難しくなるのは、調査が進んでいくにつれて浮かび上がってきた情報の確認作業を遠方の人と行う場合である。その他にも、距離が遠くなるにつれて求める情報提供者の良い紹介元を見つける作業もさらに困難になる。

技術や金融界がめまぐるしく変化している現代では、残念ながら物事はのんびりとした調査ペースに合わせてはくれない。必ずと言っていいほど、必要な作業をしている間にだれかがその見込みのある投資の可能性に気づくのである。その研究対象となっている株式の魅力は、その間に研究開始当初と比べて、数段落ちてしまうのだ。一方で最高の投資チャンスが複雑な科学的進歩と結びつけられると、投資担当者は非常に複雑になった技術のテクニカルな意見やその反対意見に巻き込まれてしまうかもしれない。そのことについて知識がないと、知的な判断をすることができないということに気づくだろう。

わが国の素晴らしいメーカーが苦労を重ねつつ開発に成功した複雑な技術を見ると、並外れた株の選択技術の進歩の道に何が起こるかが示されているのが分かる。私たちの時代の重要な発明や新製品の多くは、もはや一人の天才が単独で生むものではなくなっている。それぞれ異なる科学的専門分野や背景を持った人々が集まったチームによって実現されるものである。現代の産業においては、重要な新製品や製造工程といったものは、一人よりは五人の力を合わせて開発される事例のほうが多くなっている。そのチームには化学者や物理学者、純粋数学者、プロダクションエンジニア、そして生物学者や営業部の担当者までが関与しているかもしれない。複雑な要素の少ない進歩がすでに数多く達成されている世の中で大きな進歩を遂げるためには、お互いの考えを融合させて、各人の持ち合わせる特殊な知識を引き出すグループの力を利用するしかない。

しかし、このような協力は容易に実現できるものではないということを忘れてはならない。これだけ多様な背景を持つ人間は、全員が馬が合う性格の持ち主である可能性は低い。彼らが似たような見通しや目的を持っている可能性はさらに低い。よって、本当の意味でのチームワークは容易に達成できるものではなく、また実現するとも限らない。会社は、常に試行錯誤の繰り返しで道のりは険しく、いろんな性格と多様な教育的背景を持つメンバーを生産性の高いチームにまとめて、有用な実用的成果を上げることができるリーダーシップをいかに発揮するか、ということは永遠の課題である。

　ここで話を金融業に戻す。現在最も成功している投資銀行や証券会社や投資顧問業者の最大手を見ると、特定の業界や複数の関連業界を専門とする本物の投資専門家、あるいは投資専門家と言われるスタッフが存在する。これらの人はほぼ一定の都市に配属されており、通常は雇用されている会社、あるいは提携関係にある会社や役員を務める会社の本社にいるものだ。それぞれ個別の能力や「周辺情報利用法」をどのように応用するかによって、彼らの残す投資の成績はそれぞれ大きく異なる。残念ながらその「専門家」のなかにも、主に会社が業務について自発的に公表する内容とほぼ同じような内容の情報に頼り、会社から会社へとふらふらしている人もいる。しかし、株の検証をする人ならば、技術の最も高い人でも低い人でもいつも飛び回って情報収集をしているわけではないので、その分だけ仕事が緩慢になってしまう。そのうえ彼らの仕事の多くは、他人の助けや確認を受けられない独自の専門分野で行わなければならない。

　機敏な経営幹部であれば、製造業の研究のときと同様に、「投資に関する研究」においても即座にチームワークを確立するだろう。これまでとは違った信じられないくらい効率的なシステムが登場する。例えば、ニューヨークの本社オフィスに電子業界を専門とする人物が一人配属されて、年に二回「全国を出張して回る」といった状況はなくなる。その代わり、ニューヨークに配属された同様の人物はニューヨーク州からペンシルベニア西部を通ってバージニア北部の地域を担当する。彼の仕事はこの地域に存在する電子関係の企業についての情報を集めるだけにとどまらず、現在研究対象となっている電子関係の会社ならば、どの会社についてでも、どこに存在する会社であっても、その領域内で手に入る情報をすべて集めることになる（その会社の競争力についての強みや弱みについての知識も必然的に含まれる）。同様にニューイングランドやカリフォルニア、シカゴ・ミルウォーキー・ミネアポリス地域のような電子産業の一大中心地でも、同じチームの別のメンバーが配置される。これらの人物に適切な能力が備わっていれば、それぞれが友人や仲間や知り合い関係を築き上げ、この人脈を通して迅速に投資の背景となる多くのデータやたくさんの意見を形成することができる。また、このようなチームのメンバーの働く場所が一つの業界に限定される理由もまったくない。自分の担当地域を越えてやらなければならなかった長電話から解放されれば、それで節約できた時間を使って、現在多くの専門家が行っているよりもずっと多くの業種を担当地域のなかで扱うことができる。

そのようなシステムのメリットは、現在数カ月かかる仕事が数日でできてしまうということ以外にもある。このシステムでは顧客や競合他社、納入業者など複数の情報源と確認する方法に頼ることになり、その実用性は単なる周辺情報を超える。投資関係者を数多く入れることで、それぞれの個人的な偏見から間違った答えが出される可能性が少なくなる。つまり、答えを迅速に多く出すということだけではない。より重要なことは、正しい答えが出る確率を高められるということだ。投資助言ビジネスにおいては、正しい答えというもののみが労に報いられるのである。その他はすべて、正しい答えが稼いだ利益を食いつぶしているだけである。

しかし理論上はそのような手法に大きな可能性が存在しても、実際にそこから価値ある成果を手にするには多くの困難が伴う。この領域で高い能力を持つ人は多くない。そのような有能な人物を十分に集め、均整の取れた組織を立ち上げるのは困難かもしれない。試行錯誤こそが不測の事態を明らかにしてくれる。例えば、組織のメンバーの一人が有名な人物で、仲間にも尊敬されており、何となく彼の考え方が優位になることもあるだろう。しかし、このようなシステムで下された彼の判断は、現在の方法での判断とは程遠いものになってしまうかもしれない。それは、彼がこれまでに判断を下してきたすべての経営陣と個人的なつながりをなくしてしまうからである。これらの会社の多くは、彼の担当領域から外れてしまう。時間がたてばこのような問題は解消され、現時点では想像もつかないほどの効率性で、株の「買い・中立・売り」の正しい推奨を顧客に出す技術が投資助言ビジネス界で開発されるものと信じている。しかし、開発の初期段階では適切に調整されるまでの学習すべき点がたくさんあり、現在の手法と比べて人件費が高くつくだけでなく、最初の準備期間には残念な結果が出てしまう可能性が高いと想定できる。

この時点で、投資助言ビジネスで今後起こることと、製造業の研究ですでに起こったこととの間にある類似点は非常に近い。素晴らしい投資家が自分で行っていた過去のやり方に比べて、近代的な研究施設は企業の後援者にとって大変にお金のかかる方法となってしまった。さらに異なる技能を持つ研究の専門家をただ集めるだけでは、将来の財政面での成功は約束されない。

唯一約束されるのは、目の前の出費だけである。しかし、最も成功してきた数多くの企業の歴史を見ると、巧みな指導力があれば、大きな近代研究の費用も右肩上がりの増益の流れを生み出す力になり、ひと世代前の個人投資家にとってはとんでもない夢も実現してしまうかもしれない。このような変化は一夜にして成し遂げられるものではない。異なる技能を持ち、異なる訓練を受けてきた二人、あるいはごく少数の人間が初めに力を合わせて働き始め、徐々に近代的な業界調査の技術が発達していった。同様に投資助言ビジネスでも、現在のように一人の専門家が国中を回り続ける状況から、友人や知人、それぞれの担当地域での情報源となる人々から成るチームへの移行は、ある決められた期間内で起こるものではない。同じ問題に関して異なる分野を担当する有能な数人で一緒に働くことで、投資に関する正しい答えを既存の方法よりずっと速く手に入れることができるようになり、またその数もぐんと多くなる。よって投資判断に到達する現在の方法は、やがて競争によって別のものに取って代わられるだろう。

やがて投資助言ビジネスに起こることは、貨物空輸業に現在起こっていることや、今後も継続して起こっていくことと極めて似ていると思う。貨物専用のジェット機は一九六二～一九六四年の間に一般的になっていったが、購入に多大なお金がかかるようになり、旧型のDC4と比べて燃費が非常に悪い。しかし多くの貨物を運ぶことができる。速度も速くなるため週に往復できる回数が増える。したがって、この飛行機が運ぶことのできる貨物の単位重量当たりの費用は、DC4よりも大きく下がる。これによってDC4の料金では空輸に適していなかった重量のある貨物も、空輸することが可能になる。この新型ジェット機を取り扱うだけの巨額な資本と複合的な組織を備えた会社にとっては、成長と新事業への大きなきっかけとなる。同様に、まだ発達していない手法を使ってお客さまへ正しいサービスを提供することは非常にコストのかかることであり、すでに事業に参入している大企業か関連した中小企業以外は競争できるだけの資本を持ち合わせていないだろう。しかし、顧客一人当たりのコストは一九五八年に見られるような無駄が多くいい加減な方法と比べてずっと効率化が進み、一九六四年にはもっと少なくなっているだろう。推奨銘柄にした会社の内部事情をよく知っている人から投資のアドバイスを得ることが比較的容易で、それには間違った情報がめったにないと気づく人が増えてくれれば、投資家の数や投資金額は著しく増加するだろう。そうなれば、この国のどこに住んでいても、事情に詳しい人による投資アドバイスが得られないとか、言われたことが信じられないというような人に出会う可能性はないと思う。

今日、これだけ多くの投資家が適切な投資アドバイスをもらうためにどこに行けばよいのか困っている理由は、不合理でさまざまなものが重なりあって、投資助言ビジネスが成長してきた様子を見てみると分かりやすい。さらにもう一歩進んで、このビジネスの主要部門が実際に理論的に期待されたものといかに違っていたかを見れば、分かりやすいだろう。この検証をするために、いくつかの基本的概念を頭においておく必要がある。それは次のとおりだ。

●ほぼすべての投資家が投資助言者に求めるものは、どの銘柄が買いで、どれが中立で、どれが売りなのか、ということについて正しい助言をもらうことである。

●投資助言ビジネスにおいて多くの場合に良いアドバイスをする人であれば、だれでも自分のビジネスがどんどん成長していくのが分かるだろう。反対に全般的にアドバイスがさえない人のビジネスは成長しない。彼らは常にセールスのために大きな力を注ぎ、いつも負けている顧客に代わる新しい顧客を獲得しなければならないため、いつも問題のがけっぷちに立たされるだろう。

●利益を求めている人に対して大半がプラスとなるような投資アドバイスをする唯一確実な方法は、買いや中立の推奨が出されている銘柄の主要な事実についてすべて知っていることである。さらに分かりやすく言うと、このアドバイスに従って投資する人にとって大きな利益がもたらされるようにするためには、良くも悪くもその会社に影響を与えるような重要な変化がマーケット界の多くの人に知られてしまう前に、しかも当然その事実が今期の決算報告書に盛り込まれてしまう前に知る必要があるということだ。

現在、株を扱う重要な産業には、大きく分けて四つの主要な部門がある。これらに名前を付けるとすれば、投資銀行業、証券仲介業、投資信託業、投資顧問業となるだろう。今日見ても分かるようにお互いの境界線は、明快とは言えない。しかし、個人投資家と投資会社の双方にとって最大の利益になるために、不可欠な投資の成績に関する前述の三つの基本概念にたどり着くために、理論と実務の両方の側面からそれぞれがどうすればよいのかを検証してみたいと思う。

最初に投資顧問業を見てみる。少なくとも理論上では、このグループは三つの基本概念に関する十分な能力を持っているはずである。彼らの唯一の機能は顧客である投資家の利益を考えて行動することであり、これが報酬の基盤となる。投資銀行と違って、彼らにはすでに自己保有している銘柄の購入を推奨することに既得権益はない。また仲介手数料に依存する証券仲介業のように買いや売りの執行にも既得権益はない。では、なぜこれだけ多くの投資家が満足いく投資顧問業者を見つけられずに、困っているように見えるのだろうか。

実際には素晴らしい仕事をしてこの三つの基本概念に到達している投資顧問業者も全国にたくさんいる（専門信託業者と呼ばれることもある）。しかしどこでも同じだが、大きなグループには良くない業者もいるわけで、それは主に個人的な能力不足が原因となっている。この人たちはそもそもこの業界にいてはならない人たちである。しかし、そこには投資家が要求すべき権利を持つと思われる能力を持ち合わせていない第三の極めて重要なグループがある。それはおおむね彼らの仕事の手法と規模によるものである。多くの投資顧問業者は比較的規模が小さい。スタッフの労働時間（純粋に事務だけをしているスタッフは除く）を分析してみれば分かると思う。毎週費やされた時間数を四つに分類して内訳を作ってみる。それぞれの分類は以下のとおり。

①既存客および見込み客との面談、電話相談、顧客別の投資状況一覧の分析
②公開されている企業財務諸表、財務にかかわる定期刊行物の調査、証券アナリスト協会などの会合出席。以上のすべては金融業界全体に等しく配られる情報でないだけでなく、大部分はニュースの発信元である企業に有利なようにかなり曲げられた情報である。会社の事情で好ましくない側面は通常ひかえめに書かれるか、完全に削除されてしまう
③会社の事情について、その会社の幹部と面談や電話による取材
④社外の人間で会社の事情に詳しい人に対して、その会社に投資する意義にかかわることについての情報を得るために面会あるいは会談

多くの投資顧問のなかでも、この内訳の①にまとまった時間をかける人が多すぎる。②に時間をかける人は①に比べると減り、②よりは③、そして特に④は③に比べてかなり減る。しかし、三〇年に及ぶ長年の投資助言ビジネスにおける経験から私が何度も何度も繰り返し教えられたことは、多くの利益を出す投資判断をするに当たって素晴らしい打率を残すことができるのは、(特に会社の調査を開始して株式を買い始めたばかりの初期段階においては)内訳の③にかけた時間とそれを補強する④にかけた時間だけであるということだ。顧客の持ち株を適切に選び

抜かれたいくつかの会社にまとめて投資することで、投資顧問業者はこれらの会社の経営陣からの信頼を獲得して、有利な立場を独占的に築くことができ、よってこれを機に十分な情報を手に入れることができるのである。

ここで投資助言ビジネス界で最も大きなグループに目を向けてみる。証券仲介業者と投資銀行だ。私がここで両者をまとめたのは、二者は完全に異なる存在として歴史に登場したものの、現在では投資銀行で証券仲介業をしない会社は存在しないからである（少なくともここで話題になっている株の分野ではそうである）。投資銀行業務をまったく行わない証券仲介業者もあるにはあるが、投資銀行としての体制も整えているか、少なくとも儲けのチャンスがあるときには売り出し業務に参入してくる。

ここまでで用語があまりよく分からないという人のために、いくつかの言葉をここで定義しておく。投資銀行業務とは、自社で引き受けた証券を売る業務のことであり、ちょうどパンの卸売店や小売店が自前のパン製品を売るのと同じである。会社は、株式を追加で売り出すことで資金を調達する。あるいは大株主ならば、大量に保有している持ち分の一部や全部を売却したいと思っているかもしれない。投資銀行はそのような会社や個人の株式をを引き受け、投資家へその株式を売るのである。その間に株価が上昇すれば、大きな臨時収入を得ることになる。下落すれば収益が減少するか、赤字になってしまう。いずれにしても売却するまでは、ほかの商売と同じように在庫の価値変動というリスクがある。

これとは対照的に証券仲介業者とは、場面に応じて純粋に買いや売りを代理する者のことである。仲介業者は買いや売りの注文を受ける。そして、上場している銘柄については証券取引所で、その他の銘柄については「店頭市場」に、株式を売り出したり、あるいは株式を買おうとしている人にはできるだけ良い価格で注文を成立させる。仲介業者は純粋な代理人であるため、資金の持ち出しや在庫を抱える投資銀行のようなリスクを負うことはない。少なくとも理論上は、この在庫をさばく営業マンに対して報酬を支払う必要もない。したがって、この取引の総額に対する証券仲介業者の手数料は非常に少ない。例えば、NYSE（ニューヨーク証券取引所）で株価五〇ドルの銘柄を一〇〇株買った場合の仲介手数料は四四ドルである。つまり、この一株当たりの手数料（〇・四四ドル）は一〇〇〇分の九ドル（〇・四五ドル）にも満たないのである。一方、投資銀行は、上場株式についてこの二・五～三倍のお金を、売り気配と買い気配の差である「スプレッド」という形で取ることを合法的に認められている。マーケットに初めて上場する会社の株式に対しては、五～一五％もの手数料を請求することができる。もちろんこのような新規上場の株式については、投資銀行はその取り分からSEC（証券取引委員会）への登録にかかわるさまざまな法定費用を捻出しなければならないほか、これまで知られていなかった証券に対して期待どおりの価格が付かなかった場合のリスクに対する補償も賄わなければならない。

投資家にとって、投資顧問業者よりも投資銀行や証券仲介業者と付き合うときのデメリットのほうが理論上大きい。投資銀行とは、自分の抱える商品を売ろうとする商人である。よって、自分の利益とならない助言や買い手自身の代理人のような良い助言をすることは理にかなっていない。証券仲介業者は資金が動けば利ザヤを稼げる。つまり、投資家が売ったり買ったりすることだ。よって、投資家には売買をして取引を重ねるように圧力がかけられる。その半面、投資で成功するためには普通ではない株式を長い間（生涯とは言わないまでも）保有することが重要なのである。素晴らしい株式を二五年の長期間にわたり保有して三〇〇〇％といった儲けを得る代わりに、小さな利益だけをとって手仕舞いしてしまうことで失われるお金のほうが、ほかの投資の失敗で失われるお金をすべて合わせたよりも多いのである。このような理由から、アドバイスや手伝いや管理といったサービスを求めている投資家は、投資銀行や証券仲介業者の両方の業務を行っているような会社には近寄らないほうが良いのである。

実際にはこのようにいかないこともある。それはこのような多くの投資銀行、特に大きな投資銀行では前述のようなデメリットを帳消しにするだけのメリットがあるからだ。規模の大きい企業は投資銀行業務を行っている特定の会社と強い結びつきを持っており、それは一般の市中銀行と強い結びつきがあるのと同じことである。つまり、一時的に資金が必要になり、融資を受けるときにどこでもいいから近所の銀行に行くのではなく、関係が深く、自分たちの事情を理解してくれる銀行へ行くのと同じだ。恒久的な資金が欲しいときには、ある決まった投資銀行に出向いて証券を売って、その資金を調達することになる。投資銀行は非常に多くの大手企業と深い継続的な関係を持っているため、大規模な投資銀行には特定のグループの企業情報が多く蓄積されている。取締役のなかにパートナーがいる場合も多い。このような人脈があるため、価値の高い投資推奨を行うことができる。同様に、多くの大手証券仲介業者も投資銀行業をしている場合は別として、顧客からの預かり資産や特定の会社にいるお金持ちのパートナーの預かり資産が大きいため、彼らも同様に内部情報を多く持っている可能性が高い。多くの証券会社は、そのパートナーや役員に大きな影響力を持つ立場にあるのだ。

一方で、既得権益を利用して投資銀行が手持ちの商品を売り歩いたり、証券仲介業者が手数料欲しさに必要のない取引をさせたりするのは、個別の金融機関の事情によって大きく異なる。さらに同じ会社のなかの一人ひとりを見ればもっと違う。この議論の三つの基本概念のうちの一つをまだ見失っていない人は金融ビジネス界にもたくさんいる。つまり、金融上のアドバイスを受けるためにやってきた人にとって、良い成績を上げることができれば、その人のビジネスは伸びる。そうでなければ伸びない。これらの人が自分の収益力を上げたいと思っている点では、短期的にしか物事を見ることができないほかの仲間と同じだ。しかし、自分にとってすぐに手に入る報酬や莫大な報酬の有無よりは、特定の動きが純粋に顧客の利益になるかどうかをより重視するだろう。彼らがそうするのは金銭に対する欲がないからではなく、長期的な判断をもって一番の成功を収めるためには助言を与える人の成績が良くなければならないということを分かっているからだ。自分の仕事の得点表を作るのは時間だけであり、これが何年かあとの仕事の量を大きく左右するということを、彼らは知っているからだ。

投資家の視点からすると、頼りにすべき正しい投資担当者を見つけることは、その人が投資顧問なのか証券仲介業者なのか投資銀行なのかは大きな問題ではない。実際に以前はお互いにまったく別々の仕事だったが、境界線が非常にあいまいになってきており、最大手の金融機関ではこれらの三つの機能がすべて行われているところもいくつかある。証券取引所の会員になっている投資銀行業者のなかには、昔からの業務を通して重要な情報を手に入れることができるパイプラインを持っていたり、大規模な証券アナリスト集団を形成して基本的な投資データの情報源で補足でき、ほかの業務と平行して自前の投資助言サービスも構築している。

このように進展してきたことはすべて理にかなっており、金融ビジネスが向かうべき方向性を示している。証券ビジネスもこの三〇～四〇年で大きく変わった。第一次世界大戦前は、株式の買いのほとんどが投機目的の個人富裕層の投資家で、つまり、それは短期的な利ザヤ稼ぎだった。当時の証券仲介業者はただの注文取りだった。アドバイザリー機能を果たそうとする場合は、噂や耳寄り情報や個別の内部情報で急激に動く銘柄の情報を提供するのが仕事だった。徹底的に背景知識を提供したり、長期的成長から得られる大きな利益を手にするために経営陣と接近したりすることは、証券会社の機能や顧客の求めていることをはるかに超えていた。当時の証券ブローカーは注文を出すスピード、秘匿性、その注文の約定の速さで勝負していた。

今日の平均的な顧客は、そこそこの資力を持つ長期投資家である。一〇〇〇株から一万株を買うというよりは、一万株から五〇万株を買うような投資家である。このような投資家は、証券仲介業者が立ち会い場で注文を通すときにほかの業者よりも三〇秒速かっただの、遅かっただのという細かいところは気にしない。彼らが求めるところは、どの銘柄を買うべきか、それをどれくらい持つべきか、そして、必要ならばいつ売るべきかということについて、信頼できるアドバイスをもらえる人である。短期ではなく長期投資を望んでいる人が増加しているが、そのような人にとってこれは投資顧問の機能である。そのため多くの証券仲介業者が自分のビジネスの性格が変化してきているのを認識しているかしていないかは分からないが、程度に違いはあるものの投資顧問として活動しようとしている。業者によっては、この業務に追加料金を課している。いずれにしても、彼らは基本的なことを認識し始めているのだ。これは今日の環境下で多くの投資家が求めているものが有用な投資相談サービスであり、そのビジネスで成功する人は自分の肩書きに関係なくこのサービスで最善の結果を出すことのできる人である。それは、彼が会社の在庫である株式を売りさばいているセールスマンであっても同じことである。問題は、そのような株式がいかにうまく選びだされるか、そのアドバイザーが選ばれた株式を追跡し続け、しっかりと情報を入手する能力を持ち合わせているかどうかである。

満足のいく投資アドバイザーが見つかっていない人（そして私はそのような人が多いといつも聞かされている）ならば、私がここまでで述べてきたことすべてに同意してくださると思う。しかし、強いフラストレーションを感じている人もいるだろう。金融ビジネスの方向性が分かり、このような投資家の持つ問題が何年後かに解決されていたらいいのにと思う人もいるだろう。しかし、読者のみなさんが本当に興味を持っていることは、今現在のことだ。みなさんの問題は、いつかも分からない将来のことではない。ここでこんなことを言う人もいるかもしれない。「この本から学んだことと言えば、唯一、マーケット関係者が投資顧問、証券仲介業者、投資銀行という名前で呼ばれていることと、健全で安心できる投資アドバイスをもらえるかどうかということの間にまったく関連性がないということ。これでは何ら埒が明かない。私が知りたいのは関連性のないことではなく、何か関連性のあることだ。この本に書いていることを役立てるためには、どうしたらよいのか」

正しい投資顧問を選ぶ五つのステップ

この疑問の答えとして五つの具体的なステップを紹介し、投資家が投資アドバイスとして適格な情報源を選ぶときに使うことができるようにしたいと思う。それでも最初に私は意図的に「回り道」をした。その理由はすぐに明らかになると思う。素晴らしい銘柄を選択する技術が三つの段階を通じて発展してきたことを説明した。これらに続く四つ目の段階を説明することで、この段階をどのように進めていけば良いかということについて、投資家が理解を深めることができるように下地を作ったつもりである。

投資家が本当に信頼することのできる人を探すときに、使うことのできる五つのステップは次のとおりになる。

【ステップ一】
投資アドバイスをもらうに当たって、投資関係者を二つに分ける。一つは長期的に見て、あなたの利益となる特定の取引により強い興味を持っている人で、その取引で手に入れることのできる報酬や手数料、利益といったものは二の次と考えるグループ。もう一つは、この報酬を手にすることが動機のグループ。明らかに前者のグループに入らない人はすぐに排除する。これを決めるにはどうしたらよいだろうか。人の性格を見抜くのが得意な人ならば、会話の最初で十分判断できると思うが、通常はいくつか出されている提案や理由を聞いてみないと判断できないだろう。また、同じ人のサービスをすでに受けている人や、社会的な関係を持つ人、その人物のことをよく知っているという人から得られる情報にも頼らなければならないだろう。

【ステップ二】
自分のファイナンシャルアドバイザーとなる見込みのある人に、基本的な投資哲学を尋ねてみる。つまり自分に対して何をしてくれるのか、それを進めるためにどのような提案をしてくれるかを尋ねてみる。長期的な目標が自分とは異なる人は除外する。私の著書『株式投資で普通でない利益を得る』は、根本的には正しい投資に対する自分の理念と、株式投資を行う多くの人（全員とは言わない）にとって最も望ましいと考えるものをまとめたものだ。ここでは同じことを繰り返さない。しかし、その著書で述べたことを改めて言っておくべきかもしれない。私自身はその方法が株で利益を出すために最も望ましいと信じているが、これまで成功を収めてきた方法として、あるいはこれから成功を収めていく方法として、唯一の方法であると言っているのではない。大事なのは、あなたの選んだ投資アドバイザーが長期目標とその達成のための方法について、私と同じ意見を持っていることではなく、あなた自身の意見と合うかどうかである。

【ステップ三】

あなたが検討しているアドバイザーやその人が所属する組織が、推奨銘柄を決める根拠としているデータをどのように入手しているかについて、具体的に尋ねてみる。そのアドバイザーや組織が買い推奨している会社の内部事情に通じているために、現在だけでなくあなたが購入したあとも、そして持ち続けている間にどのようなことをしてくれるかを探ってみる。その人やその同僚が、金融界のだれもが入手できるような公開される財務報告書（これは結果であり、原因ではない）だけに頼らず、どれだけ経営的要素に注目しているかを見なければならない。覚えておいてほしいことは、大きな利益を得ることや大きな損失を回避することの最大の源は、重要な事実がマーケット全体に知れわたる前に知っておくということである。頭が良くても不十分で不適切な情報を基にしている専門家の成績と、多くの人の知らない重要な事実を知っているそこそこの専門家の成績は、前者のほうが悪くなるのは明白だろう。これが情報源の性質がとても重要となる理由である。これが、私が周辺情報と呼ぶものを使うことの大きな理由である。その例外となるのは、投資関係者が会社の経営陣と非常に近い関係にあるため、良くも悪くも会社経営について完璧に公正なイメージを描くことができていると確信を持って言うことができるときだけである。これは通常、何年もの長い時間をかけて親密な関係を築き上げた結果でしかできないことである。そうでなければ、経営陣から投資関係者の耳に入ってくることはそれ自体すべて正しいことではあるものの、その他の問題で相殺されてしまう。あるいは、相殺以上の効果のあるものはないのかどうか判断する術がまったくなくなってしまう。これが理由で、大きな成功を収めているある投資家は最近、それまでしきりに訪問していた多くの「証券アナリスト」のところへ行くのをやめた。彼の話では、「これらの人間はただあちこちの会社を歩き回り、特に親しくもない経営陣が口にした同じ内容を何度も私に繰り返し言っているだけだ。そんな偏った話は非常に危険だと気づいた」と言うのである。

検討している投資アドバイザーの情報源を確認するという最重要問題を検討するとき、質と量を混同してはならない。約一年前に私の事務所内で起こった楽しい事件について思い出した。ある地方の証券仲介と投資銀行業務を行う大手企業の社員が私のところに訪れた。彼は自分の会社にどれだけ多くの証券アナリストが在籍し、非常に価値の高い特別な報告書をどれだけ多く出してきたかという話を私にしてくれた。その男には、利用価値のある情報を提供してくれれば、証券仲介業に関する報酬は必ず出すと約束した。彼は会社の出した報告書をいくつか置いていくと言ってくれた。そのなかにたった一冊だけ、私がしっかりと情報を握っていた会社のものがあった。私はその報告書を含め彼が置いていった報告書を選んだ。それぞれが異なる、いわゆる専門家によって書かれた報告書だ。私はすでに自分で情報を得ていた会社の報告書を読んで大いにがっかりした。それには経営陣に電話をして、だれでも入手できるようなことが書いてあり、会社の問題については表面的なことしか書いていなかった。そこで置いていった報告書のなかからもう一冊、私がほとんど知らない会社のものを選び、その会社にいる友人にどう思うか尋ねた。友人は会社のトップ役員の何人かにその報告書を見せた。全員が、その報告書には部外者でも少し調べれば入手できる程度の情報しか書いていないという意見で一致した。私は、全員がそのような表面的な仕事しかしていない会社の人とはかかわらないことにした。失礼を承知で、次にその男が訪問してきたときにこのことをきっぱりと伝えれば、みんなの時間の無駄を最小限に抑えることができると判断した。それでも私が一度は良い人と判断した人物の気持ちを傷つけたくなかったので、この男が再びやって来たときには少し怖気づいた。私はできるかぎりの力を振り絞って自分の考えをうまく伝えたと思ったら、彼は大きな笑みを浮かべて次のように言った。彼も自分の勤務している会社に関して、私とまったく同じ結論に至っていたというのだ。つまり、関係者を安い仕事でこき使う会社の将来性を見限り、すでに会社を辞めてしまっており、今回は営業のための訪問ではなく、自分が就職しようと考えている素晴らしい投資グループのことについて意見を求めに来たというのだった！

端的に言うと、投資関係で人を選ぼうとする場合はその人がかかわる仕事の質が問題なのである。仕事の量ではないのだ。自分自身ではその人の書く報告書の質を判断できるほど詳しく知っている会社などないと思うかもしれない。しかし、そのような会社で高い地位に就いている人がいるかもしれないし、そうしたらこの作業を直接やってもらうか、だれかほかの人にやってもらうことができるかもしれない。

【ステップ四】

もしすでに複数の株式を持っていた場合、それらを売るべきか保有すべきかについて、採用を検討している投資アドバイザーに意見を聞いてみる。膨大なデータにアクセスでき、さまざまな証券取引所や店頭取引されている銘柄のすべてに関して専門家になれるような人は一人もいない。したがって、投資アドバイザーが推奨していない銘柄があなたのリストに載っていると、実直な投資アドバイザーであれば困ることになる。投資アドバイザーは、良い噂のある銘柄であっても自分が十分に知識を持っていない銘柄であれば、顧客の判断に任せることもできる。あるいは、投資アドバイザーが顧客にはっきりモノを言い、ちゃんと自分が知っている銘柄にしか責任を持てないときや、また双方が適切な情報を持っていない銘柄を投資アドバイザーがきちんと監視することのできる銘柄に変更したいかについて、顧客の判断に委ねることもできる。通常、投資にかかわる人で自分が知らないということを率直に話す人は、知っていることについては完璧な知識を持っているものである。逆に、マーケットの仕事をしている人ですべてのことを知っているふりをする人は、かなり危険な人物である。また投資にかかわる人が、すべての株の買いチャンスについてアドバイスできると考えてはならない。ある銘柄の買い推奨を保証するために、どれだけの情報量が必要かを考えてみれば、極めて大雑把に考えたとしてもその理由は明白である。

【ステップ五】

あなたが検討している投資関係者すべての記録を使って何ができるかを研究してみる。研究対象とする期間における市場全体の動きと比べて、パフォーマンスが悪そうなものは除外する。このとき最も素晴らしい上昇を見せた成功株に投資しても、実際にその運用成績が市場で公になるまでに数年もかかることがある。よって、いずれにしても運用の記録が三年以下のものは除外する。またその人物をよく知っている場合を除いては、あなたの投資を任せようと思っている人にこの点に関して紹介を求めてはならない。彼が良い成績を出している取引先もあれば、そうでないものもあるのは仕方のないことだ。彼自身が良い成績を収めた取引先をあなたに紹介するということは、人間として自然の成り行きである。しかし、彼が数年にわたって仕事をしてきた取引先に会ってみれば、その人の言葉から非常に多くのことが分かるかもしれない。そうすれば仮に良い記録が残っていなくても、あなたが検討しているアドバイザーと彼の投資会社に対して良い印象を持っているのであれば、さらに問題を掘り下げていけばよい。時に投資アドバイザーの成績が悪く見えることがあるが、それは主に顧客のほうがアドバイザーの助言に従わず、好きなところだけ聞いているという場合もある。だから一部の投資家には、投資をするうえで愚かな行動となる小さな利益を手仕舞いするという欲求に負けてしまう人もいる。すべての助言に反して、彼らは数ポイントの利益で満足し、輝かしい結果を出すはずの投資先を売り払って、二倍、三倍となるずっと前に撤退してしまっているのだ。その結果として、彼らの手元には大きな利益は残らず、株のアドバイザーも避けて通ることのできない損失よりもかなり大きな損失となってしまうのである。この結果で投資アドバイザーを責めるのは、彼の助言に従っていないので理不尽というほかない。

特定のブローカーや営業マンの記録を検証することと、その人が所属している会社の記録を検証することでは、どちらがより重要だろうか。答えは時と場合によるが、投資会社のなかには、会社に所属する人が推奨できるものについて厳しく管理をしているところもある。私はそのような方針を持つ会社は、時代とともに増えていくと思っている。一方、自社に所属する人たちにあらゆる情報を開示していることを大きな売りとしている会社もある。しかし、その情報が一度彼らの手に渡れば、その使い方は個人の判断に委ねられている。前者の例で重要なものは会社の実績であり、後者の場合は個人の実績となる。直球で尋ねてみれば、どちらの方針を支持するのかという質問には、率直な答えが返ってくることがほとんどだと思う。

この「実績を確認する」という項目を投資アドバイザー選びの五番目、かつ最後のステップとして挙げたが、もしかしたらステップ一として、これを挙げるべきだったかもしれない。そうしなかった理由は、非常に近視眼的な視野しか持たず、提案したことからもたらされる大きな利益よりも目先の手数料を優先するような人物を真っ先に削除したかったからである。しかし、有能な投資アドバイザーを選ぶための最初のステップは、どのアドバイザーや会社のサービスが長い間受けて価値があると感じたかについて、知り合いに尋ねることだ。このような調査をして残った人々が、さらに検討すべき候補者ということになる。この意味でステップ五として挙げた内容がステップ一とされるべきかもしれなかったと書いたのだ。

投資の手助けをどこへ求めたらよいか分からない人のために、私が提案したことに関して、さらに指摘しておいたほうがよい重要な点が一つある。主要な投資顧問会社や証券会社、投資銀行のなかにも前述のテストに合格するところはたくさんある。しかし、私が注意したほうがよいと提案した項目は、大きな投資顧問会社や証券会社や投資銀行が有利であるというものである。これらの会社はスタッフや取締役会の主要メンバー、投資情報の入手経路について、投資家にとって高い価値を持つものを抱えている可能性が高い。では、少ない人員で運営されている地方の中小の投資関連会社が、この構図に当てはまらないというのだろうか。

この点は私が個人的に敏感になっているところであるが、その理由は社会的や経済的な負担が大きくない場合には、国家が中小企業を大企業から保護することが重要だと強く感じているからである。私はこの理念について哲学的に考えるだけでなく、実際に従うように努めてきた。例えば私の習慣として、同じものを同じ価格で購入するのであれば、遠回りになったとしても大手チェーン店やデパートグループから買うのではなく、個人的に私をよく知っていて、そのサービスを必要とする場合には私の事情に配慮してくれるような個人商店から買う。一方、分野が違えば、この点について別の側面もある。はるか昔、私は暇な時間を使って食料雑貨を小規模な個人商店に卸売りをする仕事をして、大学の授業料のわずかな足しにしていた。経済的に貧しい地域にある価格が高めで、衛生的に良くない食品販売店の一部が衛生的で価格も安いチェーン店に取って代わることは一概に悪いとばかり言えない。しかし、小さな商店が大手との競争のなかで生き残ることができるかどうかは、個別の状況を見て判断されるべきだと思う。

証券会社や投資顧問業者などに関して、最も重要で根本的な問題として明確な命題は次のようなものである。投資家である顧客に対して、最大の利益と最小の損失を生み出すシステムとはどのようなものか。能力や知識の不足によって個人の貯金の減少があることは非常に大きな社会的悪であり、個人的にも非常に大きな問題であり、これ以外に重要なものは考えつかない。

現在の状況では、大きな投資会社（適切な組織であれば）のほうが調査に多くの人員を割いて投資の記録を追跡することができ、また企業の経営トップとの人脈も多いために、若干競争力の点で上回っているかもしれない。しかし私個人の意見としては、投資ビジネスに参入している組織間に見られるスキルや効率のバラツキは非常に大きく、また大企業のリードも現状では非常に小さいものである。そのため、多くの小規模な証券会社や投資顧問業者が今はまだ大規模な競争相手よりも良い仕事をしている。

株を評価する技術も次のステージに移り、費用もかかり、株分析の効率も飛び抜けて改善してくると、うまく統括されている大企業の強みは大きくなる。投資ビジネスのあらゆる局面において、たくさんの業界から財政的な必要が生じるのに合わせて、かなりまとまった数の企業の買収合併の案件も出てくる。それでもなお、小さな投資会社が消滅する運命にあるという理由はどこにもない。小さな投資会社は創造力に適切な判断を組み合わせて、ほかの分野からパートナーを選び出すからである。現時点では、そのような会社が自分の近くに存在しない大きな組織を選び、会員になるなどの方法で提携関係を結ぶことは妨げられていない。数が多い小規模で、地理的にも多様性のある独立系の投資関連会社が顧客に対して、それぞれ良質の投資サービスを提供するために協力し合うということは不可避だろう。株の銘柄選びをするに当たって、かなりうまくいくとされている一〇の方法よりも、これからその素晴らしさを説明する二つのお勧めの方法のほうがずっと望ましいという事実も、大規模な投資会社が通常持っているはずの強みをくじくもう一つの要因となっている。

一九六〇年代に入ると、問題を抱えていると思われる投資会社は小規模な会社ではなく、所属しているメンバーが「忙しすぎて」自分で推奨する銘柄についてきちんと調査する時間を取れないような会社になるだろう。「これ以上、会社に確認を取る時間がなく、役員も一人にしかそのことを尋ねることしかできなかった」などといったコメントを耳にすることが多い。全体的に上昇基調にあった一九五〇年代のマーケットであれば、そのような方法でも「うまく切り抜ける」ことができた。しかし、一九五〇年代の各株価の上昇幅を見ると、一九六〇年代に一九五〇年代と同じような満足のいく結果を出そうとすれば、かなりの努力と技能が必要になってくる。一九六〇年代の投資環境のなかで、「忙しすぎて」投資家のケアを適切に行うことができないという投資アドバイザーや投資会社は、毎年同じ作物を植える農家が「忙しすぎ」て畑に肥料をまくことができないと言っているようなものだ。

ここまで私が述べてきたなかで、何か見落とされているのではないかと気づいた人がいるかもしれない。私は今日の投資業界に四つの主な業種があるという話をした。それぞれ投資家のニーズに応えようとしている業種である。すでに議論したものは、投資顧問業、証券仲介業、投資銀行業である。しかしここまでで、一九五〇年代にずば抜けて大きく成長したグループのことについて私は何も触れていない。そう、投資信託のことだ。

私はこのグループについてはあえて後回しにしていたのである。その理由は、投資信託という業種が投資上の重要性を拡大するか縮小するかは、業界内部の動きよりも、その他の投資関連業種が投資家ニーズに応えるために自分たちの業績をどれだけ改善することができるか（あるいはできないのか）ということに大きく左右されるからである。分散投資ができる多くの投資信託は、本書ですでに私も説明しているとおり、パフォーマンスが良くなるような仕組みが自動的に備わっている。一九五〇年代のように、多くの投資家がほかの経路（彼らの求める投資アドバイスなど）を使って努力をした揚げ句に挫折したような時代には、この分散投資は平均以上に安全性を備えているように見え、大きな魅力となっていた。一九六〇年代になっても、多くの株式投資家が推奨銘柄を熟知しているアドバイザーを見つけるのに難しいという状況が続くならば、「ある程度平均的な」結果が出るという投資信託の傾向は引き続き大きな魅力となるだろう。その一方、投資業界に投資サービスの質を向上させるような技術を持つグループが現れたときには、この大きな分散投資も平均的な結果しか出すことができず、魅力がガタ落ちするだろう。端的に言うと、投資信託が大きく成長しているということは、ほかの投資サービスに質の高いものを見いだすことができないという、多くの投資家の自信のなさの現れでもある。この心理が変化すれば、投資信託に対する大きな市場は部分的に消えてしまうかもしれない。

しかし私は、この一〇年間で投資信託が大きな成長を遂げた理由はほかにもあると考えている。この成長の大きな部分は契約型投資信託（ミューチュアルファンド）である。この契約型投資信託は、設定時と解約時の価格に大きなスプレッドを設定することで、販売者に対して支払う手数料を大きくして、ファンドの販売の労力に見合うと感じてもらえるようにしている。ファンドの持ち分を平均的な層に販売するという経済的な可能性が開けたことに刺激を受け、投資信託にかかわる人々は販売促進の面で非常に素晴らしい仕事をした。大きな成功を収めた生命保険業界の歴史を手本に、投資信託のセールスマンは、それまでは重要な株式の買い手とはならなかった層に営業をかけたのだ。以前の生命保険業界と同様に、投資信託業界もこのようにして大量の取引を獲得したのである。

投資ビジネスのなかのその他の業種では、この販売技術に相当するメリットを手にすることができていない。投資銀行（「売り」と「買い」の気配値の差によって販売手数料を大きくすることができる相対取引の証券会社）の営業マンは、それにかなり近い恩恵を受けることができている。しかし、このグループの営業活動では一度の取引で数千ドルを下回るような小規模のものを提供することが難しく、また買いたい顧客に対して分割払いを可能にするような仕組みが用意されていない。これとは対照的に、証券仲介業者であればＮＹＳＥの累積投資制度などを利用して、小口投資家に対して毎月口座からお金を引き落として株の購入に当てるといった手段を提供することができる。すでに説明したとおり、通常の証券仲介手数料は投資金額に対して非常に小さい割合でしかないため、投資信託のように証券会社の社員が小口の顧客に出向いて販売するような時間を取れるほど、十分な利幅が確保できない。それから多くの投資顧問は、運用のために預かった元本に対して毎年わずか〇・五～一％の報酬しか取ることができない。彼らの多くは、自分の努力が報われる金額はいくらかと尋ねられれば、どのような案件でも一件当たり一〇万ドルが最低ラインであると感じている。よって彼らもまた、この巨大マーケットと十分につながることができていないのである。

この証券仲介料や投資顧問料はなぜここまで少ないのだろうか。私が考える理由は、現在行われている投資助言業務を見ると、その質が非常に低く、一般の投資家は今以上のお金を払うことにためらいを感じてしまっているからである。しかし、仮に投資家がその投資助言業務に本当の価値があると納得したとする。私は一般投資家に対して業務を行っていないので、私自身の経験が典型的な事例だとは思わないが、出ている結果に対して一度確信を持つことができるようになると、投資家はさらに高い料金を支払うことに何の抵抗も感じなくなるということが分かった。ある個人や組織が長年にわたって継続して、例えば一般的に採用されている市場平均といったものを五〇％、一〇〇％、あるいは一五〇％上回る結果を出し続けていれば、今の時点で普通とされている投資顧問料や証券仲介料の何倍もの手数料を支払っても、それは最終的に手にするお金のほんのわずかでしかないのだから、投資家は支払う額に不満を持たない。

投資会社が投資家のために保有している株を適切に処分するために、基本データが必要になり、それを取得するために年々費用が増加すると、私は思っている。しかし、彼らの仕事の質が改善するのであれば、その仕事の対価として支払われる報酬が増えても、それは理にかなっていることだと言える。最近の傾向として、投資銀行業兼証券仲介業を行う主要な会社では、通常の証券仲介料に加えて投資顧問の報酬を上乗せする例が見られる。これを先駆けとして今後はその規模がどんどん拡大していくものと思われる。サービスが料金に見合うだけの十分な質を保っているという前提で、この傾向はすべての関係者のためになることである。この傾向が強まるにつれて、十分な報酬が確保されるようになり、営業マンが外回りをして小口の投資家に販売しても、そのサービスを提供するメリットが出るようになるはずである。仮にこのようなことが現実のものとなり、世間一般の人が投資に関するサービスについて本当に価値のあるものだと納得するようになれば（サービス自体が本質的に評価されるような水準にならなければならないので、しばらく実現するとは思われないが）、投資信託業界にとって最大の強みとなっている分野に大きな競争原理が持ち込まれることになるかもしれない。また、証券ビジネス全体の市場規模も劇的に拡大する可能性がある。そうなれば、株に対する全体的な需要も高まってくだろう。

将来、何が起こるかということに対して私が時間を費やしすぎていると感じている投資家には、このすべてから学ぶことのできる今現在の自分にかかわる大きな問題が一つあるということを申し上げておきたい。例えば、五年という期間を見たときに、個別銘柄の市場動向にはかなり大きな違いが生じる。投資家がその有用な指示に確信を持てているのであれば、その指示に対して支払う報酬が小さくても大きくても、相対的な意味はほとんどない。これを証明するためには、単純な算数をしてみればよい。ただ、ここで問題となっている仕事の質に関して、この投資家がおおむね満足だと思うようになるためにはどうしたらよいだろうか。この点についてのヒントとして、私はさきほど正しい投資アドバイザーを選ぶための五つのステップを紹介した。私が言えるそれ以上のこととは、今日のように専門が分化している世界で成功する鍵（これは時に生き残りのための方策ともなり得る）は、自分自身が専門でない分野において専門家を正しく選ぶ能力を持つことである。愛する人の存在を考えたら、正しい医師を選ぶことほど重要なことはない。そのような医師を、医療の訓練を受けていない者がどうやって選んだらよいのだろうか。同じように、正しい弁護士、正しい建築家、正しい配管工を選ぶときも同じような疑問がわく。残念ながら私たちのなかから、このような状況で重要な決断となる場面で人よりも注意力が足りなかったり、思慮が不足していたりする人が常に出てくるだろう。たいてい近くにいた専門家と呼ばれているような人を安易に選び、あとになって自分はなぜ「運が悪いのだろう」と悔やむのである。

頻繁に耳にすることなので分かるのだが、このような考え方に対して、次のような反応が多くある。投資に関する一流の仕事に対しては、もちろんいつでも高い報酬を払う用意ができている。それがどのように自分に返ってくるかはよく分かっている。しかし、候補となるたくさんの投資専門家を調査して、正しい人物を選択する時間がないのだ。

実際に現在の投資業界（数年後は状況が変わっているかもしれないが）においては、高い手数料や高い投資顧問料を支払ったとしても、それがなされた仕事の質の高さを保証するものとは言えないのである。私の見るかぎりでは、多くの場面で支払う報酬額と長期運用の結果の平均値との間の相関性は、驚くほど小さい。

しかし、満足のいく投資の人脈が今のところ見つからず、適切な人物を見つけるためにしっかりと調査をする時間がないという人に一言言わせていただきたい。この世の中で自分にとって本当に大切だと思う物事があった場合、そのために時間を割くことができないということはまずないだろう。大切さに疑念があるならば、次のような単純なテストを行ってみればよい。まず、NYSEに上場している銘柄がアルファベット順に並んでいるリストを目の前に置く。簡単な方法は、大都市圏の新聞を開いて最新の株価が掲載されているページを見る。鉛筆を手にして、「福笑い」をする要領で目隠しをし、そのページのどこかに鉛筆で印を付ける。選ぶ銘柄は純粋に無作為になるようにする。選んだなかから優先株を除外し、そこから株式二〇銘柄をアルファベット順に抽出する。配当金や株式分割などを考慮したあとの価値に換算し（もし自分で計算するのが難しいようならば、証券会社に頼めばだいたいの場合は喜んでやってくれる）、この二〇銘柄の五年前の株価と現在の株価の違いを見る。普通の年であれば、非常に驚くべき違いに気づくだろう。株価が五年前の半分になっている銘柄もあるだろう。大部分は二〇～四〇％上昇しているか下落しているはずだ。しかし、数銘柄は二～四倍になっているかもしれないし、一〇〇〇％以上も上昇している銘柄も一つか二つあるかもしれない！　このように、銘柄によって驚くほど大きなばらつきがあることは最近も別の形で表れている。ダウ平均の一九五九年の平均価格は一九四六年と比べて約三倍になった一方で、一九四六年時点でNYSEに上場していた全銘柄のうちの三分の一は、一九四六年の株価よりも一九五九年の株価のほうが安くなっていた。

端的に言うと、どの株を買うかによって、五年後や一〇年後の価値が市場全体よりもかなり大きくなる可能性があるということである。そのような状況であるのに、大切なお金を出して株を買うとき、自分で適切に選ぶ作業やだれかにその作業をやってもらうための時間がないということに納得できるだろうか。このような危険性がある場面で、忙しすぎて投資や投資業界の基本原則を学ぶ時間がないと言う人は、自分の時間がどれだけ大切だというのだろうか。この種のことに時間をかけることこそが、投資に関する素晴らしい人脈という幸運をまだ手に入れていない投資家がその幸運を見つけるためにできる唯一の方法なのである。数年後は今よりも素晴らしい投資アドバイスを受けやすくなるだろうということだけでは、現在利用することのできる才能を最大限に活用する努力をしなくてもよいという理由にはならないのだ。

第4章　けっしてあなどることのできない雑学

最も成功している株式投資であっても、分析の最終段階は根本的には次の三つのことで成り立っている。①株式を買うとき、将来的に株価が市場全体よりも大きく上昇しそうなものを一銘柄以上選ぶ、②いつ買うかおおよそ知っている、③必要があるならば、いつ売るべきかを知っている。しかし、これを適切に行うためには、投資しようとしている会社に関して多くの背景知識を持っている必要がある。また本書で私が述べているとおり、購入を検討している株式の業種に対して、金融界が注目するような心理的要因がある場合、そのことについてもある程度知っている必要がある。このような重要な背景情報は、ある程度のスキルを身につけている投資家やその投資アドバイザーには探すべき物が分かっており、他人がその調査に多くの時間を費やさないと、入手することができないようなものである。

これが十分でないと、投資価値を大きく落とす材料がこれ以外にもいっぱいある。私は、時間や思考がそのような材料に多く費やされるのは有害だと思っている。その主な理由は、投資上の要因として、これよりも重要なものがあったとしても、浅薄な思考のせいでそのことをしっかりと考えることができないからである。このような問題のなかには、多くの投資家にとって混乱の種となるものが多くある。本章では、さまざまな投資上の意味を持つ問題点について議論を試みたいと思う。これらは一般的な混乱の種のなかでもかなり大規模なものである。その最も重要なテーマの一つが、企業合併についてである。

企業のM&Aに関して

私が何度も力説してきたことだが、数年の時間をかけて大きな利益を手にすることを望んでいる投資家がそれを現実のものとする最善の方法は、アメリカ全体よりも速い速度で収益力を成長させる強い傾向を見せている会社にだけ投資することである。また、会社の売り上げが安定的に上昇トレンドを描いていることも不可欠であると指摘してきた。しかし、これは不可欠で唯一の条件ではない。それは、売り上げが増加しても、それに伴って一株利益が増加しなければ、まったく意味がないからである。売り上げのトレンドが急上昇でない場合、経営効率を上げる方法を経営陣が見つけ、一回だけ大増益を実現し、株主が短期的な利益を手にすることがたまにある。しかし、このような方法で手に入れたものは数年のうちに限界に達する。よって、何十年にもわたって一株利益が増加するような大当たりの銘柄に投資するには、相応の売り上げ増加が必要であり、またそのような売り上げがあってこそ生まれるものである。このことから、一貫した売り上げ増加の上昇トレンドは、普通ではない魅力的な投資を見分ける最初のヒントなることが多いのである。

売り上げを急速に増加させる方法としては、一つか複数の事業部門を吸収するほかに良い方法はない。そのうえ、吸収合併には楽観的な分析報告が付き物で、成長企業同士をくっつけることでそれぞれの事業コストが減少するとされるが（その結果として利益幅が増加する）、それもあながちウソではない。それほど多くはないがよくあるケースとして、吸収する側の経営トップによって、増えた業務に対処するために経営陣を増やさず、吸収された側の事業をそのまま進めることがある。その結果、関連する経営コストが全体的に減少し、利益幅が大きくなる。ほかにも理論的には良く見えるが、現実にはなかなか起こらないコスト削減効果がある。それは、生産設備の組み合わせによる製造コストの低下である。それよりも可能性のある吸収合併による有用なコスト削減は、販売と流通コストにおける経済効果である。よく見られるのは、中小企業が潜在市場を網羅するために営業部隊を維持しても、小規模の製品しか売ることができないという厳しい現実である。大きな会社が同じ顧客に対してほかのたくさんの製品をすでに販売しているのであれば、この会社が追加的な製品を出してもほぼ追加費用なしに対処できるだろう。もちろん、この大きな会社が異なる顧客層に対して販売しているのであれば、この種の削減効果が実現する可能性はそれほど高くない。

吸収合併が大きなメリットとなるケースはほかにもある。それは、これまで話してきたように全体的な費用や製造、販売費用といった直近のコスト削減効果があるようなものではない。それは、以前に経営状態がかなり悪かった会社が、効率性の高い経営陣によって引き継がれたときに起こる事業全体に関する総合的な改善からくるメリットである。数年かけて方策を尽くし、問題だった吸収事業の利益率を引き上げる方法が発見され、利益が上がるようになり、当初の投資に対して素晴らしいリターンがもたらされることになる。時に、問題だった吸収事業自体の売り上げが劇的に増加することもある。最も価値のある吸収合併となった例として、合併以前から吸収する側の研究開発部などで吸収の対象となっている会社の主力商品の何個かが根本的に見直されて、市場を大きく拡大する方法が発見されたというケースがいくつかある。

大幅なコスト削減は、純粋な財務効果から実現することもときにはある。大手企業が吸収する場合、その企業に高い信用格付けがあるために金利四％で借り入れがあっさりと決まることもある。それは、安全でない融資先とされて、六％の金利を支払っているような企業を吸収したときである。吸収合併をすることで、すぐに借り換えができ、吸収した会社の支払い利息を一・五％程度軽減することができるかもしれない。

吸収合併に関してこれまで述べてきたメリットや、その他いろいろなメリットがあるにもかかわらず、その傾向は現在の状況で高止まりして、増加していないのはなぜだろうか。最高の手腕を持った経営陣は、このような好機を見いだすために時間を費やすべきではないのだろうか。投資家は、吸収合併によって成長している会社を積極的に探すべきではないだろうか。

この問題はアメリカンフットボールに例えてみると、うまく分かるかもしれない。ボールを投げて（ロングパスのプレーで前進を試みる）、成功すればランニングプレーよりもずっと大きく前進できる。しかし、インターセプトなどで失敗したときは、ランニングプレーよりも大きく後退する可能性が高い。

M&A（企業の買収合併）もパスプレーと同じである。もしうまく吸収合併できれば平均を大きく上回るスピードでビジネスを前進させることになる。それは、目がくらむほどの成功の可能性もある。しかしそこには、利益が増加するのではなく、減少するかもしれない大きなリスクが内在する。さらにより重要なことは、M&Aによって会社が衰弱し、数年後には長期的な投資の魅力が増すどころか、逆に減少してしまう可能性すらあるということである。

もちろん、パスプレーをする場合には存在しない、吸収合併の危険性を抑える要因も一つある。パスプレーをする場合、インターセプトされれば攻撃権を失ったチームは大きく後退しなければならない。これとは対照的に、めったに行われないが、ある会社が自社よりもずっと小規模の会社を買収した場合は、その買収が失敗しても、それにかかった費用がそれほど大きくなく、吸収する側の大規模な会社の投資上の魅力が大きく損なわれることがないということもある。もちろんこれとは裏腹に、そのような比較的小さな買収であれば、成功した場合でも規模のずっと大きな会社の業績改善に対する貢献はわずかなものでしかないという可能性も高い。

M&Aにまつわるリスクは、なぜそれほどまで高いのだろうか。ほとんどの場合、売り手はその事業を長年経営してきたので、買い手よりも事業に関する知識や自社の弱点についてはよく知っている。ある企業の社長が、あるとき大型の吸収合併を自社で行ったときの話をしてくれた。そして「女性と結婚してみるまで、彼女が入れ歯や義足であることは分からない」と話した。彼の言う「入れ歯や義足」とは、買収する側が考えていたよりもずっと健康状態の悪い工場のことであり、また下級管理職のやる気や厄介さについてもまったく分かっていなかった。

この会社に限って言えば、経営陣が大変な能力を持っていたため、最終的にはこれらの困難な状況を乗り越えていった。当初予想されていたよりも年月とお金がかかったが、この会社は株主のために期待されたとおりの大きな長期的利益を合併で手に入れた。それでもまだ、多くの合併についての重要な質問の答えは出ていない。この大変な能力を持つ同じ経営陣が、予想よりもかなり悪いことが分かった問題を解決するために、その後数年にわたって採用した人材をほかの目的で活用していたとしたならば、株主にとっては良い結果がもたらされただろうか。私自身この質問に対する答えを持ち合わせていないが、経営陣の才能ややる気が少し足りないだけで、最初は（そして今でも）長期的に素晴らしい投資であるはずのものが、この合併をしたために極めて魅力に乏しい投資先となりかねないのである。

しかし、M&Aの種類によってはさらに危険度が増す場合もある。その一つが、合併の結果生じることの多い人事の摩擦である。合併がほぼ同規模の会社同士で行われる場合、監査役、営業部長、研究開発課長といったさまざま役職を巡って、多くの会社トップがチーム内で苦い争いを演じることがある。その役職に就くのは双方の組織から一人だけである。社員のチームとしての協力が生まれるのではなく、スタッフ同士の「内部抗争」、嫉妬、あるいは直接的な「つぶし合い」が生まれやすく、スタッフ間の確執や抗争の迷路のなかに、効率性というものが失われてしまうことになる。このようなことが原因で、最高の会社の投資的地位が台なしになりかねない。

吸収した会社のほうが明らかに優位な状況にある場合でも、通常以上に人事問題に注力していかないと、吸収された会社の価値が下がってしまう。新経営陣は買収した会社の価値を最大限に向上させる能力を持ち合わせていても、吸収された会社の社員は何年も仕えてきたCEO（最高経営責任者）と快適で良好な関係を維持するために高いスキルを持っていることだろう。しかしここにきてほぼ一夜で、権力の中心が彼らにとってまったく知らない人の手に渡ってしまったのである。その人は何百キロも遠くにいて、すぐ先の部屋にはもういない。当惑や不安も生じることだろう。うまく対処しないと、能力の高い人材を失うことになり、その代わりの社員を見つけるのに費用がかかってしまうだろう。仮にうまく対処できたとしても、買収直後には当惑が生じることはほぼ避けられず、効率性がある程度は損なわれるだろう。

合併するときに必ず発生する人事問題を例えると、人の手術になぞらえられるかもしれない。手術からしばらく経過したあと、すべてが予定どおり進めば、患者の病状は大きく改善するかもしれない。予定どおりにいかなければ、病状は悪化するかもしれない。期待される長期的な恩恵を手にすることができるかできないかは別として、大きな合併直後の短期的な時期を見れば、大手術の場合と同じように、手術を受けた者はすぐには回復せず、一時的には弱るだろう。それまで円滑だった経営チームが合併したために内部抗争の温床のようになれば、その吸収された会社は永遠に以前よりも弱体化してしまう。

合併の様子は案件ごとに微妙に異なる。これはうまくいった場合にもたらされる利益の大きさについての話である。また、その合併が期待どおりにならなかった場合、どれだけのリスクを投資家が負っているかということについても当てはまることである。投資の行方に大きな影響を与える可能性のある問題に関して、投資家が指標として使うことのできる総合的なルールや基準といったものは存在しないのだろうか。私はそれがあると信じており、その内容を次のようにまとめてみた。

一．合併や買収が投資家を危険にさらす原因は三つある。このような危険の可能性は、買収を検討している経営陣もこのような問題で騒がれている会社の株主も、両方が常に念頭に置くべき問題である。その三つとは、①統合後の組織トップの役職（監査役、営業部長、研究開発課長など）を埋めるに当たって、鍵となる人物が闘争にとらわれてかき乱され、円滑に事の運んでいたチームが内部的な抗争と摩擦の温床となり、堕落してしまうこと、②経営トップが前にあまりかかわったことのない分野での問題に数多く直面するようになり、以前のような効率的な対処ができなくなってしまうこと、③ほぼすべての場合で売り手のほうが買い手よりもその事業内容を熟知しているため、存続会社は買収に見合った価格よりも不利な価格で欠陥付きの事業部門を買うことになってしまうこと。

二．会社のミドルバック部門を統合するような合併や買収では、株主には大きなリスクはほとんどない。この組み合わせでは、会社が原材料や部品、その他事務用品などの消費財を調達するときには以前よりも有利な条件で行うことができるようになる。有利になる理由は、使用する会社自身が必要消費財を仕入れてしまえば、他社から購入するよりも安く済むということもあるだろう。また、使用する会社が自社で製造してしまえばさらに安く済ませることができるし、同時にその会社の品質基準にも合わせやすくなる。しかしいずれにしても、この動きから得られる利益は事前に正確に予測することができる。さらに重要なこととして、そのような動きのなかでは右で述べた三つの危険のいずれに関するパンドラの箱も開けない。権力の内部抗争もめったに起こらない。それは、買収されたほうの社員が自分のニッチな役職にそのまま残ることができ、それでも買収する側の会社の機能と競合することも、その会社の社員が自分たちの仕事に対する危機感を感じることもないからである。そのうえ、この領域の業務については買収する側の会社の経営陣も熟知しており、手に負えないほど面倒な問題に巻き込まれることもないだろう。同様に、経営陣は事業内容を熟知しているため、購入価格にそれほど大きなズレが生じることもない。その半面、このような買収は、吸収する側には価値があるが、株主にとってはそれほど大きな意味がないという場合もときどきある。いずれの事例であっても、株主には小さな意味しかない。

三．一つの例外を除き、フロント部門の統合、つまり存続会社である買収する側の会社に独占的な販売権を与える統合では、ミドルバック部門の統合のルール二で述べた基準と同じ基準体系に従って判定される。ここで例外となるのは、経営陣が判断を誤り、自分の顧客の多くと競争関係にある会社を買収してしまい、それまで顧客だった会社が大きく売り上げを損なう状況に耐えきれない場合である。このような動きは非常に高くつく。しかし正確に言うと、この問題は合併や買収のときのみに発生するとは限らない。会社の既存の組織で新しい製品系統を創り上げた結果、自社の顧客と競合してしまう場合もある。その結末は、ほぼいつも非常に好ましくないものになる。

四．ある大きな会社が自社と比較してかなり小さい会社を買収する場合、大きいほうの会社の株主のリスクは小さいのが普通である。仮にその小さな新買収案件が完全に価値のないものとなったとしても、大きな会社に与える影響はそれほど大きなものではなく、この大企業の投資ステータスにも大きな影響を与えるものとはならない。反対に、この小さな買収が非常に満足のいく結果となった場合でも、その影響が小さすぎるために大きな変化は現れない。しかし、まれにそうならないこともある。それは買収された側の小さな会社が新製品のラインを持っていて、それが大きいほうの会社の製品としても重要な新しい柱となる場合、あるいはその会社に素晴らしい人材が一〜二人存在していて、買収する側の会社の経営にとって大きな貢献が期待される場合である。この種の買収は危険度が非常に低いだけでなく、合併事例全体のなかでも最も利益が大きくなる可能性を秘めている。

五．ルール一で説明した危険要因から、合併や買収は同系統の事業間で行い、お互いの活動についても認識し、お互いの問題を熟知している会社同士で行ったほうが成功する可能性が高くなる。反対に、高くつく可能性が最も大きいのは、相違点の多い商品系統を扱う二社の間で手早く行われ、お互いのことをよく認識していない場合である。

六．大成功した買収とは、①買収のチャンスを絶えず探っているわけではない、②悪い条件がそろっていた、③買収される側の会社の業務分野が買収する側の会社の活動と密接に関連していた、④非常にまれにしか買収を行わない――という会社によって行われる。まれにしかないこのような会社の案件は、買収する側の会社が自然な流れでしか買収を行わず、また常に取引を行うために無理やり動いているわけでもないので、株主にとっては良い取引となる。

七．逆に、絶えず攻撃的に買収することで成長することを基本的な経営理念としているような会社の投資リスクは非常に高い。ルール一で説明したように、投資リスクは、経営陣が事業活動を既存事業と密接に関係するビジネスに限定せず、関連性のない製品群へ際限なく手を広げていこうとするときに大きく膨らむ。その危険性は、経営陣が短期間のうちにまったく知らない分野の企業を数社も買収してしまうようなときにより大きくなる。この意見に反対する人はたくさんいるが、私の個人的な意見としては、投資リスクがさらに大きくなるのは会社の組織構造に次の二つの条件のうち一つが存在するときである。一つ目は、CEOがM&Aに対してある程度まとまった時間を定期的に割いている場合である。もう一つは、会社自体が経営陣トップの一人に、M&Aを実行することを主要業務の一つとして割り当てている場合である。いずれにしても、社内で力を持っている人物であれば程なく心理的に既得権益を獲得し、たくさんのM&Aの案件をこなしていくことで、自分を正当化していくのである。これはまさに「無理やり」やっていることであり、ルール六で説明した内容とはまったく正反対である。

八．ルール一と関連し、個人投資家が株式を取得する場合に非常に似ている望ましくない買収は、特段の魅力もないビジネスを既存の資産と過去の収益と比較して非常に安い価格で獲得する場合だ。一方、完全にビジネス上のニーズを満たすために、高い金額を支払うのが最も魅力的な買収である。株主にとって素晴らしいチャンスを与えてくれるはずの会社でも、内在的な強さと可能性を秘めた経営者が脆弱なビジネスや平凡なビジネスを取得してしまった場合には、その魅力は随分薄れてしまう。通常この種の買収を行うときには、会社の事業を分散することで株主の地位が安泰となるという説明が株主にされるから注意が必要だ！　これが実行されると、それまで続いてきた右肩上がりの株価トレンドが突然停止してしまうことがあり、時にそれが永遠に停止してしまうこともある。

九．会社が参入している業種で異なるものが多ければ多いほど、経営陣の悩みは増えていく。大成功を収めている会社の多くが、自分たちの事業活動の範囲を広い意味での一つの業種、つまり化学や電子、紙製品といったものに絞っている。しかし、大成功を収めている会社には二つの異なる業種に参入することや、まれに三つの業種に参入することで成功している会社もある。さらに今日の複雑な技術には、ある業種がどこで始まりある業種がどこで終わるかという明確な線引きが難しい。例えば、ゼネラル・エレクトリックが製造する多くの商品は電子関連だが、それぞれ異なる電子関連の各種製品がどの業種に属しているのか、複数の業種名を挙げることができる。このような理由から会社が多角化していったときに、どこが危険な点であるのかを判定する堅固で揺るぎないルールを作ることはできない。参入している製品系統の数よりも会社が事業を多角化していったスピードのほうが、投資家を危険にさらすかもしれない。これが、規模も事業系統も大きく違う合併や買収（ルール四で説明済み）でない案件については、最大の注意と疑いをもって研究しかければならない理由である。

ある時期、株式市場では、幅広い業種に参入する会社のほうが一業種や数種類の業種に絞っていた会社よりも評価されていた。これは恐らく健全なルールだった。それならば、現在のPER（株価収益率）が低い会社で、これまで参入していなかった分野に大型の買収を実行したところを評価するということも健全な方針と言えるのだろうか。少なくとも、その会社の経営陣が一度に「複数の馬を乗りこなす」という困難な仕事をやってのける能力があることが示されるまでは、この低い評価は継続されるべきである。

ここで合併についてまとめると、その投資上の意義はそれぞれのケースの特質によって、大きく異なる。大きな案件は、株主に対して約束されたものよりも落とし穴のほうが多いのが普通だと思う。しかし、事業活動の分野には関連性のある分野がある。それは、共同で会社を経営するような場合である。ここでは合併は起こらない。しかし、専門分野が異なるような既存の会社が二社以上集まり、複数の親会社が共同経営する会社を新たに設立することがある。それは、ダウコーニングやオーウェンスコーニングファイバーグラスのように大成功を収めた会社に始まり、ここ数年でこの種の共同経営の試みがあらゆる場所で芽吹いている。そして、大成功し、その多くは際立った成功を収めている。

このような成長の理由を見つけることは難しくない。産業は技術がどんどん複雑化してきており、一社の技術力では及ばないような新しい商売の可能性が開けるかもしれない。しかし、お互いに関連性のない科学的ノウハウを持っている二社以上の会社が力を合わせても、その技術力を上回るほどにはならないだろう。また、新会社を設立する会社のなかに技術力を持たない会社も一社か二社あるかもしれないが、原材料を供給できたり、新会社にとって重要なマーケット知識を持ち合わせていたりするかもしれない。必要とされるまとまった資本金の問題も、そのような共同経営による会社の設立にかかわる追加的な要因である。

飛び抜けて能力の高い経営陣を親会社自身が持っているケースが多いが、前述のような会社が形成される具体的なビジネス論理は、それを説明する唯一の理由ではない。この事実が意味することは、彼らには新会社に送り込むことのできる有能な人材がいるということだ。新会社は、本来ならば有望なベンチャーとなるはずもない経験不足の経営陣というハンディがあったが、その危険性がない状態で事業を開始することができるのである。

共同経営会社の成功例がこれだけ多くあるなかで、親会社の株価が市場の評価を受けて、それに見合うだけの上昇が見られただろうか。上昇したものはないと思う。共同経営の会社の利益のなかから配当金という形で親会社へ渡されてしまうのは、親会社の収益力として公表され、ほかの会社のPERと同じ価値で評価されることになる。しかし、いくつかのまれな場合を除いて、投資家は親会社の株式を検討するときに共同経営の会社で上げられた利益を考えず、親会社自体によって上げられた利益を重要視するものだ。これは、この共同経営されている会社が上げた利益で将来の成長のために使われる部分と、親会社内部で上げられた同じ大きさの利益で将来の成長のために使われる部分とを比べると、親会社の株価への影響は同等ではないということを意味している。

その理由は、最初にひと目見ただけのときよりは非論理的に映らないだろう。頭の良い投資家であれば会社の利益の何%を配当として出し、何%を事業に回すかという決断を、所有している会社の経営者に任せる。なぜなら会社の経営陣は、すべての関係者の長期的な利益が最大となるようにこの問題について判断を下すと確信されているからである。もしこの確信がなかったら、そもそもその株は売ってしまっているだろう。しかし、その利益が共同経営の会社で上げられたものである場合、その利益は自分がよく知り、確信を持っている経営陣の管理下に完全には入っていないことになる。自分が投資している経営陣は、他人の承認を得て、他人とある程度妥協したあとでなければ物事を進められないのである。したがって、共同経営会社の資産は、株主から一歩遠ざけられていることになっている。この意味で、その会社の資産は自社の資産と比べて、価値が大きく下がってしまうのだ。そのため、共同経営会社で上げられた収益の評価は高くはならないのである。

この問題に対する解決策はあるだろうか。つまり、この共同経営会社で上げられた収益が、親会社の株主にとって親会社に直接帰属する収益と同じ価値を持つようにする方法はあるのだろうか。私は簡単な解決策があると思っている。この共同経営会社が成長し、追加資本が必要となった場合、経営と所有を分離するのである。時と場合によって、彼らは資本を調達する方法として、株式の一部を公開してきた。その結果として、この共同経営の会社の株式は公の市場で取引が可能になった。すると、今度は親会社のどれかではなく、共同経営会社のほうの経営陣を評価する投資家グループが現れる。オーナー会社のほうは、望むならば共同で保有している会社の株式を時価か時価に近い価格で売却して、持ち分の一部か全部を現金化してしまうこともできる。

本当に有能な経営陣がいる場合は、今はまれにしか行われない行動をとることで、共同経営会社の真の価値がすぐに親会社の株式の時価に反映されることだろう。しかし、これは今のところそれほど頻繁に起こってはいない。将来的に共同経営の会社の収益は、結局は、まずその会社の株価の上昇として表れ、次に親会社の株価の上昇として表れる。これで株主にとっては、共同経営の会社の収益が親会社の収益と同じように価値あるものになるという望ましい結果となる。

金融界の人には、この結論に異議を唱える人もいるだろう。彼らはクローズドエンド型投資信託の運用で起こるように、個別の会社の株式は公開市場で現金化できる価額まで売り込まれて下落する分、大きく割り引かれていると指摘する。彼らの主張では、現在非公開の共同経営会社のこれらの株式が公開市場に出されれば、このような割り引きが広まり、この会社の本当の価値は親会社の株価にまで浸透することなく、以前よりも良くなることはないと言う。ただ私は、必ずしもそうではないと思っている。私の考えでは、流動資産の清算価値を下回る割り引きがあるということは、次の二つのことを示していると思う。投資信託の場合は、投資信託の運営コストというものがある程度反映される。そのような投資信託を投資家が買った場合、その価値は諸経費が差し引かれた分だけ持ち分の清算価値よりも低くなる。これに加えなければならないと考えているのは、この「調整済みの」清算価値からさらに割り引いて（あるいは上乗せして）、その投資信託自体の運営者が投資家にとって長期的に最大の利益となるような運用を行う能力を持っているかどうか、金融界の信頼度が問われているということである。リーマン・コーポレーションを例に取ってみると、長年にわたり経営陣が株主にとって良い仕事をし、金融界でもこの組織の人間は将来も同様の良い仕事をすると思われていた。よって、この会社の株式も通例どおり清算価値から割り引かれるのではなく、上乗せされて取引されていた。同様に、仮に経営状態が並外れて良い会社が同じく経営状態の良い共同経営会社に関与し、かつその会社の株式に対しても十分な市場がある場合、投資家は確信をもって、その証券の市場価格が自分の持ち分にも大きく反映されると考えるだろう。

では仮にこの永遠に増え続けている共同経営会社を、その所有者である親会社の株主にとって、現在よりも価値の高いものにすることがそれほど簡単なことであるならば、なぜもっと多くの会社が株式を一般公開しないのだろうか。通常は儲かる分野を真っ先に食い物にする投資銀行が、会社を駆り立てて株式公開させて、さらに資金調達をさせることに失敗しているのはなぜだろうか。その理由は、金融界の多くの人が株主議決権の重要性について完全に判断を誤り、過大評価している現状にある。次にこの点を考えてみる。

議決権と委任状争奪戦

多くの会社は株の保有者に対して、その持ち分一株に付き、一票の議決権を付与している。彼らの投票によって取締役が選出される。法的には、取締役が法人として最高の権限を持つことになる。この取締役会が社長を含む、あらゆる主要な役員を指名していく。また、主要な方針の大部分も決定する。

このような理由から、表面的にはこの議決権が本当に重要なもののように見える。金融界のあらゆる表面的な飾りを見ると、それが理解できるような気がする。そこでSEC（証券取引委員会）が新規発行証券の大部分に添付を義務付けている詳細にわたる目論見書では、この点についてSECが最も重要であると考えている事項が記載されている。議決権が標準的なパターンから外れる場合には、その説明が詳細にわたってこの目論見書に書かれる。また、このことに関するさまざまな良い点悪い点を取り上げる雑誌記事や書籍も多い。例えば、ギルバート兄弟は長年にわたり特定の企業慣習に反対する活動を派手に展開し、国民的な有名人となった。すべてではないが、この兄弟が主張した改革の大部分は直接、あるいは間接的に株主の議決権にかかわることだった。

これから述べる内容を読んで、株主議決権の問題についてもギルバート兄弟のような改革者たちの多くの主張がすべて適切ではないと、私が考えていると思われては困る。場合によっては、期差任期制の取締役の廃止など、経営の保護機能を維持している一部の会社の例などを見ると、彼らの論点は極めて適切だと思う。私がここで述べ示そうとしていることは、健全な投資慣習に従って物事を処理しようとしている投資家にとって、この議決権にかかわるすべての問題はまったく重要でないということだ。

基本的にこの問題について混乱が生じる理由は、二つのまったく異なる事柄をよく似ているものとしてとらえているためである。一つは、民主主義の下で暮らす市民にとって自分の国や土地の問題に対して投票する権利を持ち、それを行使することができるという重要性である。もう一つは、同じ機能を持つ株主にとっての意義である。見落とされている点は、この二つの手順の間にある大きな違いである。市民にとって自分が決定権を持つ事柄について、自分の議決権を行使することは重要な自己利益である。決定が求められている人物や問題について、出されている選択肢のなかから可能なかぎり最高のもの（場合によっては最も悪くないもの）を選ぶのに市民も力を貸すべきである。現代の歴史を見ると、そのような重要な問題に多くの国民が無関心になり、全員が不幸になったということがいっぱいある。しかし、このような政治的な事柄がなぜそれだけ重要な問題かというと、一般の人々が自分の国家に対してさまざまなつながりを多く持っているからである。政治的にとても耐えられない状況になったとしても、自分のお金を引き上げて（お金を一緒に持っていくことが犯罪にならない前提であるが）、どこかへ転居するなど、簡単に決断できるものではない。

以上のことを会社の株主に置き換えて考えてみる。多くの株主は、個人が誕生すると共に国籍を取得するように、ある特定の株式と共に生まれるわけではない。株主は自分固有の行動規範と合致する経営陣のいる会社の株式を選ぶことができ、またそうすべきである。証券を相続したという場合であっても（あるいはよくあるように、満足できない経営陣のいる会社の株式を買ってしまったことを知った場合でも）、自分の持ち分を処分し、好みの経営陣のいる銘柄に乗り換えることは比較的容易である。このことから、現在所有している株式を選択するのにわずかでも自分の判断力を行使した投資家であれば、議決権に関する基本的な方針にほぼ間違いなく従うべきだと思う。つまり、経営陣を全面的に支援するか、持ち分を売るかのどちらかにすべきである。

ここで私が述べていることは、企業の議決権について主張すべき意見を持っている人々の多くの考え方と、真っ向から対立するということはよく分かっている。次のようなことを言う人を見たことはないだろうか。「会社の経営陣がどれだけ有能であっても、株主が好ましくないと考えている物事に関して、経営陣が株主の承認を得る必要がある場合、株主がそれに反対票を投じることは株主の利益であるだけでなく、株主の義務でもある。株主が良い経営陣を獲得するための委任状争奪戦に参加せず、経営状態の悪い会社の株を売ってしまうのは、自分の作った失敗を自分できれいにする努力もせずに、他人へ押し付けることである。そのような人間は、良い経営陣が来て、株価が上昇したときに手にするはずの利益を逃しても当然である」

これは別に新しい主張でも何でもない。一見妥当であるように思われる。では、これを詳しく検討し、それでもまだ正しいと思われるかどうか考えてみよう。最初に株主自身の自己利益という観点から検討し、次に一般大衆の利益について検討したい。

最初に取り上げるケースは、自分の会社の経営陣に強い自信と尊敬の念を抱いている株主である。その株主は、経営陣が実行を提案している具体的な事柄について、いくつかの点で反対しているというものである。知性の高い二人の人間が物事すべてで意見が一致するなどということはめったにない。よって、ある物事について会社に実行してほしくないと株主が考えるようになる場面がいずれやってきても驚かない。しかし、彼はこの提案についてそれほど真剣に考えず、それが実行に移されただけで、本来非常に魅力的であるはずのこの案から手を引きたいと考えてしまうのだ。そのような提案とは、合併、資本金にかかわる変化、新しい取締役の選出、あるいはストックオプションのようなものや、新しい役員報酬体系などである。

株式を保有している会社の経営陣について、総合的に素晴らしいと自信を持っている投資家のことを考えてみると（そう思っていない投資家であれば、そもそもどうしてその株式を保有しているのか自問自答してみるべきだろう）、まず彼は次のような質問を自分にしてみるべきだ。「この特定の問題について、自分の考え方が正しく経営陣が間違っていると、どれだけ確信を持って言うことができるだろうか。経営陣の提案する問題ならば、いずれにしてもある部分については、彼らのほうがかなり多くの情報を持っているということのほうが多いだろう」。そもそも経営陣が真面目で有能であれば、株主のほうが自分の考え方を見直し、少なくとも自分のほうが間違って考えているのではないかと検討してみる心構えが必要ではないだろうか。しかし、仮に株主が経営陣の提案は良くないという意見を曲げず、実際によくあることだが、それを根拠として株式を売りたいと考え、本来魅力的となるはずの状況から抜け出してしまうと想定してみる。

ここで問題の核心に入っていく。株主が小さな問題で自分の意見をふらふらと変え、これまで株主のために素晴らしい業績を上げてきた経営陣の望むことに反対するのは、株主自身にとって何らかの意味において賢いと言えるだろうか。経営陣の基本的なやり方を見れば、そうではないと明確な証拠をつかむことができると私は思う。際立った経営チームを構築してきた大企業で、良い成績を収めている人物に権限を委譲しないような会社は存在できない。さもなければ、下級の執行役員にとって、実際の経験を通して自分自身を磨き上げて、成長する機会が与えられない。全般的な企業理念の枠組みのなかで働き、良い結果を残しているかぎり、執行役員たちは自分で判断を下すことを許されている。これはときどき経営トップがある程度違った形で仕事をするような場合でも許されることである。経営陣トップが自制して、部下たちにある程度の行動の自由を与えることが重要であるならば（つまり、時には自分自身の経験から学ぶということ）、また全体的に良い仕事をしていて素晴らしい結果を残しているのであれば、株主も同じように自制して、素晴らしい業績を残している経営陣トップに対して同じように行動の自由を許してもよいということにはならないだろうか。私の信条として、素晴らしい経営陣にはそういう待遇をしないと、経営陣が成功している場合には反感と内部の緊張関係が生まれ、結果的に数少ない愚かな提案を施行したことで失うものよりも、ずっと大きなコストとなって株主に返ってきてしまうと思う。

それでは、ここでさらに極端なケースを見てみよう。ここでは株主が自分の投資にかなり満足しているが、反対している提案は良くないと思っているようで、もし実行に移されたならば株を売りたいと考えている。このような事態はそれほど頻繁に起こるものではないが、それでもたまには起こる。この問題に対して反対票を投じる決断を下す前に、この株主は次の二つの質問を自分に投げかけるべきである。一つは、「提案を覆す大きな見込みはあるか」というものだ。もう一つは、「この経営陣がそこまで悪い案を支持しているのであれば、彼らの判断力や精神力が自分が当初思っていた状態よりも悪くなってしまい、今回の案が却下されたとしても、今回と同じように非常に好ましくない別の提案が彼らによってまた提起されるということはないのだろうか」というものだ。最初の質問に対する答えが「イエス」で、二番目の答えが「ノー」である可能性は非常に少ない。それでもこれらの答えが現実的でなければ、個人投資家の視点から考えると、株を売って別の素晴らしい投資のチャンスがやってくるのを待つほうが良いだろう。完全に悪い提案を阻止できない会社の株を持っていたり、阻止できたとしてもいずれまたこのような闘いをしなければならない状況に直面する可能性があるならば、売ったほうがましである。株主との内部的な抗争ほど、経営陣が本来取り組むべき楽とは言えない仕事から、彼らの集中力を切らしてしまうものはないのである。

幸運なことに、素晴らしい経営陣が出す提案で株主の利益が大きく危険にさらされる事例は極めて数が少なく、ほとんど委任状争奪戦に発展することがない。委任状争奪戦が起こるケースのほとんどは、すでに確立された経営陣に素晴らしい記録が残っていない場合である。結果として起こることは、重要な株主グループが内紛を起こすか、あるいはどこか外部のグループが支配権を得るチャンスと見て、発行済株式総数の過半数を所有している株主に対して自分たちのほうがうまくできると説得にかかるかのどちらかである。これが、大々的な委任状争奪戦が近年繰り広げられてきた原因である。委任状争奪戦で平均的な株主（だれが勝とうが高い給料の仕事に就くことはできない人）はどちら側につくかを決める前に、投資上の基本に関するいくつかの点を考えてみたほうが良いだろう。業績の悪い経営陣が指揮を取っている場合、大きな痛手は下級執行役員のほうに現れる。能力のある若手であれば、出世のチャンスがより多い職場や、物事を進めるときに新しい考え方や新しい提案に対して難色を示されるのではなく、歓迎されるような職場へ移っていくだろう。したがって、株主が出来の悪い経営陣を倒して、有能な人員をトップに起用したとしても、執行役員級の人材が部下として採用され、訓練されたあとに全体的に業績が著しく改善するまで数年かかることが多い。その一方、新経営陣の能力が委任状争奪戦の間に考えられていたほど実は高くないという危険性もあり、その結果として、経営基盤の改善にほとんど大きな進展が見られないこともある。もしかしたらその新人は単に口のうまい集団で、高賃金の仕事に就くチャンスとしか見ていないかもしれない。以上のような理由から、素晴らしい経営陣としては明らかな証拠が足りないために委任状争奪戦が繰り広げられる場合、投資家は通常そこにはかかわらず、株を売り、手元に残った資金の置き場所として平均を大きく上回るような株式を新たに探し回ったほうが通常は良い結果になる。彼は恐らく昔の自分の会社を見ながら、時間が経過して経営陣の真のグレードアップが実現すれば、二年後か三年後に最初の結果が目に見える形で現れ始めるのではないかと思うだろう。そうしているうちに、本物の買いのチャンスが訪れるものだ。いずれにしても当初の騒ぎが収まれば、過去二〇年のことを思い返してみると、大衆を巻き込んだ支配権を巡る委任状争奪戦以降の数年間に、株式市場全体よりも著しく良くなったという事例はほとんどない。恐らくこのことが示唆していることは、株主の議決権というものは、法的能力を試すのが好きな人にとっては大切なことかもしれないが、主に株式投資で金儲けをしている人にとってはそうでもないということだろう。

しかし、株主の直近の利益という観点から見た場合、もし自分で常に支持できる良い経営陣ではないと思ったときの最も賢い道は、株を売ってしまうことだ。この行動を公共の利益という観点から見た場合はどうなるだろうか。仮に株主が経営陣の提起するあらゆる事項に承認を与えれば、将来起こるかもしれない経営陣の間違った行動に対する抑止力を排除したことにならないだろうか。仮に彼らが経営に欠陥があると考え、良い経営陣に入れ替えるために株主の承認を得るような場面では、自分の株式を再取得して変化のために投票することが同じ株主仲間に対する道徳的義務として必要なことではないだろうか。

ここでも表層を少しだけ掘りさげて見てみることで、さきほどの疑問に対して一般に受け入れられている答えが正しくないことが分かると思う。その理由は、株主の議決権が物事を進めるうえでは非常に使い勝手が悪く、非効率的な方法だからである。全上場企業のうち、どの五年の期間を取ってみても、委任状争奪戦が原因で経営陣の交代を経験した上場企業はほんのわずかしかない。同様に、経営陣自体が入れ替わらない場合に、株主が反対票を投じたことによって経営陣の提案が否決された事例の数は恐らくさらに少ないと思う。その理由は、経営陣は攻撃を受けることを知っており、弱い経営陣の場合には特に状況に応じて自分の身を守ろうと準備しておくからである。自社株買いなどを通して大株主と友好関係を築いたり、議決権信託といった比較的広く知られている仕組みも好きなだけ利用したりする。また、同様の友好を結び、潤沢な資金を持つ別のグループからの攻撃でもないかぎりは、どのような状況に対しても安全を保てるように自分自身を守ることができる。ここでもまた、とてもよく行われる企業の株主とコミュニティーの一般市民との比較対照は、完全に破綻してしまう。ある政治専門家によると、米国ではしっかりとした最強の政治組織であっても、有効票の二〇%を集めることすら困難である。覚醒した市民の場合は乗り越えられるが、非組織的な市民をまとめることはほぼ不可能である。しかし企業の場合、一般市民の持つことのできないその企業との繋がりを断ち切ることは多くの人にとって簡単なことであり、力を持っている人ならば票の五〇%以上を抑えることは簡単で、負けることはない。

しかし、議決権という武器が弱くて標準以下の経営陣に対して十分な圧力がかけられない場合には、株主に極めて有力な手段がほかにもあり、その存在感を知らしめることができる。それは、第一に自己利益の要求に従って行動し、その経営陣が気に入らない場合にはその株式を売って、それ以降、この株式とはかかわらないことである。経営陣がそれに耐えられるだけの頑強さと利己性を持ち合わせていれば、自分たちに反対する辛らつな少数票を無視することができる。株主による継続的な売りは、マネジャーたち個人の財布にも直接影響してくる。つまり、自分たちが権力の座にとどまるため、そして営業利益を上げるために頼りにしている友好関係者たちの懐も痛むのである。継続的な株主の売りが株式相場に反映され、ＰＥＲが競合他社よりも大きく低下したときには、彼らも無関心ではいられない。このように投資家の永続的な非承認が明らかになると、それ以降、会社にとって必要となる資金調達が良好な競争関係にあるときよりも格段にコスト高となる。さらに痛いところを突くと、これは経営者自身の純資産にも反映される問題であり、会社の株式を大量に保有している場合は、投資界に好意的に受け入れられていれば実現していたはずの金額と比べて、本当に小さくなってしまう。これは法的に安全な人たちをも本当に傷つけてしまいかねない。二～三票の反対票よりも、経営方針を変えてしまうほうがずっと可能性が高いのである。

端的に言うと、経営状態の良くない会社の株式を売ってしまう投資家はその株価を押し下げる後押しをしているのである。また、経営陣にとって投資に関して不利になる点を助長しているのだが、それは純粋に自分の立ち位置を改善するためにやっていることである。それでも、この投資家は恐らく無意識のうちに経営陣にとって本物の圧力をかけている。ほかにも同じことをしている人が多く存在すれば、それは本当の力となる。しかし、株式を保有しながら経営陣の提案に反対票を投じる投資家は、同じような仲間が多くいようとも通常は風車に槍を突き刺しているだけである。自分の経済的な地位を向上させる意味では、彼はほとんど何も達成できていない。恐らくこの理由から、議決権についてさまざまな議論がなされ、新株発行の目論見書などでも説明の場所が取られているにもかかわらず、「マーケットの血の通わない意見」は、具体的な価値として議決権に反映されることはほとんどない。その真偽を疑うならば、過去四〇年のさまざまな事例のなかから、同じ会社の二種類の株式が一緒に売り出された場合を探してみるとよい。それぞれまったく同じであるが、唯一の違いは、議決権信託が設定されていたり、その他の法的措置が講じられていたりすることから、株主の票の持つ効力にそれぞれ差が生じている点である。議決権株のほうが、その議決権が付与されているために市場価値が高いといった一貫した性質を持っているとは、到底言うことができない。二種類の株式は多くの場合、取引価格という意味では完全に互換性があるのだ。

恐らくこの問題全体に関して、成功している投資家であれば、次のように考えるに違いない。「少し掘り下げて見れば、株主と企業や一般市民と地域や国家の関係性には、根本的な相似点があるという考え方に実質的な有効性は何もないことが分かる。いずれにせよ、企業の議決権は投資家の将来の資産とはほとんど関連性がないのだから、その性質は無視してしまうべきだ。素晴らしい経営陣が重要な業績を生み出すのだから、これに集中したほうが良い。そのような経営陣を発見したら、彼らが提案する動きの一つ一つに賛同できなくとも、自分の代理人を通して経営陣を常にサポートしなさい。あなたが信頼を置き、特別なスキルを用いて自分のために素晴らしい結果を生み出してくれるほかの専門家がいて、その人が提案する計画に従うときと同じように、経営陣にも従うのである。かかりつけの医師、弁護士、配管工などあなたの選んださまざまな専門家の場合と同じように、どのような理由があっても彼らに対するあなたの意見が大きく悪い方向へ変わった場合には、永遠に続けるような議論をするのではなく、すぐに排除して良い人と取り替えてしまうことだ」

アメリカ大統領選を見越してどう株式を売買すべきか？

私たちはもう何年も前に大学を卒業し、学生組織や卒業生のことなど忘れてしまっている。しかし、フットボールの「恒例の大試合」があればスタジアムに出向く。自分の大学がライバル校と伝統の対戦をするのだから。私たちはお互いのチームのメンバー一人ひとりとは会ったことがない。実際にどのチームについても具体的な知識はまったく持っていない。それでも楽団が馴染みの応援歌を演奏し、長年自分たちのチームカラーとしている色のジャージーを見ると、私たちには感情的に仲間意識のようなものが完璧に戻ってくる。自分のチームのユニフォームを着た選手たちも、活動費はだいたい外向的な卒業生の集まりによって賄われているが、恐らくそのようなことに考えが及ぶこともないのだろう。自分たちのチームなのだ。彼らが良いプレーをするということが、突然私たちの大きな関心事となるのである。

今日では社会学者によっても示されているが、私たちがアメリカ二大政党のどちらとつながっているかという意識は、普段は意識しない卒業生が大学スポーツの試合でスクールカラーや応援歌、しきたりなどに感化されて、愛校心を強めるような場合と大差がないとされている。私たちの育った環境や育った近隣関係、現在住んでいる近隣関係、人種的な背景、宗教的な背景、自己と同一化されやすい経済的階級といった要因が強いロープのようなものとなり、いずれかの政党の候補者を支持するようになるのだと言われている。自分の考え方の独立性を主張する人もいるかもしれないが、どんどん政治的に党派意識が強くなり、自分の選択した政党の過激な主張をも受け入れるようになっていく。私たちのこの性質は、投資判断に対しても非常に強い影響を及ぼしている。

では結局のところ、自分の選択した政党に大きな期待をかけることは根本的に健全な投資方針ではないのか、と尋ねる人も多いことだろう。政府の動きは、株の価値に大きな影響力を及ぼしかねない。したがって、自分たちが信頼を寄せている人物が政権の座に就いているので買うというのは、賢くない選択と言えるのだろうか。私たちが不安を抱くような目標を掲げている政党が勝つかもしれないときに、売ってはならないと言えるだろうか。

この質問に答える前に、まずは理解に必要となる共通の基本から見てみる。それは、政府には、私たちの手元にある株の実質的な価値を変えてしまう力があるということに何の疑いもないということである。政府がその首脳の考える特定の社会的期待を実現するために国民全体の生活水準を引き下げることもいとわない場合、うまくいっている株式投資の価値に深刻かつ悪い影響を与えかねない。反対に、ここ数年では見られなかった賢い政府であれば、その価値を著しく引き上げるかもしれない。政府による影響力の可能性についてだれも否定することはできない。ただ、言いたいのはここではない。言いたいことは、ここ数年間の米国を見ると、あるいは米国が現状を当面の間維持していくとすれば、今後もどちらの政党が勝利するかが、投資上の決断を変えるかなり重要な材料となるということである。

この問題に関して次のように考える投資家は多い。共和党は主にビジネスマンの政党である。共和党員はビジネスの問題を理解し、共感してくれている。民主党員はビジネスにおける成功に嫉妬し敵対心を持つグループの多くから活力を引き出している。したがって、共和党員が政権に就いている間はビジネスが安泰ということになる。このとき株を持つべきである。民主党が政権を執っている間、株は苦戦を強いられる。

そうした投資家以外にも有権者数としては同等と思われるグループが別に存在する。このグループの保有資産はずっと少なく、また株式市場に対する影響力も大変小さい（それでも少しはある）。彼らの信条は先の投資家たちとは正反対である。一九三二年に底を打った世界大恐慌だが、共和党政権下で起こったので、彼らは共和党は不況の政党で、民主党が良い時代の政党と信じている。彼らの思考回路は便利にできていて、大恐慌以外の大不況は民主党政権下で起こったという事実を忘れている（仮に知っていればの話だが）。彼らは、共和党が政権を握っているときには株主をはじめとする全国民が悪い時代の再到来を絶えず心配していなければならないのだと強く思っている。民主党が政権を握っているときはみな安全というわけだ。

ごく最近の米国では（将来的にはいつかがらりと変わるときが来るかもしれない）、ずっとこの二つの考え方に対する真の根拠が見つかっていない。民主党が不況を回避するための特別な処方箋を持っているという見方、あるいはこの点で民主党のほうが共和党よりも対処がうまかったという見方には、その論拠となる事実を見ると、大きな矛盾があり、このことを議論すること自体意味がなく、時間の無駄のように思われる。これとは対照的な見方として、株式は共和党が政権に就くときの見通しが明るいときに買って保有するべきだとされるが、この見方のほうが多くの株主の間でずっと広く支持されており、ある程度さらに掘り下げて細かく議論していく価値があるかもしれない。

思考の根底にあるものとしては、平均的な共和党議員のほうが一般的な民主党議員と比べて、ビジネスに関してより同調的な考え方を持っていると、ある程度言えるかもしれない。しかし長年にわたって、この点を分ける明確な線は引かれてこなかった。共和党の現職上院議員B氏を破った民主党の上院議員A氏は、B氏よりもビジネスに対してかなり敵対的な考えを持っていても当然だろう。しかし、三つ離れた州でも同じように民主党の上院議員C氏が共和党の現職D氏を破ったものの、ここではC議員のほうがD議員よりもビジネスマンにより好意的な姿勢を持っているということがある。それに加えて、彼のほうは多数党のなかでも評判が良かったので、自分の意見を非常に通しやすいということが期待できるかもしれない。

しかし現代のアメリカ政治では、上院議員のA氏、B氏、C氏、D氏、それぞれの個人的な同情よりもずっと重要なことが株主にとって存在する。それはアメリカ人の有権者の多くが中道寄りであるという傾向である。彼らは極右も極左もどちらも嫌う。重要なことは、その議員がだれの共感を得るかではなく、何をするかである。再選を果たすためにどのような努力をするだろうか。

典型的な共和党議員は当選した日からあらゆる手段で微妙に左に寄り、この大多数の中道派の支持を得ようと、自分は「典型的なビジネス人間ではない」ことをアピールしようとする。そのような振る舞いをすることに、心底では完全に納得していないのかもしれない。それでもそのような行動をするのである。これまでの民主党政権では明らかに見られなかった一連の反トラスト法案は（経済的に恵まれた階級を犠牲にした中道的で追加的な「社会的な優遇措置」であり、法人税の軽減などに対抗して個人を大きく優遇する傾向）、最近のこの傾向のいくつかの表れである。

典型的な民主党議員は、ノドから手が出るほど欲しかった多くの中道派の有権者の支持を得るように当選の日から何をするだろうか。この議員はときどき大企業に対する強い反感を述べることもあるだろうが、合法的な米国企業に対して危険となるような主張をすることは少なくなる。彼の税金に関する見解は驚くほど中道的である。彼は経済的に恵まれない人のことを本当に考えて、経済的に恵まれた階級を犠牲にする追加的な「社会的な優遇措置」をより多く通すことで、共和党議員の少しだけ上をいくこともあるかもしれないが、それでもほんの少しだけである。景気が悪化すれば共和党の同志よりも彼のほうが事態を強く案じ、経済上の負担を取り除こうとするかもしれない。

以上のような背景は永遠に続くことはないだろう。いずれ大衆の根底にある考え方も変化する。自由に利益を得られる制度のなかで機能している米国の民間企業の驚くべき効率性があるからこそ、国内の各階級層の生活水準が常に向上しているのである。と同時に、これまで自由人が平和な時代には遭遇したことのないような多額の防衛費が使われているという、一見信じ難い功績が可能になっていることを、多くの有権者が忘れてしまっているのかもしれない。かなりの数の米国人有権者は、恐らく意識的に考えているのではなく、根深く染みついている本能からだと思うが、文明的な自己利益を生み出す民間の利益が膨らんでいくことでしか、人々が全体的に効率を上げ続け、その結果を残していくことができないということを分かっているようである。もしこの観点に変化があれば、そのときは現代政治が根底から変わってしまうだろう。そうなれば、政党政治というものも株主にとって現在よりもずっと重要性が増すだろう。しかし幸運なことか、今のところその兆候はまったく見られない。このような状況になるまでは、政党政治の先行きが好ましくないという理由でうまくいっている株式を売る投資家は、ニューディール初期の非常に裕福で大成功を収めていた数多くの共和党員の投資家と同じ残念な結果をまねしているだけとしかならないだろう。彼らは新政権に対して非常に大きな不安を抱き、当時の素晴らしいチャンスを逃してしまったのだった。とりわけ彼らは完全に間違った計算をし、強く反対していた一部の法案に盛り込まれた若干の不都合と比較して、少なくとも株に関する部分について同じく反対していた別の法案の物価上昇部分のほうが大きいと反発した。これと同じ組み合わせの影響力は、将来的にわずかに反ビジネス的な政権が選出され、権力の座についた場合も、再び同じような程度で現れるに違いない。

投資家が誤解しやすい点は、同じ政党の看板を掲げている議員であれば、だれでもこの人物はとても頼りがいのある人物だと簡単に結論づけてしまうことである。同様に、反対政党の党員がすべて危険のもとであるわけでもない。これを説明するために、個人的には過去四半世紀のなかで最も悪意のあるビジネス関連法案だと思っている法律の事例を検討してみたい。これは「超過利益」税と呼ばれたもので、これを支持した人たちは非常に悪意のあるこの税金に対してもっともらしく聞こえる題名を付けて、その本性を隠そうとしたのである。この特定の課税がほかのどの税金よりも害が大きいとされる所以は、この税法が特別な処罰の対象として事業がうまくいっている事業者、新産業を構築している事業者、新規雇用の機会を生み出している事業者を選んでいるからである。そして、経済の発展にはほとんど何もしていないような非効率な会社に対して、競争に相対的な優遇を与えたのである。また、経営状態の良い会社に対するこの税金の影響を細かく見ることのできる立場にある人であればすぐに分かることであるが、会社としての意思決定に日々与える影響として、経営状態の良い会社のなかでは当たり前となっている無駄や非効率性と闘う風潮が鈍くなっていく点が指摘される。この税制が続くかぎり、そのような会社にとっての増加費用は政府によって支払われることから、常に無理してでも利用されることが多かった。この制度はさらに労使関係にも悪い影響を与え始め、従業員と話し合って問題を解決するのではなく、ストライキのコストの大部分が実際に政府へ転嫁されるという事例も出てきた。

この税金は当初、主に民主党のいわゆるリベラル派の支持を受けた。一九五三年にアイゼンハワー共和党政権が誕生した当時、多くの投資家は共和党が断固として、このような税金に反対するものと思っていた。しかし、現実は違っていた。新政権がこの税制の暫定的な延期を要請したとき、驚くほどの数の共和党議員が態度を変えた。しかしさらに驚くべきことに、よりリベラルな民主党員のなかにこの税金が自分の州に不幸をもたらしたと考える人も出てきて、彼らもまたそれまでと態度を変えて、このような税制に対する熱意を完全になくしていったのだ。党の姿勢はコロコロと変わり、同じ政党の人でも意見が多様化し、党の政策が揺るぎない状態であることはほとんどない。多くの米国の有権者が今日同様、中道的な立場を崩さないかぎり、党の勝敗の結果やその見込みといったものは、長期的な投資判断をするための根拠としては当てにならないままだろう。

仮に現在の政治環境の下で単なる党の勝敗が長期的な投資計画に何ら影響を及ぼさないとすれば、短期的投資やタイミング投資の観点から見たら何か意味はあるだろうか。ここで仮に本書でも推奨しているような、どちらかというと初歩的な根拠に従って、ある株を買うか売るかの投資判断をすでに下したとする。この判断が下されたのが比較的投票日に近い日であった場合であれば、次のことを念頭に置いておくと、少し有利な価格で売買できることが多いだろう。

株価動向に影響を与えるほど多くの資産を持っている人は、共和党が勝利すれば株価が上がり、民主党が勝利すればその価値が下がると信じているようである。しかし、大統領選挙や議会選挙は大きく注目を集め、またその結果についての専門家の意見はほぼ常に正しいことから（例えば、これは当選確率に反映される）、長い間、株式市場では実際の投票日に先立って短期的な選挙情報が過剰に織り込まれる状態がいつも続いてきた。これが意味することは、真の逆転が起こるような非常にまれなケースだけを除けば、国政選挙の翌日の市場は多くの人の思惑とは逆の方向に急激に動くということである。つまり、仮に選挙結果がほぼいつもどおりにプロの政治屋の考えるようになるならば、民主党が勝てば選挙の翌日に市場全体が急上昇し、共和党が勝てば急落するのである。このとおりになった例として、フランクリン・ルーズベルトが圧勝した四回の選挙の翌日はいつも株式が急騰した。同様に一九四六年、共和党が上院と下院の両方で圧倒的勝利を収め、一八年ぶりに両院で主導権を握ったときにも両党の政治屋がおおむね思ったとおりの結果となったが、翌日は大幅な急落となった。このような事実を念頭に置き選挙相場に乗って取引を早めたり遅らせたりすれば、時期を狙ってこの取引をもともと計画していた人であれば、その他に堅実な理由があったとしてもわずかながら儲けを手にすることができるだろう。

では、選挙で真の逆転が起こるまれな場合はどうだろうか。つまり、当選確率やプロの政治屋の意見どおりの結果にならないときである。そのようなときは、民主党の勝利によりさらに売り圧力が強まり、マーケットも下落するように思われる。これはまさに一九四八年のトルーマン大統領の予想外の選挙後に起こったことである。恐らくあの選挙は二〇世紀では唯一の真の逆転選挙となるだろう。反対に真の逆転で共和党が恩恵を受ける場合、まさに空にあがる花火が翌日に期待できることになる。これは一九五四年の議会選挙で起こった話である。当時の選挙では民主党が圧勝し、共和党から議会の主導権を大差で奪取することが予想されていた。しかし、ニクソン副大統領が手際よく土壇場の選挙運動に火をつけ、東部での共和党員の敗北を最小限に抑え、西部で実質的にその流れを止めた。期せずして議会における民主党の獲得議席数の差は無視できるほど小さなものとなった。その結末として起こった株価の急上昇は、一日ではなく数日にわたり続いたのである。

逆転が起こった場合と起こらなかった場合とを比べて、選挙の翌日にどうなったかを見てみよう。ルールは非常に簡単で、長年一般的だった政治風土に急激な変化がなければ、その変化が実際に起こるまでの間ずっと政党選挙の結果を材料に投資判断を行わないこととする、極めて基本的なルールに従う。そこであなたがとにかく選挙期間周辺で株式の売買をするつもりであると仮定し、当選確率を見てどちらの政党に勝算があるかを決めることとする。共和党であれば、投票日の前日に売り、その後に最低一営業日をおいてから買う。民主党であれば、投票日の前日に買い、売りは選挙後の上昇相場を待ってから行う。もし勝利が予想されている政党が民主党であるが、共和党のほうが予想外の善戦を演じて逆転が起こった場合には、このタイミングルールに従うことの驚くべき価値がお分かりいただけると思う。

第5章　一九六〇年代に大きく成長する産業

自分の投資するファンドから長期的に得られる収益を最大化したいと望む投資家であれば、本章で述べるいくつかのポイントを完全に理解することが極めて重要だ。それでもこれらのポイントを理解することで得られるものの限界というものに気づくことも、また同じくらい重要なことだ。本章を読んだからといって、それだけで読者のみなさんの個人資産が築き上げられるようなチャンスがめったに来ない投資先の名前が分かったり、買いを入れるべきか保有するべきか、といったことが分かるようになるわけではない。今ここで話すことから逸れてしまうかもしれないが、実際に本章を読んでもほかの書籍を読んでも、自動的にそれが可能になるということはない。ある本が書かれたときとそれが読まれるときの間に経過してしまう時間というものによって、具体的に買うべき銘柄についての正確な価値ある情報源としての可能性は大きく損なわれてしまうのである。

投資家が本章を読むことで手に入れることのできるメリットと手に入れることのできないメリットと、まったく知らない場所についての釣りの手引書を読んで釣り人が得られるメリットと得られないメリットの間には、非常に近いものがあると言える。たとえある渓流や湖周辺についての素晴らしい手引書を読んだとしても、大漁が自動的に保証されることはまずないだろう。その理由は、仮に最高の釣りの手引書があったとしても、その本はある特定の時間に特定の大物がどこにいるかということを正確に伝えることができないからである。同じようにある具体的に選ばれた銘柄について読者が読むころには、その状況は潮の流れのなかの魚のように大きくその位置を変えている可能性が高い。ある魅力的な投資についての話を多くの人が耳にすれば、その価格は大きく上昇してしまい、たとえ買ったとしても一〜二年前や一〜二年後に買った場合と同じような素晴らしい利益を得ることはできなくなっているかもしれない。

ここで使った釣りの手引書と本章で私が説明しようとしていることとの類似点は、もう少し続けたほうがよいだろう。ここまでは釣りの手引書ができないことについて見てきたが、できることは何だろうか。手引書には、特定の渓流はどこで曲がっているか、特殊な湖での最高の釣りポイントとなる岸辺はどこかについては書いてあるだろう。これと同様に重要なことは、手引書にはどの場所でどの種類の魚が一番よく釣れる見込みがあるかということも書いてある。そして、恐らくこの地域に来るのが初めての釣り人にとって何よりも重要なことは、ある種類の魚がほぼ見つからない場所が書かれているということだ。

一般投資家にとって、成長とあまり結びつけられていない産業が数多くある。それはちょうど初めて来た釣り人にとって、多くの渓流の岸辺を見ても、釣りと結びつかないのと同じである。しかし個人的には、投資において業種によって利益の出し方が違うことのほうが、渓流のそう遠くない範囲内に生息する魚の種類の違いよりもずっと大きいのではないかと思う。この関係性を理解することは、熟練した投資家が求める投資先の種類をきちんと突きとめるために行う調査の領域（つまり業種）を正確に見つけるのに役立つ。これはまた、自分で資産運用をする時間も背景もないということを理解し、投資助言ビジネスを行っている専門家に頼るべきだと分かっている多くの投資家に同様に役立つ。その専門家の仕事を評価し、自分がお願いしている、あるいはお願いする予定のアドバイザーが自分のために何をしてくれようとしているのかを理解するのに役立つはずである。

このような目的を念頭に置き、いわゆる「成長株」探しの対象とされることが多く、またたまに発見されるような主要な領域をいくつか調べてみよう。ここで少し掘り下げて、これらの産業がどれだけ相互に違っているかを見てみる。この作業をすることで、なぜこのような多様性があると、投資がまったく異なってしまうのかが分かると思う。この作業で、まれだが、確実に訪れるチャンスの可能性を最も高くするために何を探すべきかも分かるだろう。

化学産業

初めに化学産業から見てみよう。細かい定義までは深入りしないが、私の個人的な見方もある程度入れて投資の目的を考えると、この業界の主な業務は、自然界に存在する元素や比較的単純な分子を取り上げ、その化学成分を構成し直し、特殊な性質や特徴を持つ複雑な素材を作り、会社の経済的な利益とすることである。明らかに独断的な定義であるが、硫黄などの無機化合物メーカーや肥料メーカーといった系統の会社は、投資性という観点から見て、その業種の主な事業が単純すぎるという理由から除外される（業界はこの定義に反対するだろう）。また製薬会社も、製造過程が複雑すぎることと、化学産業とは異なる経済的背景のために、投資を考えるうえでは完全に違う業種であり、投資をするという意味では性質が異なり、独断的な理由から除外される。

以上のような定義に当てはまる会社は、この五〇年間、アメリカ産業界のなかでも最も見事な成功を収めた。実際に化学産業と投資におけるまれな成功は、一般投資家の頭の中で非常に強く結び付けられており、多くの人にとっての化学産業とは「手っ取り早く金持ちになる」ことが約束された業界とされてきた。彼らの想像力は過去の素晴らしい成功体験とともに膨らんでいった。また、より華やかな新製品もすぐに発売されて売り上げはさらに伸び、利益も拡大するのはまず間違いないとする報告書（多くは非常に現実味を帯びていた）を見て、彼らの想像力はさらに膨らんだ。彼らはある意味、この産業を魔法のベルトコンベアと見ていた。その一端は多くの試験管から始まり、そこから次々と奇跡的な新製品が生み出される。これらのカラフルで別世界の製品をベルトコンベアで流して消費者の手に届けながら、彼らはこの幸運な会社のために、利益を過去最高となるまで自動的かつ無限に積み上げていったのだ。

私にとって、化学産業が米国における手っ取り早く金持ちになるための産業の一つとなるとは、夢のまた夢の話だ。

実際に化学産業は手っ取り早く金持ちになるための業界ではない。それとは正反対の、まったく異なる業界である。この業界を取り上げるのは、現代の米国人投資家が「ゆっくりでも確実に」お金持ちになるための最高の機会とは何であるかを示すことである。以下でその説明をし、私が正しいことを言っているということを示そうと思う。

よくあることだが、統計は具体的にどのデータ群を利用するかによって、ある程度、結果が変わってくる。しかし、化学産業の売り上げ曲線と経済全体の売り上げ曲線とを比較してみると、ビジネス界全体の年間成長率はおよそ三％であるが、米国の化学産業はその二・五～三倍のペースで成長してきた。研究開発費が増え続けるこの業界の傾向を見ると、さまざまな段階において研究室で数々の新製品が開発されることができれば、化学業界と産業界全体の間の成長率の差は今後も長期間、同じ状態が続くだろう。さらに良くなるという可能性さえあるという見方が一部にはある。一方で、業界のすべての会社が同じ速さで成長するということはあり得ないので、成長の速い会社であれば、業界平均（少なくとも年率三％の二・五倍である年率七・五％）をかなりの確率で上回り、年率一〇％という金融界において本物の成長株とされる成長率を超えてもおかしくない。これだけの成長率が続けば、ほとんどの投資家にとっても非常にうれしいことだろう。しかしこのような会社では、電子業界で見られるようなパフォーマンスの良い会社が毎年センセーショナルな株価上昇を見せるということはないだろう。特定の業界では、それぞれの分野において活躍する会社の主力事業部のお陰で、平均的な年間成長率が二五～四〇％という驚異的なパーセントになっている。

その他にも市場の成長速度とはまったく関係ない要因が一つある。これは、主力化学メーカーでも最も速く成長している会社の内部から起こる成長力を抑制し、ほかの業界でときどき見られる二五～四〇％といったセンセーショナルな成長率をある程度低く抑える要因となっている。それは、この業界で見られる工場拡大のために必要となる巨額の資金である。

最も進化した化学工学の技術をもってしても、追加製品を一ドル分作るためには一ドルを新工場につぎ込む必要がある。これは、産業の複雑な生産技術の出発点となるいわゆる「重化学」や「基礎化学」と呼ばれる分野には、ほぼすべてに当てはまることである。さらに一般的に、収益力が高めの中間製品や最終製品の大部分についても言える。これが経営状態の良い化学メーカーの成長率を抑制する要因である。また、いかにして利益をあまり希釈することなく、第三者へ株式を売却して成長を続けるための資金調達とするかという問題も常につきまとう。そこで拡大のための資金調達の大部分は、回収した利益や借り入れで行う必要がある。ここでもし正しい新製品を投入して、得られた利益の余りをさらに新製品を作るために回し、ある意味「スーパー複利」による際限なき成長のサイクルに入ることができるならば、非常に儲かるのである。しかし、これには限界があり、一ドルの売り上げを伸ばすために、これだけの資本投入をして拡大していかないと、会社は毎年成長していけないのである。

必要な工場にかかるコストがこれだけ高いのに、さらに産業界の生産技術が非常に複雑であるために、業界のなかで先頭に立つ事業部の成長速度（成長の確実性ではなく）が抑えられるという一面もある。ある大きな潜在市場のある新製品が研究室で生み出されるが、この作業自体に最低でも通常二〜三年はかかる。そこでこの会社は、いまだ試験もしていない新製造工程に必要となる工場建設に巨額な資金を投じなければならない。また、そこから発生するリスクを回避するために、可能なかぎりの手段を尽くさなければならないのである。そこで、パイロットプラントを建設する。多くの場合は最初に小さなパイロットプラントを建設し、最小限の稼動条件でうまく工程が機能するかどうか試す。次にさまざまな調整を行い、小規模なパイロットプラントで最適な状態が得られるようになれば、大型の工場が建てられ、調整が施され、何カ月にもわたるテストがさまざまな条件の下で行われる。ついにゴーサインが出て、本格的な商業生産が始まる。ただ通常は、この新しい最終製品の工場も稼動までにはかなり長い時間を要する。この工場には、大量の特殊な中間化学物質が必要であるが、この素材自体を生産するためにも大量の重化学物質を欠くことができない。多くの場合、どちらの材料も、それを必要としている工場の所在地にほど近い地域に必要な分量が十分にあるわけではない。したがって、この必須重化学物質の工場も、新しい最終製品の工場が完成する前に建設され、軌道に乗り、拡大していなければならない。新しい工場は稼動に向けて困難を伴う立ち上げ期間を一歩ずつ経験しなければならないため、何年も経過してしまう。商業的に売り出しが始まるころには、研究室のなかでこの素晴らしい新化学製品に胸を躍らせていた時代は終わってしまっているのが普通である。それから一般の潜在顧客にそのメリットを納得してもらうためには、さらに時間がかかってしまうのである。

ところが、右のことは、投資家が素晴らしい化学メーカーへ投資して素早くお金持ちになるための大きな障害になるかもしれないが、それを打ち消してしまうような特徴もあるため、投資家をお金持ちにする助けになる。いくつかの専門性の高い分野を除き、化学産業は巨額の資本金が必要であるため、新会社の設立が難しい。アメリカ経済のなかでも比較的急速に成長しているほかの業種とは異なり競争が起こりづらい状況にある。それでも、この厳しい資本金の条件は将来を見込んでこの成長の勢いに乗ろうと、他業種の大企業が大挙して化学産業に参入する妨げにはならなかった。このとき起こったことについては、さらに詳しく研究する価値があると思っている。金融界の常識とは対照的に、伝統的な物を扱う好調な化学メーカーに投資するほうが投資家にとっては安心感の高い投資となるというのが私の考えだ。特定の石油会社やゴムメーカーで、化学産業と類似した製造技術を自社で持っている会社は、化学産業の事業でも大きな成功を収めてきた。特に、自社が扱う原材料と化学的に極めて近い分野での成功は目立っている。これは、従来の製品系統を扱う化学メーカーが自ら石油やガスの生産を行うことによって原材料やエネルギーの調達をうまくできるようになり、少なくとも部分的にはバランスが取れている。しかし、数年前から非常に大掛かりな化学計画を持つ石油やゴムメーカーの一部やこの魅惑的な化学分野に他業界から参入してきた多くの会社にとって、すべてがそうと言うわけではない。期待どおりの結果とはならなかったところも多かった。生産技術の複雑さがその障害ではない。研究開発の生産性を高く維持し、多種多様な顧客に対して販売するということが当初考えられていたよりも難しかったケースが多かった。
今日、第二次世界大戦直後の数年間に、化学産業への「参入」を試みてきた多くの会社を検討してみるという問題が残っている。アンモニアやスチレンといった特定の基礎化学や重化学の内製をしている化学会社は、かなり有利に競争を進めた。これは、製造工程のなかで重要な連産品が何も生み出されない場合に特に当てはまる。それは、特定の顧客が工場全体の生産品をすべて引き受けるような場合であり（よって売り上げに関する問題はなかった）、また工場を完成渡しで建設してくれる建設会社が存在するような事業だった。つまり、工場が仕様どおりに稼動することを建設会社が保証し、その稼動後には工場運営について、従業員を建設会社自身が指導していくという場合である。この分類に当てはまる製品については、将来的な成長を分け合う生産者が増えていくとは思われないし、また現在の利幅が縮小していくとも思えない。

しかし、前述のような単純な基礎製品から離れ、多くの化学産業の事業活動の中心を占める、より複雑な活動にかかわるようになると、競争の構図は劇的に変わる。ここで多くの製品は、お互いの製品の連産品となる。すべてについて販売先を探さなければならず、この問題の解決方法は時に多くの販売先に売ることで解決できることもある。しかし、さらに新しい製品を開発することで、過剰に製造された製品の一部を使い切ることでしか解決できなくなる場合もある。化学工学と化学的研究の両方の分野において、先頭に出ることだけでなく、先頭に立ち続けることが極めて重要になる。この業界に最近参入してきた会社で肩を並べることができるのはほんの数社であり、この数社すら思ったよりも大きな競争相手とはならないと思う。その一部は合併で設立された場合もあり、これはすでに確立されている化学事業部の力を借りて実現されたということである。あえて言えば、化学産業の市場は少なくともこれまでの経済と同じ速度で成長を続けていくと思われていた。その一方で、このような問題が発生する可能性が高くなったとしても、一九四〇年代後半のように部外者がこの業界へ殺到するようなことが再び見られるとは思われない。したがって、これまで一〇年間にわたり競争力を維持することができている会社であれば、今後一〇年間についても今までと同様の状態を保つことができるはずだ。

これはもちろん、広く分散化されている製品系統を持つ化学メーカーについてのみ当てはまることである。このような会社のみが平均の法則によって守られているのである。競合他社の技術進歩によって自社の製品系統の一角が廃れてしまっても、その影響はビジネス全体にとってはほんの一部にしか及ばない。それよりも、ほかの自社製品に利益となるような新技術から得られる競争上のメリットのほうが大きく、相殺以上の効果が出るということは間違いない。この業界では、専門的な製品を扱う会社が驚くような成長をすることもたまにあり、チオコール・ケミストリーがロケット用固体燃料を政府から受注するような例もあった。それでも投資家が常に頭の中に入れておかなければならないことは、自社に何の落ち度がなくとも、これまでにない急速な技術革新が突然起これば、その専門会社も厳しい状況に陥るかもしれないということである。

ここまでをまとめておくと、過去一〇年を見れば、化学産業の歴史全体が示している基本的な投資要因である普通では見られない厳しい条件の下で再び見えてくるものがある。それは、大規模な多角的経営を行う化学メーカーは、その分野で突出した存在となるためにはさらに複雑で化学的に関連性のある製品を永続的に増やしていくために、高度な経営判断を行い、多くの種類の技術を結びつけていかなければならないということである。一度そのような業界のリーダーとなってしまえば、多様な活動において「ノウハウ」を手に入れることになる。部外者が参入し、そのすべての分野で優勢、あるいは対等になるというのは難しくなる。つまり、多角的な化学メーカーが多くの分野で最前線に一度立ってしまえば、その会社は次の二つのことさえしていれば、恐らくトップに居続けることができるだろう。①その会社の持つ技術力を、会社の参入している業種のなかの特定の部門全体の速度と同じ速度で進化させること、②経営判断を間違わないこと。業界を先導する化学メーカーのなかでも経営の基本的方針や理念がしっかりと確立していれば、その多くは前述の二点での成長を確実に起こすことができるように思われる。

では化学業界に本格的に投資を考えている人の視点から見て、投資するときにこれらのことはどのような特別な意味を持つのだろうか。それは、化学業界のなかから長期的な投資として最も魅力的な会社を一社か、複数社を選択することが驚くほど簡単であるということだ。過去の記録は手に入る。技術的な先導者や低コストのメーカーの特徴などは、簡単に知ることができる。したがって、どの株式を買えば良いかという質問には、ほとんど問題なく答えることができる。これは、ほかの業種で成長が確約されるように会社を探す場合とは明らかに違う。ほかの業種では、買い銘柄を正しく選択することがかなり難しくなる。

しかし実務的な視点で見ると、将来に素晴らしい成長が確約されている化学メーカーを投資家が簡単に見分けることができるのは、驚くことに投資家にとってメリットにはほとんどならない。その理由は、このような会社を見つけることがその投資家にとって簡単であれば、同様にほかの投資家にとっても簡単であるからだ。結果的に、この素晴らしい銘柄の価格も競り上げられ、成長を先取りして織り込んでしまうのである。これが、化学業界を先導する会社の株式が高いＰＥＲ（株価収益率）で取引される理由である。

ここまでかなりのスペースを使い、視野の狭い人にとってはまったく意味をなさなかった部分が多かったかもしれないが、通常取引されているような高ＰＥＲの化学関連銘柄を買うことの「危険性」について述べてきた。一時的な相場の下落はいつ起こってもおかしくなく、そのような投資でも短期的にマイナスへと落ち込むこともある（この点では、ほかの業種であっても同じことは言える）。しかし、少なくとも長期的に見て、大きな利益を取るという意味では、特定の化学関連銘柄でもほかの投資先と変わらない利益がある程度確約されていると言える。それは、これらの会社の安定的な成長が継続していくという可能性が非常に高いからである。それでも、そのような買いを入れる前に覚えておいてほしいことが二つある。

一つは、その他多くの化学メーカーのなかでも、業界内の魅力的な多くの企業よりもわずかに劣っている会社から大きく劣っている会社まで、その本質的な部分は多様だということである。多くの投資家には「ほかと比べてそれほど大きくは飛び抜けていないがほとんど同じ」という会社を見つける傾向があり、そのような銘柄は業界を先導する企業とまったく同じか、かなり近いＰＥＲで取引されていることが多い。そのような銘柄を買った場合、高ＰＥＲを支えるだけの成長を保証するものがずっと少なくなってしまうこともあり、ある程度のリスクが伴う。つまり、この投資で永続的な損失が発生するかもしれないということだ。そして、そのような株価で化学関連銘柄を買いたいという衝動に駆られたときに覚えておきたいもう一つは、選りすぐりの化学株を買って十分な時間をおけばほぼ確実にある程度の利益が出るが、少しばかりの規律を自分に課すことで、そのような魅力的な会社への投資からさらに大きく利益を伸ばせることが可能になるということだ。

投資の観点からすると、これこそが、業界を先導する化学メーカーの株式と、その他の大きな魅力を持つ成長株とを分ける違いになる。最高の化学関連銘柄を選び出すことが比較的簡単であるという理由だけで、「どの銘柄を買うか」ということが重要性を失い、「いつ買うか」というタイミングの問題が大きな決断を要する問題となってくる。

主要な化学関連銘柄を買うことは、強烈なベアマーケットが到来してほぼすべての株式の魅力が消えてしまうような時代には、長期的に大きな値上がりを手にする理想の手法になる。これはベアマーケットの背景にある経済的理由が、景気後退や不況である場合には特に当てはまる。その理由は、多くの株式がこの時点で買っても良いレンジに入った可能性が高いというよりも、もっと基本的なものである。その理由は、化学産業自体の業界内に存在している。

良い時代には、全体的に良い空気が広まり楽観論が過剰に流れるが、投資家もこの業界から出されるあらゆる重要な新製品に流されてしまう。そして、化学ビジネスは不況に強いという誤った結論に達してしまう。これは大きな間違いである。計画は新製品用の生産設備を用意するずっと前に作られるため（それと同時に従来製品の需要のピークも賄わなければならない）、化学製品の生産に必要とされるこの長いリードタイムのせいで業界の過剰な拡張に対する新製品の抑止効果はほとんど価値のないものになっている。景気曲線が予想外に沈み込むときはいつも、化学業界では生産能力過剰となっていた。それでも景気が回復するときにはいつも、この業界の成長性は不況に対する抵抗力となるという投資界での神話が浮上する。その結果はいつもすぐに幻滅となって現れる。最高の化学メーカーでも、不況に見舞われたときの株価の下落速度は業績の悪い企業と何ら変わらない。

しかし、化学メーカーの収益が景気循環型であるとの再発見を証券会社から教えられ、人々ががっかりしているちょうどそのとき、化学産業特有の経済環境が再び発生して、株式が買い時を迎えるということが起こる。それは、平均成長率が最低でも一般的な会社の二・五倍もある状況で（もちろん最高水準の化学メーカーであればこの業界平均をも上回るだろう）、別の新製品が登場すると、従来の製品にも新たな利用法が開発される。この新製品に使われる原材料の大部分は、すでにどこかの会社が生産をしており、現在は能力過剰となっているものと同じ基礎化学物質や中間化学物質であるため、この会社はその過剰となっている能力の一部をかなり素早く利用することができる。すると、収益力は経済界全体よりもかなり速い速度で戻り始める。言い換えると、化学業界の成長率の本当に意味するところは、不景気ということに限って言えば、急激な下ブレが起こらないということではない。産業界全体と比べて不景気の期間が短く、新たな天井を迎える時期もほかの業種と比べて早いということである。つまり、株価の下落時期も最高の化学関連銘柄であれば、比較的短いということだ。投資家がこのことをうまく活用すれば何年にもわたり、膨らみ続ける普通ではない素晴らしい投資を行うことができるが、これは大きな利益となるような安い株価で買うということが前提となる。

本書の執筆中、ビジネスや金融界では楽観ムードが高まっている。どこを見てもこの「黄金の六〇年代」には不況はあり得ないとされ、仮に一度くらい到来しても、それは非常に軽微で短命で終わるため、心配する必要はないというものだった。もし貿易や製造業や金融界の多くの人が一九五八年春に底を打った短期的な不況時に味わった暗がりを忘れていないのならば、景気低迷が予想よりもずっと軽かったとアメリカ国民が感じるだろう。もはや、不況というものは心配の種とはならず、好景気が続くという確信をさらに強めるようになると思われる。

このことについてこれまで述べてきたことを繰り返すことのないように言うと、経済史を見ると、そのような考え方は非常に危険であるということが分かる。経済の低迷は、自由競争社会の多くのメリットに対して、私たちが支払わなければならない内在的な対価であるように思われる。最も望まれないときにやって来るものである。事前の予想が少ないときほど、株価に表れる影響は大きくなる。さらに「経済の自動安定装置」についてさまざま言われていることのどれも、不況に対する保証としては機能しない。つまり、その不況が比較的短いだろうという空約束をするのみである。したがって、いずれ一九六〇年代のいつの日か典型的な景気後退が訪れ、青天の霹靂となる事態に見舞われるようなことがあれば、ダウ・ケミカルもデュポンもその他の素晴らしい化学事業部を持つ会社も、最初はほかの株式と一緒に下落することはほぼ間違いない。そこで行動に出て、そのような株式を取得した人はバーゲン価格で取得したことになるが、これは一般的に手に入る株のなかでも最も速く成長するタイプの投資ではない。この投資家のメリットは、そのゆっくりでも非常に理想的な成長率が実現する可能性が高められることである。投資家は未来の不況のときに、予想外に発生するこの一時的な下落局面をつかんで買えば、それが再び見事な長期保有銘柄となる可能性は非常に高い。彼らはこれと同じことを過去に何度も何度もやってきたのだ。

景気循環の判断とはほぼ関係なく、最上級の化学銘柄のなかで絶好の買いのタイミングを示すことのある背景には、別の種類のものもある。それは次の二つの出来事が原因で一時的にコスト高になり、利益が減少するときにときどき起こる下げ相場を利用するものである。この二つの出来事とは、①異常な数の新工場が稼動し始めること、②新製品を最初に市場へ出すときに特別な販売コストがかかること――である。このような状況にある経営陣と非常に近い関係にある人にとって、この出来事は著しい割引価格でありながら、リスクがほとんどない長期的な投資先として、お金を投じる取って置きのチャンスとなる。

このようなチャンスは非常に大きなチャンスで、研究するに値する。通常、華々しい新工場が建設されるときや、派手で有力な新製品が発売されようとしているときは、その影響を受ける株式に熱をあげた人々からかなりの買いが集まるものである。この買いの大部分は、投機的なものであることが多い。これは技術的な問題をほとんど理解していない、短時間で簡単に儲けたいという人たちのものだ。何カ月にもわたり新設備導入のためのコストが利益を食いつぶしていくと、このような株主は恐ろしくなって株式を売ってしまう。当初はこの「バーゲン価格」をチャンスと見るほかの投資家のおかげで下げも緩やかになる。しかし、技術的な課題を理解しないにもかかわらず素早く儲けたい人々から問題は起こると、恐怖を抱く株主が徐々に増える。口伝えで会社が「大問題を抱えている」との噂が広まる。株価はどんどん下がる。技術的な問題が解決したとしても、その後、何週間にもわたり株価がほんのわずかしか戻らないということもあるし、新工場の黒字が数カ月続くようになるまでかなり長い時間がかかることもある。もちろん、そのような買いのチャンスが訪れる可能性は、大型の化学メーカーよりも小規模のところ（あるいは化学薬品処理の業界）のほうがずっと高い。通常、最大手の会社であれば、ほかの工場もたくさん同時に稼動し採算が取れるため、多額の費用がかかる新工場の立ち上げでも全体的な収益に与える影響は小さい。

このような買いのチャンスの典型と言える例は、一九五八年にペンシルベニア州レディングのベリリウム・コーポレーションで起こった出来事である。長年にわたって、この会社はベリリウム銅合金素材の分野で収益性の高い成長ビジネスを展開していた。ベリリウム銅合金素材はこの会社によってワイヤーや棒やシートなどの形状に加工され、クライアント企業がそれを完成部品やその他の製品に加工していた。この分野には成長の見込みがあり、この会社自体の競争力も高いと見られていたため、株式はいつも比較的高ＰＥＲで取引されていた。当時のベリリウム金属は、生産という観点ではベリリウム銅合金素材の製造とはずいぶん異なるものの、原子力産業と航空産業の両方において面白い展開が予想されていた。一九五七年にこの会社ともう一つ別の会社は原子力委員会から五年契約をもらい、ほぼ不可能と言われた純度のベリリウム金属を納入することになった。ベリリウム・コーポレーションはペンシルベニア州ヘーズルトンにある古い円形機関車庫を買い、そこに必要な設備を入れ始めた。この会社の株価は、一九四〇年代半ばまで最安値近辺で取引されていたが、この小規模な会社にとってベリリウム金属が持つ意味を見越して、株価は五九・五〇ドル（当時は分数表示だったが、分かりやすくするために小数点表示にした）の高値まで上昇した。

その後まもなくして株式市場は急落し、一九五八年の不況へと続いていく。ベリリウム金属の騒ぎがなければ、ベリリウム・コーポレーションの株式もある程度売り込まれていたのは間違いない。なぜなら比較的収益力は残っていたものの、古くからある合金事業もその他の素材メーカーや部品供給会社の大部分と同様に、大きな影響を受けたからである。しかし、レディングの事業部での売り上げや利益が比較的安定的に保たれていたことから、その下げ幅も恐らくだいぶ和らげられたものと思われる。

実際、その後に続いた半狂乱の数カ月の間、経営陣はこの最新のベンチャー事業で次から次へと難問を突き付けられることになった。想定外の技術的な問題も次から次へと浮上し、調査分析を行い、解決していかなければならなくなった。すべてに費用がかかった。また、すべてに時間も要した。一九五八年前半は、ヘーズルトン事業所の毎月出る巨額の損失が不況で減った既存事業の利益をほとんど食いつぶしそうになるくらいまで膨らみ、上半期の決算書を見ると、この会社の業績は損益分岐点をかろうじて上回る程度だったことが分かる。

この期中に一部の株主のグループの間では前年までの希望的観測が後退し、非常に根深い悲観論に取って代わられてしまった。このお金を食いつぶす時代がいつ終わるか、だれも確かな予想をすることはできなかった。終わったと思っても、いつも新たな問題が浮上した。そうなるといつも、この問題は果たしてきちんと解決されるのだろうかと疑いだす人が現れた。しかし、このとき事をさらに複雑にするような問題が起こったのだ。その問題は、斬新な新製品が発売されようとしているときによく起こるものだった。ベリリウム金属に対する直近の需要が、ベンチャー事業を始めた当初に考えられていたものとかなり違うということが明らかになったのだ。原子力事業で必要とされる量が、当初の見積もりよりもかなり少ないことが分かってきた。航空事業で必要な量は当初予想と比べて格段に増えることは事実であるが、目前に迫っていた原子力需要の陰りを吹き飛ばす力はほぼゼロだった。一方、航空需要の多くはまだ憶測の段階であり、良くても未来の話であった。

このような状況のなかで、株価はほぼ予想どおりの反応を見せた。一九五七年の終わりにかけて株価は三〇ドルを割りこんだ。一九五八年の上半期は売買高を伴い、その水準から二四ドルのレンジで推移したが、下方圧力に押される展開となった。恐らくこれよりもずっと興味深くしかも典型的な話として、その年の後半に入ってもしばらくはヘーズルトンの状況が明らかに好転していたものの、強い弱気ムードが続いた。会社が抱えていた生産の問題を本当に乗り越えられたかどうか、多くの株主はまだ完全に自信を持てなかったように思われた。防衛産業向けのベリリウム金属の可能性についてこれまでになく心強い報告書が出されても、まだ多くの人が三〇ドル前半で売ろうとしていた。合金事業のほうはすでに盛り上がっていたが、株価は年末に三八～三九ドルに戻しただけだった。それでもまだ、この金属ベンチャー事業が株価に影響を与え始める前の水準の一歩手前だ！　投資家の間では、当時起こった出来事はよく起こることで、新しい技術や複雑な技術を必要とする工場を適切に動かそうとするときによく見られることにすぎないと理解した。彼らの買いのタイミングは二回あった。問題がピークに達していた二四～三〇ドルのレンジで買うか、問題解決の道が十分はっきりとしてきた三〇～四〇ドルのレンジで買うかのどちらかであった。彼らがしたことは、単に近い将来に株価が急上昇する銘柄に投資したという以上の意味を持っていた。彼らは新産業全体と足並みをそろえて成長に成長を重ねていくと思われる銘柄を、バーゲン価格で手に入れたいのだ。

多くの分野で技術が堅調に進歩するなか、真相をつかむための労力を惜しまず、金融界の感情的な反応に翻弄されない人に対して、このようなチャンスはこれまでの一〇年よりも一九六〇年代のほうが多くあるはずである。技術進歩の速度が速いほど、そのチャンスは多くなる。

化学業界において、長期的に大きな利益が見込める銘柄を最低限のリスクで手に入れることができる方法はもう一つある。これまでに検討された唯一の投資先は、一般的に最も魅力的な事業と認識されている会社であった。つまり、長い期間にわたって事情通の間で、異例の経営力を持つ会社として知られている会社である。しかし、化学会社の過去を見ると、どこの業界を見ても同じだと思うが、経営能力を見た場合には質が高いと言われるかもしれないものの、その他の点ではどちらかというと低いという場合が時折ある。そのようなときにやってくる新経営陣は、旧経営陣の長所を伸ばしながら、業績が全体として大きく改善していくように会社の能力を高める作業を始める。どのような産業でも、ここから投資に関する本物のチャンスが開ける。化学産業には平均を軽く超える成長を、平均以下のリスクで実現する大きな可能性があり、この業界への関心はその分大きくなる。その理由は、化学産業には投資家がいつも探し求めるべきものを見つけるチャンスが開けているからである。つまり、巨額のプレミアムを払わずに、経営状態の良い会社は平均以上に成長する大きな可能性があるということである。

このようなチャンスには非常に大きな魅力があるため、このチャンスに気づく投資家が増えてくると、株価は素早く上昇する。このような上昇はもちろん売りの理由とはならない。このように経営が改善された会社は、本質的にこれから伸びていくはずである。しかし、これが意味するものは、異例な買いチャンスが終了したかもしれないということだ。

その意味で、一九五八年七月三〇日から一九五九年三月三一日までのノプコケミカルの株価急上昇は逆に興味深い。配当金を差し引いても、この株価は九カ月でおよそ二倍になった。その上昇のきっかけとなったのは、経営陣の能力に対する投資家の評価が変わったことではなく、新製品の工程を稼動させるためのお金のかかる時期が終わったということだ。それはベリリウム・コーポレーションで説明したのとほぼ同じである。技術的に新しい分野で生産施設を建設するときによく起こることだが、ノプコでも硬質ポリウレタンフォームと軟質ポリウレタンの素晴らしい新製品ラインを立ち上げるときに、当初の予想よりも費用がかさみ、また大幅に長い期間を要した。これらのラインが赤字から黒字に転換し始めると、株価も普通の反応をし始めた。しかし、この銘柄の上昇幅はそれを大きく超えるものだった。その少し前、有能な新社長が選出された。経営に関してもさまざまな変更が加えられた。そしていつもどおり、本物の進展があったことを示す証拠が目に見える形で蓄積され始めるまでに、かなりの時間が経過した。金融界のキーマンは新しい傾向がはっきり見えてくると、これまで経営陣の能力を疑うことのなかったその会社について、実は小さな化学メーカーだったのだという認識を持つようになる。私はこの経営に対する評価の変化こそ、その後の株価が急上昇する要因だと考えている。

ノプコよりも大規模なフードマシーナリー・アンド・ケミカルという化学メーカーも似たような道をたどって、同じ時期に株価が二倍になった。この原因もまた金融界の経営に関する評価の上方修正だと思われる。これは、特に興味深い事例である。それは、大手の機関投資家がある一つの銘柄に対する姿勢を変えることが、どれほど株価に大きな影響を与えるかということを示している。本書でもすでに説明しているように、このような状況を見ると、株価への影響は一九六〇年代に入ると、ますます大きくなることは確実だろう。

だいたい一九三四年から終戦直後くらいまでの間、フードマシーナリーは市場全体を見ても、パフォーマンスの目立った会社の一つだった。恐らく経営陣トップに対する信頼が厚かったからだと思う。機関投資家のなかでもまだ熱い気持ちを持ち続けていたのは少数派だったが、この株式はそれから一〇年くらいの間、多くの人から見向きもされなくなった。このステータスの低下の原因は会社の化学事業であり、その大部分は終戦直後の数年間に他社の事業部を吸収して始められたものだった。この時代を通して、機械部門は会社の持つ素晴らしい開発工学技術を裏づけとして自力で成長率を維持し、一般的にずば抜けて低コストのメーカーと認識されるようになった。これらの事業だけで機関投資家にとっては、理想的な保有株とみなされていた。これとは対照的に、化学事業は売り上げベースでは全体の半分程度であったものの、その異常なまでに低い利益率は機関投資家の基準を大きく下回るもので、それが組み込まれている会社の注目度は低かった。時代遅れの工場、一部の化学事業部における従業員の士気の低さ、会社の研究による新製品や従来製品の進化のなさなど、すべてがこの低い利益率が継続するだろうと思わせた。

折りしも、新しく異例の能力を持つ人材が異動してきて、これらの化学の問題に取り組み始めた。いつもどおり、数年間は水面下で実施されていた改善が株価に与えた影響はほぼなかった。高効率化によって経営陣が貯めた資金は、それよりもずっと大きな研究費などによって完全に相殺されてしまっていた。したがって、実際どれくらいの歩幅で歩いていたのかは特に目に見えなかった。しかし一九五八年も後半になると、目を見はるほど経営陣の仕事が見え始め、投資にかかわる興味をかきたてられるようになった。一九五九年に入ると、かなり素晴らしい化学事業が出現してきていたということに人々はうすうす気づき始めた。

ノプコと同様にフードマシーナリーの場合も、経営陣の内部で何が起こっていたかということに金融界よりも先に気づいていた人々は、投資家が会社の成長に乗ろうとするときに、通常は払わなければならない、しばしば高ＰＥＲとなって表れる割高なプレミアムを支払うことなく、この素晴らしい化学メーカーのしっかりとした成長に乗る方法を見つけたことになる。さらに別の意味では、経営のなかにそのような根本的な改善を見つけることが、この目標を達成するうえで簡単な方法である。そのような状況では、新しい人材が権力を握ったとしてもすぐに株価が改善するわけではなく、それはしばらくして彼らの仕事の結果が実感できるようになってからの話だからである。

しかし投資家やアドバイザーは、自分の論拠について強い確信を持ってからでなければ、低レベルの化学メーカーで本当の意味でのしっかりとした経営改善が行われ、会社の投資ステータスに関する評価が大きく上昇していく魅力があるという結論を出してはならない。最高の業績を上げない会社は、やり方は変えたと主張することがある。思い返せば数年前、非常に有名だが、売り上げや収益の成長が人もうらやむような業界トップレベルまで到達していなかった会社があった。その会社は資金調達をしようとしていた。そして、幹部の何人かが全国の金融関係者と会議を行った。そのとき、たくさんの変化や改善が起ころうとしているという声が多く聞かれた。それから間もなくして、一部にこの銘柄を買う動きが盛んに見られた。しかしこのとき買った多くの人は、後に根本的な変化は何も起こっていなかったということがある程度明確になると、損切りを覚悟で手仕舞いを余儀なくされた。

電子産業

ここでもう一つ別の主要産業で、長期的にはさらに大きな見返りが期待できる投資先に目を向けてみる。電子業界である。

投資的な観点から言うと、化学産業と電子産業の間にはたった二つの性質しか共通点がない。どちらも将来大きく成長すること。そしてどちらも、研究開発で成功して科学的な知識の境界線を前へ押し出すことによってその成長が実現すること。両産業の投資的な性格を考えると、これ以外の部分では極地方と熱帯ほどの違いがある。

この電子産業と熱帯地方の対比は、最初に思われるほど無理のある話ではない。このエリアでは、年間成長率が今年も来年もいつも維持されており、金融界のほかの場所から見ると、とても信じられないだろう。電子企業のトップであれば、毎年二五～四五％の成長をする可能性があり、また実際にそうなっている。そのような曲線を数年分描けば、長期投資家ならだれでも心を揺さぶられて、気持ちが高ぶってしまうような数字を目にするだろう。しかし、熱帯のジャングルでは厳しい競争にさらされているように、このような数々の珍しく大きな成長はブームの到来と同じように、すぐに消えていってしまうだろう。

さまざまな影響を受けて電子企業のなかでも、息を飲むような速さでほかよりも成長する会社と、時には息を飲むような速度で後退してしまう会社がある。一つの要素となるのが、軍事・

防衛コンサルティング事業の重要性である。その巨額の契約は気まぐれで、取引業者を次々と変えることもある。さらに重要なのは、技術というものの性質である。技術は信じられないような速度で進歩しているだけでなく、業界内の重要な部門では（すべてではないが）、今日先を行く会社が明日も先を行っているかどうかは必ずしも約束されていない。ある回路をコピーしたり、別の設計者のものを少しだけ改善したりすることは非常に簡単なことである。

化学産業と電子産業を比べてみると、化学産業のほうが成長率は遅いが、競争力は大きく上回っている。すでに指摘したように、化学産業では一ドルの新たな設備投資によりアウトプットが一ドル増えれば、うれしい。ほとんどの電子産業では、売り上げを一ドル増やすために新工場や新設備にかかる資金は二〇セント程度であることから、機械化の持つ意味は大きく下がる。その費用は、場合によっては一ドル当たり一〇セントまで下げることができる。つまり、相対的にあまり資金をかけずに、企業は電子産業の多くの部門（もちろんすべてではない）に新たに参入することができるのだ。そのうえ、このような資金投入があまり必要とされない分野では、バッチ生産（ロット生産とも言う）が起こりやすく、効率的な新規参入者が特殊な真空管のような特定の種類の電子製品を製造する場合でも、業界大手並みに安く生産できる。これは、化学製造分野に新規参入する会社が巨額の資金が必要だったり、新規参入者が既存のメーカーと同じ低コスト生産を実施しようとするためには、まとまった生産量が必要だったりすることとは大きくかけ離れている。そして、企業間の新たな競争は、連産品が多く存在するので抑制される。化学産業では複雑な分野になれば当たり前のように競争があるが、電子メーカーにとってはあまりない。端的に言うと、事業を始めるに当たって必要とされる資金は比較的少なく、少量生産が一般的である。また大型の政府委託業務を取りたいという願望があるので、新参者や既存の企業にかかわらず、ものすごい数の企業が参入し続けている。

投資の背景として電子関連株は化学関連株よりも大幅上昇の可能性がずっと高いが、競争から生まれるリスクも同様に大きい。注目すべきは、化学産業についてこれまで考えてきたことは大きくずれてくることだ。タイミングの問題、つまり「いつ買うべきか」という問題の重要性は大きく後退する。もしある電子関連企業が正しい製品と正しい経営陣を擁しているとすれば、その成長は非常に大きくなる。本当に「正しい」電子産業株であればいつでも、それが強烈なベアマーケットの始まりであったとしても正しいタイミングとなり得るのである（ただしこの二つの要素がまだ完全に株価に織り込まれていないということが条件である）。しかし、どの銘柄を買うかという問題は、その重要性が大きく増すだけでなく（もし間違った会社を選んでしまえば損失が出る可能性があるからだ）、非常に難しくもなってくる（これは大手化学企業であれば比較的決定するのが簡単である）。

一般的な話として、将来的に素晴らしい値動きをする電子関連銘柄を選ぶとき、その評価を試みる際に基本事項が二つある。一つは、その会社が扱う製品の種類に対する需要に対して、予定どおりのシェアを確保できて、会社がどれくらい速く成長できるかということである。もう一つは、今後直面する競争によって成長曲線が曲げられずに、この成長を維持する可能性がどれくらいあるかということだ。電子関連株が一九五〇年代終盤に経験した激しいブルマーケットで、投資家の注目を一身に集めたのは一つ目だった。しかし、特定の製品や会社が持つ特質によっては、競争によって突然の狂いが生じるという二つ目のリスク要因は、このわくわくする電子分野にいるほかの多くの企業のリスクと比べて著しく低下する。魅力的な電子産業株のなかに特定のお気に入りを見つけて、一九五〇年代後半に安易に投資してきた投資家も、一九六〇年代に入って惨めな経験をすれば、この二番目が一番目よりも重要だと考えるようになるだろう。私の考えでは、電子関連銘柄は投資的観点からすると、両方の点で非常に適格となるはずである。もしそうなれば、一九六〇年代には一九五〇年代後半に何度も見られたような劇的な動きが再度確認できると思う。つまり、その会社の強みが金融界全体に知られる前に買っておけば、その株式から得られる利益は最も強気の予想よりも上回る可能性があるということだ。

この時期は、相対的に最も控え目とされた一九五〇年代中盤のアンペックスやテキサス・インスツルメンツへの投資でさえ、一九五〇年代末には経済的独立の基礎となるまでに成長した時代として広く知られている。そのような株式の市場価格が数百%どころか、数千%も伸びたというような記録に特徴づけられる当時の金融史は、よく知られた事実である。このような電子産業株の並外れた上昇が注目された。もしかすると注目すべき点は、これらいくつかの電子関連株が株主に対して献上した見事な見返りについてであったのかもしれない。ほかの多くの銘柄は短期間にロケットの打ち上げのような動きをしただけだった。短い期間に非常に素晴らしい上昇を見せたかもしれないが、それは一度きりのパフォーマンスだった。

正しい株式をマーケットが気づく前に選び出すことは非常に難しいことであるが、正しく行われれば、大きな見返りとなる。したがって、将来的に勝ち組になるようなビッグな電子関連銘柄を選ぶための特徴を示そう。もちろんこの電子産業株投資について、投資家の手助けをするという観点からはあまり適当ではないとしても、上昇が最も大きくなる会社は最高の経営がなされている会社であると言ってしまって、総じて間違いない。もちろん電子産業と同等の競争が繰り広げられている業界であれば、同じことが言える。特許による鉄壁の保護があっても、見事な工学技術を持っていたとしても、良好な経営状態のなかで高いレベルでの経営効率が実現されていなければ、将来的に長期の上昇が続いていくことはあり得ない。しかしこれ以外に、投資家が素晴らしい電子産業株投資を見いだすためには、具体的に良好な経営のうちのどの部分に注目すれば良いのだろうか。

私の考えでは、このことに関して次に挙げることが特に重要な特質だと思う。

一．その会社は自社が特化する分野において先導的立場を一時的なものではなく、長い間にわたって維持するための能力を持つ研究組織を持っているだろ

うか

テキサス・インスツルメンツは電子産業株投資の典型的な成功例の一つとなったが、その実績はこの事例のなかでも特に傑出したものであると思う。数年前、この会社は業界の先頭を切ってシリコン製トランジスタを商業用に開発した。当時のこの会社の人材は、全員集めても競合する大手のほんの一部にしかならないような人数であったため、多くの人は当時のその先導的な立場を長い間維持できるかどうか疑問視していた。しかし、テキサス・インスツルメンツはそれ以降、継続的に研究を進めて工学技術も向上させていったため、多くの競合他社はなんとかしてこの会社に追いついて行こうとしていた。そして、やっと追いつくといつも、この小さなテキサスのメーカーは再び新しい位置へと前進していた。それから追いついては離すというプロセスが何度も何度も繰り返されていったのである。その結果、当時は小さかったこの半導体メーカーも、全米産業中で最も急速に成長していた分野の一つで大きな存在感を維持し続けることになった。半導体事業が徐々に機械化されて流通の標準パターンも形成されてくると、この業界も多くの小規模で非効率なメーカーから少ない競争力のある非常に効率的な会社へ集約されるという不可避のサイクルを通ることになる。これが何を意味するかと言うと、わずか数年の歴史しか持たない極めて小さな会社でも、うまく生き残るという幸運な状況に自らを置くことができるということだ。つまり、これは現在の収益力に対してかなり割高となっている株価を正当化する理由となり、魅力的ながら、必ずしも儲けが多くないこの業界のなかの小さな会社にすぎないと思われるのを回避できる。テキサス・インスツルメンツの株価動向に現れていたものは、しっかりと改善していく収益力としっかりと上昇していくＰＥＲの相乗効果である。

テキサス・インスツルメンツは、もしある電子企業に十分な研究開発力がないために、先頭に立つことやその立場を維持することができないという場合、その決定的な要因としてもう一つ別の大事なことがあるという良い事例である。テキサス・インスツルメンツが雇ったレベルの高い人材と研究につぎ込まれた何百万ドルもの資金は、それだけで結果が生み出されたわけではない。これに研究グループと同等の高いスキルを持った販売部門やマーケティング部門の人材の連携が加わったため、研究活動によって半導体事業の営業力が拡大する方向へと導かれていったのである。半導体の場合、その他の電子機器と同じように分野が急速に拡大しており、自社の専門性が応用できる製品をすべての分野について開発したり研究をしたりすることは不可能だ。判断力と社内のチームワークがしっかりしている会社は、将来的に市場が拡大する可能性の高い専門分野に研究グループの目が向いていれば、その研究費から得られる利益は最終的に非常に大きくなる。また、そのような会社はアウトプットのボリュームが急拡大し、生産量が多くなることで可能となる単位当たりの生産コストの節約も実現する。そのようなことがあれば、競争の前線で生き残る可能性が格段に高くなる。

研究開発とマーケティング（あるいは市場調査）が緊密に連携をとると、研究結果が大幅に改善するという効果がある。電子産業の多くの分野では、研究開発部と日々の問題に取り組んでいる生産と販売の人々との連携の効率も、同じくらいの重要性を持つ。マーケットにまだ出ていない改良品を作るだけでは十分でない。当然のことながら、ほかの企業もすぐに同様の改良品を作ってくるからだ。自分の専門分野のセールスマンと緊密に連携を取って、仕様をどのように変えたらよいのかを把握している開発エンジニアは、基本的な効率を上げることに加えて、顧客の弱みと偏見に訴え、工学的基準だけに基づいて製品仕様を考える会社に比べて優位性を持つことができるのである。同じように、同等の工学技術で消費者が魅力を感じる製品を作ることができ、しかもそれをより簡単に安く作ることができる会社であれば、製造部門と研究部門の緊密な連携がなくて生産コストが高くなってしまう会社と比べて、価格競争の面で大変優位な立場に立つことができるのである。

実は、企業が研究活動を継続的に成功させる特徴が一つあるとすれば、それは電子産業でもどこの産業であっても区別なく、連携やチームワークに関することである。今日の技術は非常に複雑になっており、技術面での先駆的な研究努力を行うためには、一つの専門ではなく多くの専門的背景をもつ人材集団が必要になる。理論物理学者、数学者、無機化学者、冶金学者、固体物理学者といった人々が同等の役割を果たし、何らかの突破口を見つけて、一つの製品を開発するのである。その一方で、関連プロジェクトを進めるためには同じ会社でまったく異なる専門家が何人も必要になる。これらの人々がどれだけ良い仕事をするかということが、彼らの技術的な成果を左右する最も大きな要因となる。しかし、株主にとって彼らがどれだけの成功を収めるかということは、会社の技術専門家同士がどれだけうまく協力していくかということだけでなく、彼らから見れば退屈な販売や製造、市場調査部門、そして特に経営陣たちといかにうまく一緒に働けるかということに左右される。現代では、ほかの人とうまく働いていくことができて、ある程度の能力さえ持っていれば、天才や天才のように振る舞う人よりも良い結果を出すことができる。

また、広い視野を持ち、社内の技術者が目指すところに気を配っている経営陣は通常、株主のために結果を出すことができる。会社の研究プロジェクトの目先の利益しか見えない経営陣よりもずっと良い結果を残す。技術職でもトップにいる多くの人は、技術的に進歩することや自分の専門分野においてほかの技術者よりも高い地位を得ることに強い興味を持っている。彼らにとって、お金を稼ぐことは二の次である。こういうことを認識したうえで、科学的に大きな貢献をした研究者を支援するような経営者であれば、研究者も経営陣がそのプロジェクトから短期的な見返りを期待していないと分かるだろう。研究を適切に行ってさえいれば、技術者たちのチームワークと生産性が拡大し、長期的に素晴らしい見返りを手にすることができるのだ。企業の研究開発はチームワークや情熱が成功の大きな要因となるので、社内の研究者を上手に導きながら高い忠誠心やモチベーションを維持できる経営をしている会社が毎年進化を続けていると考えられる。

研究活動に関してこれまで話したことが電子産業株投資家の探すべきことであるならば、この投資家が回避すべき落とし穴は何だろう。私の考えでは、この投資家が用心すべき陥りやすい誤りが二つある。一つは、この投資家はある素晴らしい科学者、例えばノーベル賞受賞者などが会社に加わり、会社のためにすごいことを始めようとしているといった理由で株を買ってはならない。現代の産業は、そのような仕組みでは動かない。新しくやって来た人は、その専門分野では世界一の専門家かもしれない。しかし、その他の専門家や市場調査や製造といった普通の分野でも平社員以上の支援を受けられなければ、彼は一発屋となってしまう可能性が高いだろう。彼に技術力はあったとしても、チームワークの資質が欠けていれば、一発屋になるどころか、厄介な金食い虫になってしまうかもしれない。多くの投資家は、著名なX博士やY教授が会社に加わったという話を耳にしただけで株を買い、その先生たちが会社にとってどれほど適任なのか、あるいは会社自体がその先生のために適切な地位を用意していたかどうかを確認しなかったとして、自らのせっかちな行動を後悔するのである。

研究に関して投資家が陥りやすいもう一つの誤りは、一株当たりか、年間売上高当たりのいずれかを基準として、研究開発に対する会社の多額の支出を見て、単純に株を買うことである。第一に、細心の注意を払って会計上の調整が行われたのでなければ、比較する目的上、これらの数字は非常に誤解を招きやすい。ある会社では、多額の費用が研究開発費として計上されているかもしれないが、それと同じものが別の会社では販売関連費用や製造に直接かかわる費用として計上されているかもしれない。最近の経営トップは、ウォール街の多くの人が一年当たりでいくら研究に費用がかけられるか、ということに大きなウエートを置いているということを学習しているため、すべてをこの勘定項目で計上してしまおうとする会社もある。しかし、例えあらゆる手立てを尽くして会計上の調整が行われているとしても、この数字に頼ることが投資家にとって非常に高くつく理由がほかにもある。恐らくビジネスのどの面を見ても、研究開発ほど会社によって費用として投じられるものと、株主の利益として吐きだされるものの差に大きなばらつきがあるところはないだろう（広告は例外かもしれない）。一〇年のスパンで見ると、このばらつきは、経営状態がベストの状態である会社だけを比較しているという前提であれば、三対一ほどの大きさまで広がることもある。平凡な会社とベストな会社を比較してみれば、この「研究開発の効率」に関する要素はその何倍にも広がってしまうことだろう。明らかに株主は、自分が手にする長期的な収益に関心を寄せている。しかし、自分の負担と最も関連性の薄い利益が生み出されている事業活動については、その会社の研究開発活動を測る材料として株主が見ているのは現在何をしているか、あるいは今後何をしていくかということではなく、会社がいくらお金を使っているかということなのだ！　電子産業への投資の魅力を評価するときに調査すべきものとして、電子系の分野に限定した話だが、一番単純な数字だけを直接な指針として重視していることが分かる。それは、大きく間違った結論にたどり着いてしまう要因である。

二・その会社の防衛関連事業と民間事業の製品比率は健全か

電子関連株であれば、どの銘柄に投資する人でもけっして忘れてはならないことが一つある。それは、全産業の仕事の四九％は米国政府から直接やってくるか、政府の下請け業者を通してやってくる。そして、そのほぼすべてが純粋に軍事向けだということである。そのうえ冷戦状態が継続するならば、この莫大な需要は増加するだけでなく、その重要性も増していく可能性が高い。工学的な進歩によって、長距離ミサイルの分野だけではなく、どちらかというと、内乱や小規模紛争で使われる旧式の武器に対しても徐々に電子工学の技術が要求されるようになってきた。一方、そのような技術進歩ではさらに洗練された電子システムが要求されることも多く、通常はより効果的なシステムを持つ武器に入れ替えられる。したがって、軍事向け電子市場においては、高い技術力や生産能力を持つ会社には売上高が急増するチャンスがある。

しかし投資家の視点からすると、軍事事業は民間の受注高に比べるとあまり好ましいとされない。その理由は数多くある。そのうち重要性が最も低い理由は、利益率が低いという点だ。これは不合理なことではなく、狭い利幅は大きな取引量によってカバーされ、利益全体としては十分となる。

軍事事業における基本的な不都合の一つは不安定さである。仮に軍拡競争に終止符が打たれ、東西間に本物の信頼が回復し、その実現のための手段がいずれ見つかるという希望が存在するようになれば、すべての主要国の国民にとってこれほど好都合なことはないだろう。もしこれが実現すれば、軍事関連事業を中心とする業者の商売はほぼお手上げの状態になってしまう。しかし、その可能性を無視しても（現在の世界の緊張状態を見るとそれほど実現可能性が高いとは思えないが）、軍事事業には通常の民間部門に比べて大きな不確定要素が存在する。契約は「政府の都合に合わせて」ほぼ事前予告なしにキャンセルされる可能性があり、また実際にそういう事例が頻繁に起こっている。電子に関する技術力向上のペースは常に上がっていることから、このような現象は減るどころか逆に増加する傾向にある。一つの下請会社がある武装システムを図面にすることで既存のものは時代遅れとなり、よって使い物にならなくなってしまうということが起きるのだ。

このような不安定性の原因の一つは、民間の取引関係においては一般的である「信用」に相当するようなものがあるが、政府系の仕事でそれを積み上げていくことは非常に難しいという現状がある。大事にされている、ある決まった納入業者が費用の見積りが正しく行われていない重要な契約で赤字になった場合、賢い企業であれば法律上必要とされていなくとも適切な調整を行うのが当たり前である。これは、法的に必要とされている以上の資金を支払った会社側が慈善行為をしたのではない。ここで生まれた信用は、その仕入れ業者が別のときに窮地に立たされて助けが必要となったときに、通常は高い見返りとして返ってくる。同様に、大多数の個人消費者も満足を提供してくれるブランド名や小売店に対して忠誠心を抱くようになり、引き続きひいきにするようになる。これと対照的に、過去に特別なサービスを提供したことがあるという理由によって、特定の供給業者が取引を続けている場合でも、軍事調達においては別の業者が同じ物でわずかに安い値段で入札すれば覆されてしまう。軍での勤務は交替制であるため、今日ある会社との窓口となった調達担当官が明日は転勤してしまうかもしれない。このことが継続的な価値を持つ信用や忠誠心といったものの積み上げをさらに困難にしている。ほとんどの軍事納入会社は、自分たちの事業の重要な部分がいつ停止されてもおかしくはないということを頭に入れておかなければならない。

まだ一般的には知られていないが、電子産業への投資家にとって軍事ビジネスの魅力が徐々にそぎ落とされてしまっている要因がもう一つある。それは、開発活動や研究活動は利益がゼロかゼロにほぼ等しい状態で民間が行うものだと思われ、軍事産業においてはそれが一般的な慣習となっていることだ。この背景にある考えは、もし開発活動をきちんと行えば、あとでいずれ大きな生産契約に結びつくだろうというものである。その時点になって大量生産の注文を受ければ、十分な利益を手にすることができるため、政府としては支払った金額に対して、何も具体的な武器を手にしないこの段階の仕事を利益ゼロで行うことが可能となる。

このように利益ゼロで設計を行い、利益は生産段階になって儲けるという慣習は第二次世界大戦の直前から戦時中にかけて広まった。当時はそれでうまくいっていた。その理由は、当時の兵器は大部分が戦車やライフル、大砲といった兵器や有人の飛行機などが中心だったからである。現代の基準で見ると、新たな兵器を開発するのに費やされる専門的な仕事時間は、全体で見ると多くはない。逆に、必要となる兵器の数量は膨大となる。結果的に買われた武器のために費やされた技術的な研究努力の割合は相対的に低くなる。

この一五年間、変化の速度は非常に速くなり、使われる兵器や技術の違いは、最近のものと中世の武装騎士や武装ヨーマンとの比較よりも、今日の兵器と第二次世界大戦当時との違いのほうが大きい。このことから軍事関係の下請会社にコストすれすれの金額で開発させ、その後の生産過程で収益を上げさせるという古くからの慣習は完全に時代遅れのものとなってしまった。その理由は、最新の兵器の多くは非常に能率的にできているため、すべてのターゲットを破壊できる兵器はそのなかでもごくわずかしかない。それでも開発のペースはさらに速くなっており、一つのモデルの開発が終わってしまう前に、別のモデルは設計の初期段階に入っており、先に開発されているものはおおむね時代遅れとなってしまっている。現代の兵器システムの多くは、開発にかけられる時間に対する製造される兵器の比率は第二次世界大戦当時と比べると劇的に縮小している。今日の軍備競争において蓄えられているのは、兵器ではなく、工学技術であるとさえ言われているのだ！　もちろん、これには例外もある。特定の電子部品や組立品はわずかな変更を加えるだけで、多くの兵器システムに応用できるかもしれない。しかし全体的に見ると、根本的に薄利の技術開発を行っても生産量が縮小傾向にある製造契約を獲得するだけであり、軍事ビジネスの多くはますます投資家にとって好ましくないものになるということである。

防衛品目に関して工学的な主導権を握ることが会社を存続させる不可欠な条件となっている時代において、国家的な視点で見ると、最も必要とされるもの（技術的な独創性）よりもその次に重要なもの（製造）に対して、収益に焦点が当てられているということは残念である。民間事業のほうが軍事事業よりもずっと魅力的であるために、全国から集まった最先端の技術やビジネスセンスを持つ優秀な人材が使う時間がありふれた消費者向け製品の質を上げるために費やされてしまっている。彼らの力は、国家の安全を守り軍拡競争におけるリーダー的地位を確保するために必要とされており、非常に好ましくない影響を及ぼしている。そのような危険で愚かな状況によって、やがて環境も変わってしまうかもしれない。しかし、私の目にはそのような変化の兆しはまだ微塵も見えない。そのような兆しが見え始めるまでは、自分のために最高の結果を残したいと思っている投資家であれば、起こってほしいことではなく、起こる可能性のあるものに基づいて判断を下したほうが良いと思う。したがって、近い未来について言うと、軍事的電子事業は民間事業に直接関係していないかぎり、非政府系事業と比べて大きく魅力が落ちると考えなければならない。

以上のことから、電子関連株で株価が最も大きく上昇する銘柄を選ぼうとしている投資家は、防衛事業を行っていない会社に的を絞るべきであると思うかもしれない。しかし、これはまったくもっての間違いである。探すべきものは軍事ビジネスを行っている会社であり、技術的見地あるいはその他の観点から見て、非政府系の仕事とも十分にかかわりを持っており、ある意味、この政府の仕事から二重の利益を受け取っているような会社である。このように政府の仕事が続けば、それによって得られる利益に加え、政府のお金を使いながら技術を磨き、より収益性と永続性の高い民間ビジネスを構築することができるという可能性も存在するのだ。

一部の会社では、自社の持つ技術的・営業的に多様な背景を組み合わせ、特に最も自分たちのためになる政府の仕事を選択するために、非常に高いスキルを持っている。そのような仕事をした結果、彼らは技術的には関連があっても一見大きく異なるように見える製造や販売のマーケットに参入し、そこで競争する能力を上げることができるのである。政府調査の下請けであるかもしれないし、製造の下請けであるかもしれないし、あるいはその両方の可能性も高い。それは通常、かかわっている特定の分野でリーダー的な存在であり、飛び抜けて独創的で高い技術を持つ場合にだけ手に入れることができるものである。しかし、このようにしてある電子関連企業が実際に価値の高い民間事業の知識を身につけられたとき（それは口先だけでなく本当に）、この会社は電子関連の素晴らしい投資先としての見込みがあると考えられ、その他の主な投資条件を満たしているかを見るための細かい調査もクリアしていると見られるだろう。

電子関連企業の経営陣は多くの場合、投資家に対して自分たちの事業が政府系の仕事と民間の仕事との間でバランス良く分かれていると話すだろう。これを聞くと、そのように分散されていること自体が、極めて美徳の高いことのように思われる。そのような分散は、事業の民間サイドに大きな偏りが特になければ、あまり分散がないビジネスと比べると、安定性という意味で実質的な利点があるかもしれない。しかし、電子産業株への投資家が忘れてはならない投資上の最も大きな魅力は、二つはある程度の関連性があるだけでなく、経営陣が常に会社の軍事的スキルを巧みに利用して、民間側の事業にもメリットが出るような方法を見つけていかなければならないという点である。

国家の安全という観点では、今日の複雑な電子技術のためにそのようなことが可能となる場合があることは幸運なことである。米国がまさにこの危険にさらされているなかで、社会の風潮や政治によって、社会で最も能力のあるエンジニアやビジネスマンの目先の興味がへアカーラーやワッフルメーカーの進化モデルの設計に向けられ、敵の誘導ミサイルを妨害し、無力化する新システムの開発に向けられないのは恐ろしいことである。これらの専門家もまた、自分のへアカーラーやワッフルメーカーを持つのである。そして素晴らしい製品を作れば、自分にも恩恵がある。一方でうまくミサイル妨害装置を開発できれば、五〇〇万人の命が救われるかもしれないし、潜在的な敵の攻撃を完全に阻止することができるかもしれないなど、その他にもあらゆる可能性を秘めている。しかし、計り知れないほどの価値を持つ一つの防衛装置の開発が完了したとしても、開発した会社にその設計図の権利がない可能性もある。厳しい競争入札の結果、生産契約（前述の軍事調達に関する古い理論によれば、政府系の開発契約では収益がほぼゼロに等しい仕事でも最終的にこれが報いとなる）はまったく別の会社に渡ってしまうかもしれないのだ。そのうえ、最終的に生産契約を勝ち取った会社の手元には（再交渉のあとに）比較的不安定で利益幅の小さい仕事しか残らないという結果になることは確実である。つまり、国益という観点からすると、ミサイル妨害装置には驚くほど大きな価値があり、改良されたヘアカーラーの価値はほぼないに等しいが、ビジネスの実情を見ると、同じ仕事量と開発能力を投入した場合、政府の仕事をするよりもくだらない消費の分野で仕事をしたほうが経済的見返りは大きく、安定するということになる。そのようなシステムにおいては、クリエイティブな軍事電子関係の仕事から民間の付加価値を得ることが不可能であれば、さらに多くの最も優秀なエンジニアや経営の才能がヘアカーラーのほうへ逃げていき、ミサイル妨害装置からは離れていってしまうことになりかねない。結果的に、このように政府にとってコストのかからないシステムにおいて（軍事事業はいずれにせよ実行しなければならないのだから）、トップクラスの人材は最も必要とされている場所へと引き寄せられていき、何も変化が起こらないという状況は想定しづらい。したがって、卓越した電子技術を身につけた人材には、一九六〇年代にも一九五〇年代末と同様にチャンスが与えられる可能性が高く、軍事的な電子技術と民間の電子技術のノウハウが非常に高い関連性を持つ事業展開をしている会社の株主は、ほかを大きく引き離す利益を手にすることになるだろう。

三．その会社は主要な製品の技術的な優位性が一般に受け入れられ、顧客が安い価格を理由に知名度の低い競合他社製品を購入するという方向にいかないようにすることができるだろうか

特に電子産業のなかでも電子機器製造にかかわる分野では、この分野だけに限られるわけではないが、投資家にとって非常に有利な環境がそろっている。この場合、消費者にとっては製品の質が非常に重要であり、新しいメーカーや二次的なブランドが同様の性能を持ち合わせていないかもしれないリスクをあえてとらず、たとえ一〇～一五％価格が安かったとしても、それだけで購入するには至らない。仮に価格以外で大きな譲歩をしたとしても、損益のつじつまを合わせることはまず不可能だ。価格の下げ幅を拡大しても、すでに大量生産をしてコスト的に優位な立場に立つ既存メーカーに対抗することは困難だと思われる。

以上のような環境は存在し得るものであり、また電子産業株投資家にとっては、品質に関して対等に戦っている突出した会社が複数ある場合は、相対的にあまり意味がないと思われる。しかし、非常に複雑で製造が困難な品物やサービスについては、一つのメーカーが品質の面で突出していると見られることもあるかもしれない。このようなことが起こると、関係している電子株の立場は変わり、収益力と比較して取引価格が大幅に上昇する可能性も十分にある。こ

れを理解するためには、多くの電子株に関する投資上の性質の基本事項に立ち戻るべきである。それは、電子株には十分に平均を上回る可能性が秘められているものの、ほぼ事前予告なしでやって来るその成長の妨げともなる競争リスクもまた平均以上にあり、これが投資自体を危機にさらしてしまう可能性さえあるということだ。しかし、ある会社の品質に関する噂が高まって行き、他社の参入が困難なまれな事態が現実に起こった場合、電子産業株が持つ投資上の性質が変わり始める。成長要因はこれまでと変わらず大きいかもしれないが、経営陣のなかに品質の面でリスクをとらず、製品の改善にこれまでと同じだけの力を注ぐ気持ちがあるならば、リスク要因は徐々に小さくなっていく。異例の成長見通しのあるビジネスのなかでこのようなことが発生すれば、素晴らしい電子産業株投資の種が生まれるだろう。

アンペックスは、一九五〇年代における最も目覚ましい電子産業株投資の素晴らしい一例ということができる。アンペックスという会社は、これまで述べてきたさまざまな電子産業株投資の基準に照らし合わせてみても、飛び抜けて際立っている。しかし私に言わせれば、アンペックス株の特徴と言われる高ＰＥＲの背景には、会社のものすごい成長率や良好な事業管理、際立った技術力、政府系事業と民間事業の良好な関係といったもの以外にも存在する。この会社の機器部門において、顧客は品質の面では全幅の信頼を置いている。他社がこのような製品系統に割って入ることは非常に難しい。このような状況が続くかぎり、この会社がトップの座に居続ける見通しも明るい（電子産業における異常に高いリスクとの比較という意味において）。競争での逆転のリスクが普通よりも低いなか（ここでも電子会社の大部分との比較という意味においてだが）、ＰＥＲが高いというのも納得できる。

多くの投資家は、特定の電子産業株が収益力に対して不合理なほど高い株価で取引され続けている理由を理解することができないようだが、一つだけ基本的な考え方を頭の中に入れておけば、深刻な計算違いを避けることができる。このように躍動的な分野では、競争においての大きな失敗と比較的無関係でいられるのは、適正なＰＥＲを決定するうえで成長曲線とほぼ同じくらい重要なことであると言える。

四．その会社は販売力とマーケティング力において強いと言えるだろうか

ほかにも重要なことはあると思うが、製造業においては、三つの基本的事項が卓越していること、つまりほかよりも突出しているということが成功する秘訣である。①多くの競争相手よりも効率の高い販売力と売り上げを拡大する力、②生産力、つまり多くの競争相手よりも質が高く安い製品を作り続ける力、③既存製品をしっかりと改善するだけでなく、会社が十分太刀打ちできる分野で収益力のある新製品を作り出すために必要な研究開発を維持する力――の三点である。これらはすべて、電子産業以外のどの産業に対しても当てはまることである。したがって、ある観点から見れば、電子産業株だけに当てはまる投資的な特徴を議論する場合、特

に売り上げを強調するということは非論理的であるように思われるかもしれない。しかし、先ほどこの電子関係の研究開発に関する議論をしたが（それは目まぐるしく移り変わる産業での研究開発がその他多くの事業における投資家にとって、それが果たす主な機能よりもずっと重要性が高いからである）、これとはかなり違った理由で、電子産業株の投資家はほかの種類の事業に投資するとき以上に電子会社の販売力というものにも注意を払うべきである。

その理由は、まさに連邦政府が発注する電子事業の割合が非常に高いというところに戻る。私がはっきりと分かっていることは、継続的にそのようなビジネスで大きなシェアを手中に収めるためには、販売力が必要だということである。しかし、それは販売技術のなかでも、かなり特殊なものであると思う。国防省に対して物を売るのが得意なのは、一般的な販売チャネルでのマーケティング技術で卓越することよりもずっと簡単である。また、販売の観点からすると、政府との取引経験を通して自動的に民間のマーケティング技術が蓄積されるようなことはまったくないので、本質的に大きく異なっているのだと私は思う。

別の言い方をすると、企業に強力な販売組織が存在しない場合、その会社は成長しないのが普通である。鋭い投資家はそのような会社にまず用はない。もちろんそのような会社の株式は、いわゆる「グロース株」と呼ばれる銘柄に見られるような高ＰＥＲで取引されることはない。それでも電子産業のなかでは、そのような会社でも技術力が十分であれば、目を見張るような規模にまで成長することができる。また自社の技術力の高さを武器に、大手の法人客から大きな仕事を獲得するということもよくあるかもしれない。それでも洞察力ある電子産業株投資家であれば、そのような会社は避けるべきだ。政府の仕事は、「席の温まる暇もない」と悪名が高い。売り上げ見通しの突然変化に備えて防御をするとき、電子産業株投資にとって非常に重要なことは、肝心なときに頼ることのできる潜在顧客を大量に抱えた販売組織を構築している会社に投資することが何よりも重要なことと言えるだろう。これが自前の販売員の組織であろうが、メーカーの独立系販売店のような販売代理店の組織的集団であろうが、それは重要なことではない。問題なのは、会社の社員であろうが、部外者であろうが、関係のあるそれぞれの部隊において良い人選が行われ、彼らが会社の特定のニーズに合うように訓練されているということである。また、新しい販売コンセプトが必要となるときには、会社がその新しい考え方を彼らに対して迅速かつ徹底して浸透させる方法を知っているということである。

投資家がバランスシートや損益計算書を見てすぐにその手の問題を見つけられるほど、この問題は簡単ではない。政府事業と民間事業の割合についての包括的報告書を見たところで分からない。それでも急速に技術進歩をする業界で先頭に抜け出て、かつ先頭に立ち続けていく電子株を選ぶ重要な要素として、これほど重要なものはない。多くの電子関連会社は素晴らしい独創的な技術力を持ち合わせた個人によって創業され、またそのような人々によって経営されていくのである。この種の素晴らしい人物は、ほぼすべてがモノ作りとともに開発技術にかかわる問題にも強い関心を示している。したがって事業のなかでも、モノ作りの側が注目を浴びなかったり、理解してもらえなかったりといった問題に苦しむことはない。しかしいくつかの例外はあるものの、この異例の技術力を持つ人々のなかでも、多くの人の心の中で思う販売に対する関心は同じではない。マーケティングを指導する技量を育て上げる方法について、直観的に理解している人はいないのである。表面的であるが、能力ある販売組織を持たずとも、素晴らしい技術者がいる会社であれば、しばらくの間は電子産業株投資家を多く獲得することはできる。そのため、多くの人は有能な販売組織の長期的な意義を見落としていることが多い。電子産業投資家もそのような見落としをしなければ、何年かたったあとにかなり大きな見返りを手にすることができていることだろう。

医薬産業

これ以外で、一九六〇年代に大きな成長を強く約束された分野は製薬産業（または医薬産業）である。ジフテリアやポリオといった病気との闘いは、最近まで負け戦だったが、人間の手によって克服されたことは非常に喜ばしい。いまだに人間や家畜の両方を苦しめる病気（そして多くの心の病気）の効果的な治療法や優れた治療法には、ものすごい需要がすぐに起こると容易に想像できる。ここに、第二次世界大戦およびその直後の数年間に抗生物質という素晴らしい成果を携え、現代的な意味合いにおいてのみではあるが、本当の意味での成年を迎えた産業が登場したのである。この時期に驚異の新薬に多くの製法がある程度確立され、大衆市場向けに販売できる水準の価格が実現した。この巨大な市場は、医薬分野での重大な技術的大発見には即座に反応するため、調剤薬を製造する経営状態の良い製薬会社は売り上げの一定の割合を新商品の開発や改良のための研究に割り当て、選りすぐりの電子企業のいくつかとも肩を並べるまでになっている。右のことがすべての夢でないかぎり、一九六〇年代の敏感な投資家にとって、これはかなり大儲けへの道を切り開いてくれることになるだろう。この華やかな分野特有の投資的性質には、どのようなものがあるだろうか。

科学的に見ると、製薬産業はある特定の分子を特に必要とされる性質を持つ分子に作り変えるか、原子や比較的単純な分子を取り出し、それらを望ましい特性を持つ複雑な物質に作り変えるという化学的工程を経る点において、化学産業に似ている。つまり、製薬産業で生産される分子は、化学産業が生産する大部分のものと比べてより複雑であることが多い。しかし技術的見地からすると、これら二つの業種の違いは、どちらかと言うとあいまいである。

しかし投資という見地からすると、状況は変わってくる。製薬株は、投資的性格からすると、化学産業と電子産業の間に位置すると考えられるが（企業価値の成長する速度という点と、これらの企業に本来備わっていると考えられる高いリスクがあるという点の両方の意味合いにおいて）、技術的な結びつきが非常に強い化学株よりも、投資的には電子株のグループのほうに近い類似性を持っている。すでに私が指摘したが、化学産業での主力製品は一度パイロットプラントの段階を通過すれば、それを製造するために必要な複雑な工場を稼動させるまでに巨額な資金と多くの時間が必要となる。一定の割合を年間売り上げから工場へ投資しても、最高の化学工学技術を獲得できるケースはほんの一握りにすぎない。製薬事業の場合はそれとは対照的で、全国規模の市場を満たすのに必要とされる生産設備は、短時間で比較的安くできる。したがって、新商品を迅速に売り込もうとするときに、化学産業が遭遇する深刻な障壁もなく、新商品によってそれまで人気の商品が急速に売れなくなるというようなこともない。

以上に加えて、私の考えは多くの人の意見とは合わないかもしれないが、技術が急速に時代遅れとなってしまうようなことがいつ起きてもおかしくない分野では、多くの製薬会社の商品構成を丁寧に検証してみると、このような事態に対する防衛体制が想定されているよりも弱いということが分かる。多くの事例を見ても、売り上げの大きな部分を稼ぎ出しているのは、ほんの一握りの主力商品である。そのうえ、通常このような主力商品の生み出す利益は、総利益に占める割合が非常に大きくなる。したがって、競合相手のある主力商品が時代遅れとなってきているような場合、収益力に対して好ましくない影響が出始め、ゆくゆくは株式の市場価値にも影響が及んでしまう可能性がある。

このような背景は、電子産業で説明したような大きなリスクを抱えて、著しい成長をする場合と非常によく似ているように見える。しかし、電子関連会社のような極端な場合と比べて、この成長率とリスクの両方をある程度低く抑えることのできる要因が存在する。一つは、米国に限っての話だが、人間の健康に影響を及ぼす新商品を市場に出す前には、FDA（米食品医薬品局）の認可を得なければならないということだ。これは、膨大な量の臨床データを提出しなければならないということであり、時間のかかる作業である。早い時期に事前通告があれば、競争相手もステップを踏んで追いついてくるかもしれない。一方、多くの医薬品の実質的な市場は、米国内外で処方箋を書く医師によるものという事実も念頭に置いておかなければならない。この非常に多くの医師のなかには、常に良い方法を求めて止まない心を持つ人が含まれている。このような医師たちは、効能が実証された新薬を歓迎するだろう。しかし、この膨大な数の医師のなかにも、強力な新薬に潜むリスクを認識し（ほかの患者には悪い副作用がまったく表れなかった薬を投与されても、原因不明の悪化で苦しむ患者が出てくるということがたまにあるため）、従来の医薬品にこだわる人もたくさんいる。後者の要因として、従来の医薬品を長年にわたって使用してきたことから、その投薬方法に高い技術を持っている医師がいるということだ。彼らは使い慣れないという理由から、新効能があるとしても新薬を使うことをためらうだろう。このような理由から、メリットがあるにもかかわらず、医薬産業界では価値のある新薬が市場を一気に席巻することはこれまでなかった。これと同じ理由で、技術的には完全に時代遅れとなった医薬品も新薬が発売される前に比べるとかなり減少するが、ほぼ常に比較的安定した割合で何年も売れ続けるのである。

電子産業界でほぼ際限なく続く技術競争と比べて、医薬産業にはある程度競争を抑える力となる要因がもう一つある。平均的な医師は大変多忙である。毎年多くの医薬品が発売され、それらの医薬品には高い効能が要求されているなかで、現在開発中、あるいは開発しなければならない医薬品について、医師が自分の専門分野の情報を得るための時間を見つけることはかなり難しい。その医師は新薬に関する情報を専門紙や医学雑誌の広告などから知る。彼はまた、そのような情報を製薬業界の「プロパー」と呼ばれる人から知ることになる。プロパーとは各製薬会社の営業マンで、医師を個別訪問して自社の商品ラインに載る新商品の情報を提供している人である。しかし、多くの医師には時間がなく、訪問を希望されてもわずかな数のプロパーにしか会うことができない。したがって、時間の合う数人を選ぶことになる。間違いなく、これはプロパーの人柄で選ばれる。また、医師がそのプロパーの製薬会社に抱いている印象に基づくものになるだろう。このため良い評判と優秀なプロパー集団を持っている会社は、競争で優位に立つことができるようになる。またある意味で、これは新しい医薬品が激しい競争にさらされるのを防ぐことにもなる。

投資家の視点で見ると、プロパーの規模や地位といったことは問題ではない。ある会社が他社よりも新薬の市場開拓力が強いというのは、新薬を安定的に出し続ける研究開発力に比べれば二次的な重要性しか持たない。製薬会社のマーケティング担当者が多くて多様な医師にアピールをしなければならないが、開発にかかわる技術は単純でも安くもない。その新薬が医学的にも経済的にも重要性が認められれば、著名な専門家の関心を引いて、この新薬の臨床的な研究結果を報告してもらうように協力を得られるかもしれない。この報告は細心の注意を払って書き上げられて、医学雑誌やパンフレットに載り、何万という無料サンプルとともに発送される。小さな製薬会社であれば、マーケティングのノウハウがすべてそろっておらず、市場の反応を得るために必要な広告の効果を出せないということがときどき起こる。必要な資金も不足しているかもしれない。

ここでまとめておくと、一九六〇年代になり、病気や体調不良を治すための化学的手段の発見に関しては、さらに進化が遂げられている。しかし、突然の上下動のリスクを和らげる自動安定装置がいくつか付いているとは言っても、多くの場合、一社の新発見が他社には重要な市場を取られる危機となる。こういうことは普通のこの業界で、今進化を遂げていることから投資家が恩恵を受けるためには何ができるだろうか。

投資家ができることは二つある。一つは、大手製薬会社のなかでも最高の企業の株式だけを買うのである。つまり、メルクやシェリングといった企業である。この二社は、素晴らしい研究組織と平均以上のマーケティング力を併せ持ち、医学分野でも並外れて高い評価を受けている会社である。この業界全体が拡大基調にあるため、素晴らしい研究組織を持ち、可能なかぎり広い分野に参入しているこれらの会社は、競合他社の技術的大発見によって損失が発生しても、自社の技術革新から利益が急増すれば、その損失を大きく上回ることになる。

しかし、右の説明と最高の化学株を買うと言った私のコメントとの間には、強い類似点とともに大きなズレも存在する。類似点は、任意の時点で買った最高の製薬株や化学株には成長要因が大きいため、十分な時間をおけば利益を出すことが期待できるという点である。ここでも化学株の場合と同じように、忍耐力を持って自制心を保ち、そのような買いの適切なタイミングをつかむことができる人の利益は並外れて大きくなる。これで、私たちの差は大きく開く。最高の会社に投資をする絶好のタイミングをもたらす条件は、化学産業と医薬産業ではかなり異なる。すでに述べたとおり、化学産業においては、そのようなチャンスは一般的に事業が後退したときに訪れる。このような時期は、素晴らしい医薬株を買うにはあまり良くない時期となる。医薬事業は景気の影響をあまり受けないため、ほかの業種が業績を急激に落としているときに投資家が医薬株を評価しやすくなる。その結果、不況というだけでは株式がバーゲンセールのカゴに乗せられないのである。しかし、ほかの要因によって、この業界が投資家の人気を失うことがときどきある。その一つは、人間の福利厚生に欠かせない商品を扱っているため、多くの会社は高い収益率を享受しているが、そこに、政府が介入してくるときである。このような出来事があればすぐに、一九六〇年代の間に医薬株の絶好の買い時が何度かやってくるだろう。実際に買い時が訪れようと訪れまいと、過去に何度か実際に起こったように、製薬会社のうちのどこか一社の業績が突然大きく下落すれば、マーケットは他社にも同じことが起こるということに気づく（これは忘れられがちだが）。この業界全体の株式は、新薬で大成功を収めて、問題のすべてが新たな大きな熱気の渦の中で忘れ去られてしまうまで、当分の間は人気を失うのである。そのようなときでもバランス感覚を失わず、最高の会社に資金を投じることのできる者こそが、このダイナミックな分野で莫大な見返りを受けることができるのである。

しかし、この産業の研究室で何が起こっているかについて細部の情報を持っている人にとっては、別の種類の大きなチャンスも存在する。これはどのようなときにも起こるチャンスだ。経営が好調な会社のなかからは、大幅な増益につながるような重大な新商品の開発に成功するところが出てくる。この開発が会社の業績に与える意義について、マーケットが気づいてしまう前にその株式を買っておくことができれば、その結果は素晴らしいものになる可能性がある。素晴らしい結果とまではいかないまでも、業績についてマーケットには知られながらも株価が少しでも割安であれば、まとまった儲けは手にすることができる。もちろん、そのような儲けを実現するためには、投資家やアドバイザーは己の行動を本当に理解していなければならない。しかし、このような知識を持っていなければ、どんな種類の株を買っても、彼が一貫して素晴らしい成功を収めることはできないのである。

その他の興味深い産業

第二次世界大戦後以降は一貫して賃金上昇の時代となっている。このような背景のなかで、同じ従業員数のままでより多くの仕事やより質の高い仕事をすることによって、採算が合う新商品を出すことができる会社は、投資のうえでは大きな関心を呼ぶ。このことから、一九六〇年代において、より魅力的な投資先を探すとき、機械産業の入っていない候補先リストはどれも完全と言うことはできない。

基本的な原理についていては、優秀な機械装置メーカーと、優秀な化学メーカーや電子メーカーや製薬会社との差はない。それぞれ個別に見て、生産や販売、研究における優位性がその投資に素晴らしい結果をもたらす大きな要因となる。しかしこの大きな枠組みのなかで、すべての機械装置メーカーから可能性を探るときに、投資家が特に気をつけなければならない点が二つある。この二点は、同じ生産ラインでの生産高を増やすような機器を製造する会社や、記録を付ける作業を助ける会社や、オフィス機器産業と呼ばれるような会社など、この産業のなかでも特に重要な分野についてもよく当てはまる。

その一つ目は、その会社の創造性の高さであり、それによって自社製品を常に改善し続けて、顧客に旧製品と取り替えたいと思わせることができるかという点である。いくつか大きな例外はあるものの、機械産業にはほかの業種にある強みが存在しない。ほかの業種では既存の顧客と繰り返し取引を行うことが多い。それは、彼らの扱う商品が即座に使い果たされてしまうか（食品や化学薬品、紙関係など）、ある限られた時間がたてば取り替えなければならないものなどだからだ（繊維や塗料、タイヤ関連など）。一方で、特定の種類の機械装置はその性質上、動かすたびに振動や衝撃で磨耗してしまい、その部品は決められた回数しか使うことができない。長い期間はもつとは言っても、ある時間サイクルで取り替えが必要になる。当然、自動車関連がこのグループの最大企業である。しかし、この機械装置産業で生産されるものの大部分は一カ所での使用を想定して設計されており、前述のような特殊な圧力や歪みとは関係がない。主な部品やコンポーネントは磨耗し適宜取り替える必要があるが、このような定置型の機器類は、数カ所の重要なパーツを取り替えてしまえば、長期間使えるものである。これはつまり、多くの機械装置メーカーはたった二つの市場だけに頼って、販売を行えばよいということだ。一つは、拡大する産業を相手にすることだ。この場合、同じ機器に対する顧客の需要が拡大する。拡大する成長市場に商品を提供し続けることができる機械装置メーカーは、ほんの一握りしかない。したがって、会社はいつも成長市場に参入するために、ほかの会社頼みにならざるを得ない。その会社も大きな売り上げを持っているところで、現在行っている仕事よりも安くて上手にこなす機器類を開発しているところでなければならない。以上のことから言えることは、機械装置メーカーの生産設計に関して、柔軟で独創性に富んだ能力を持つ人材がいるかどうかを見極めることが、この業界への投資で成功するかどうかの重要な要素となる。

投資家が注意をしなければならないもう一つの点は、自社製品が売れたあとのアフターサービスを適切に提供できるかどうかという点である。多くの種類の機械装置は、継続的な振動や衝撃を受けないかぎり極めて長期間にわたって動き続けるが、部分的にパーツが磨耗したり調整がずれたりしてしまったときに、適宜調整しないで長く動く機械装置はない。多くの機械装置は複雑な作りをしているため、使用者が自らの力で調整するようなことは不可能だろう。機械装置に不具合が生じたときに地理的に遠い場所で点検作業を行うことは、困難かつ費用のかかる作業になる。しかし、適切な調整を行わなければ、顧客によっては敵意を抱くこともあり、事業の順調な成り行きを危険にさらすことになる。対照的に適切に対処した場合は、この点検作業のお陰で顧客を会社の味方に付けておくことができ、今後の販売という観点から見てメリットがある。これはまた、サービス手数料や交換部品という形での安定かつ有益な収入源ともなり得る。また、ほかの会社が新規参入してきて、競争相手が増えるのを阻止することにも役立つ。それは適切なアフターサービスを行う場合、機械装置事業へ参入するための初期費用の上乗せが発生するからである。以上のような理由から、アフターサービスを細かく研究することが、機械産業への投資を考えている人にとって重要なポイントとなる。

経済的に新しい金属も、多くの投資家からは成長分野と見られている。六〇年以上も前に商業的なデビューを果たし、金属のなかでも初期段階で経済的重要性が認められたアルミニウムは、年々成長している。この成長はアメリカの産業全体と比較するとかなり速い。どこを取っても、平均を上回る速度で拡大し続けている。その次に現れた「軽金属」のマグネシウムも、同様の急成長を遂げた。これからの一〇年を見ても素晴らしい見通しが待っている。それから一九五〇年代後半にはまずチタンが、次にジルコニウム、そしてその後にベリリウムが原子力産業や航空機産業、ミサイルや化学加工の成長分野における特定のニーズがあるとして、その特異な性質に対する大きな市場が注目され始めた。タンタルやニオブも、今後にさらに安価な産出方法と容易な精製方法の研究が進んでいけば、一九六〇年代にはこのリストにいずれ加えられてもおかしくはない。その他の金属あるいはその他諸々の物質のうち、今は商業的な重要性がほとんどなくとも、どれが将来の技術で緊急に必要となるかはだれにも分からない。そして、どの商品が素晴らしい投資結果を残すかもだれにも分からない。

ここまでで、本書に書いてあることを先回りして、私が今言おうとしていることが分かっているという読者はそれほど多くないことと思う。それは、魅力ある投資を決定するのに、産業の性質にその根拠を求めることの限界についてである。理由は、産業間を隔てるはっきりとした境界線が存在しないことが挙げられる。多くの場合、純粋に恣意的な前提で食品加工業といった大きな産業のくくりで財務上の分類がなされ、また場合によってはさらに細かいセグメントとして、食肉加工業や製パン業、果物・野菜缶詰製造業といったものに分けられる。さらに特定の産業について、投資上の性質を判定しようと試みている投資家に重要なことは、ある産業がどこから始まってどこで終わるかということについては、まったくあいまいな定義しかないという点である。このことについて詳しく見るために、前段落の最後に述べたキーワードに立ち戻ってみたい。そのキーワードとは、「あるいはその他諸々の物質」のところである。

投資家の観点からすると、イットリウムというマーケットでは機械的に化学産業の一部と分類されてしまう希土類元素と、化学産業とは異なる金属産業に属する物質だとウォール街の大部分の人は考えてしまうアルミニウムといった物質の開発に関して、投資上の特性としてはどちらも根本的には何ら変わるところがない。どちらも化学元素である。どちらも純粋に科学的処理を施されて商品に変えられるものである。投資家にとって最も重要な点は、どちらの場合も加工の工程がイットリウムやアルミニウムを含んだ鉱石を地中から掘りだすよりもはるかに複雑であるということだ。よって、この二つの分野のどちらを投資先とするかは、アルミ生産会社と銅や亜鉛、鉛、銀などの多くの採掘会社とに見られるような類似性よりもずっと近い関係にある。

しかし、ここでもっと特徴が必要になる。現代における銅の採掘と精製には、化学的にこれよりも複雑なアルミニウムやマグネシウム産業における加工とは類似点がほとんどない。したがって投資に関しては、アルミニウムやマグネシウムの会社と近い関連性がある会社といえば銅を扱う会社だけであり、またそれも事業のなかで製造側についてだけしか言うことができない。それでもこの違いは常に正しいというわけではない。商業的な成功については結果的にまちまちだったが、しばらくの間、経済的には古い部類に入るいくつかの金属に対して極めて大きく異なる工程による新たな化学的加工法が試されている。このような加工法が成功すれば、鉱業のなかでも古い流れの産業でも投資上の特徴が現在と比べて大きく変わってしまうかもしれない。すべて実務的に考えると、現在は鉱業に属すると考えられている会社でも、何年かあとには化学会社となっている可能性もある。つまり投資上、産業別の特徴を分ける境界線がまったくはっきりしておらず、技術が急速に拡大している一九六〇年代のような時代には、今日存在している境界線が明日にはまったく変わってしまっているという事態も十分あるということだ。

では投資の分類をするときに、マーケットでは産業の分類が恣意的であるとするならば、果たしてそのばらばらの特徴に時間を費やすのには何か意味があるのだろうか。投じた資金から最大限の利益を手にするという観点からすると、私は意味があることだと考えている。例えば、ＩＢＭの株式の場合、①電子産業に分類されるか、②機械装置産業に分類されるか、③それぞれのサブカテゴリーの事務機器産業に分類されるか――は、純粋に恣意的な問題なのである。問題なのは、この株式の将来的な魅力を考慮するときに、投資家はより良い機械の開発（この類の機器であれば早期に消耗してしまわないこと）のための創意を常に持ちあわせていることとサービスを提供することの両方の大切さを理解しているということである。このことはどちらも機械関連の株式を評価するときに特に重要な点である。さらに、電子関連株について注目すべき点は、投資家がＩＢＭの評価を分かっているということが重要となる。つまり、先に述べた産業について具体的に挙げた四点である（研究で先頭を行く力、防衛事業と民間事業の相互関係、製品が顧客により受け入れられて価格競争から自由の身となること、販売力）。もちろん以上のことは、効率よく生産したり、従業員を賢く扱うといった経営がうまくいっている会社の特徴となる。その残りの要素について、ＩＢＭやその他の投資先がどのような評価になるかを判定する自己責任から投資家を解放するものではない。しかし、この業界の投資上の特徴を理解し、その特徴が分かった場合に、①どの投資先を探すべきか、②そこがどのような投資先なのか――ということについてずばり分かるようになるのである。

金融界では成長産業とされるところには多くの注目が集まるため、素晴らしい投資チャンスはそのような産業の真ん中ではなく、その縁で見つかる。したがって、例えば一九五〇年代も残すところ一五カ月ほどになり、今の一九六〇年代に入ろうとしていたころ、投資家はミニチュア・プレシジョン・ベアリングスというニューハンプシャー州の小さな会社に長期投資の可能性があると認識し始めた。この会社の主な投資上の特徴は次のとおりであった。この会社はミニチュア・ボールベアリング、つまり微小なボールベアリング製品を扱う会社としては最大で、またコストも最も安く製造していた。この微小なベアリングの高い品質によって、従来のより大きいサイズのベアリングを製造するよりも、将来的に平均以上の成長を遂げる可能性が広がっているように思われた。このベアリングが各所で顕在化している小型化という一般的な概念に合致しているだけでなく、これをミサイルで使うメリットから、多くある兵器システムのなかからどれが一時的な勝利を収めようとも、この微小な部品がどんどん使われるようになるとの確信が持たれるようになってきた。一方で民間においても、この部品は高速回転の歯科ドリルの開発も可能にしている。したがって、その将来は軍備頼みというわけではない。また、同様に注目を浴びて特許に守られた大型のベアリングで、防衛にはまったく関係のない製品を商業生産の初期段階として持っている会社もこのような要素がさらに強くなる。このミニチュアベアリングの潜在市場が明らかになると、従来のベアリングメーカーのような大企業を含め、多くの会社がこの分野に参入しようとした。しかし、生産における創意と品質管理のお陰でこの小さな会社は最大の取引高を誇る供給業者として生き延び、製造に関する技術力、マーケティング力、特殊金属の世界における支配力によって、継続的な事業が約束されるという幸運な位置に立つことができたのである。

以下で取り上げている会社は必ずしも魅力的とは言えない金属加工会社であり、その成長要因はより派手な電子分野や機械分野と密接につながっている。この株式の投資上の魅力は、使用している技術の難易度である。他社も簡単にこの企業の技術力に匹敵するものを持ち、それを超えることすらでき、この分野における顧客の厳しい基準にも合わせることができたならば、ミニチュア・プレシジョン・ベアリングの株式には投資上の魅力がほとんどなかっただろう。その技術が簡単ではなく、また会社の理念と経営陣から先頭に立ち続けるという強い意思が伝わってきたからこそ、一九五九年時点でこの会社を成長性の高い投資先として見つけることができたのである。一九六〇年代に入り製造技術がさらに複雑になれば、そのチャンスはより自明のこととなるはずである。鍵となる要素として気を付けなければならない二番目は、その製品の今後の成長幅である。しかし一番は、この産業の成長とともに現在トップにいる会社が今後も同じ市場シェアを確保していくことができるかどうかである。

以上述べてきたことは、一九六〇年代に素晴らしい投資チャンスが到来する産業をすべて網羅的に挙げることを目的としたものではない。米国のビジネスのあらゆる面を熟知し、非常に大雑把な形であっても確実に網羅できるという人がいるかどうかは疑わしい。私自身はそのレベルの知識を持ち合わせてはいないと自信をもって言うことができる。しかし、本書を締めくくる前にもう一つだけ、私が大きなチャンスが引き続き到来するだろうと思う分野について触れておきたい。それは製品や労働ではなく、サービスを提供する会社で、その特定のサービスに関してはどの会社でも良いというわけではなく、ほぼ全員がその会社のことを思い浮かべるというようなところである。私が過去の事例から引っ張りだそうとしている会社は、競争力のあるビジネスにとってこれ以上重要なものはないという素材を提供する。つまり、情報である。一九六〇年代に到来するチャンスは、情報を提供する会社のなかにあるかもしれない。より多くの、そしてより質の高いデータに対する需要は今後もどんどん拡大していくと思われる。しかし、チャンスはこれとはまったく異なるタイプでも、需要のあるサービスを顧客へ提供するサービス会社のなかに現れるかもしれない。

一九五〇年代全体をとおして、ダン・アンド・ブラッドストリートは株主にとって素晴らしい投資先となった。この会社は日々の信用情報の入手先として事業を確立した。事業が拡大し、またそのようなデータに対する需要が高まるにつれて、その需要に応えるためのデータベースは構築されていったものの、コストの増加はなかった。

同様の出来事として、ニールセンが一九五八年終盤に新規上場を果たした。この銘柄は金融市場において比較的目新しく、この証券の投資上の特徴から生じる結果はほかの銘柄と比べるといくぶんか予見が難しい。また投資家が一九六〇年代に注意すべき種類の投資先としては最高の事例なので、この銘柄の状況を少し詳しく検証してみるのもよいかもしれない。この会社の事業はそれだけではなかった。利益の大部分を得ていたのは、標準的な消費財（缶詰食品、タバコ、スープ、紙製品など）を製造する全国的に有名なメーカーに対して、自社や競合他社が扱う各製品の営業地域における売り上げの最新情報を正確に提供するという業務からであった。結果は慎重に選択した小売店に対して、実際に聞き取り調査を行って収集した。同じことを多くの顧客に対してするとき、一社のメーカーが自前でやるよりもこの会社のほうが著しく安い値段で提供することができた。また、たとえ複数社が共同したとしても、これはなかなか難しいため、このビジネスに真剣に新規参入者がくることは想定しづらい。また想定しづらい話だが、会社の顧客サービスの質が著しく劣化でもしないかぎりはない話だと思う。一方、毎年このビジネスは異例の速さで成長する。その原因となるのが、異なる三つの成長要因である。それは、①既存の顧客が利用している製品ラインのサービスのサブカテゴリーがさらに細分化していること、②サービスは徐々に増えつつあるさまざまな種類の製品のために開発されており、この成長要因にはさらなる可能性が多く内在していること、③これらのサービスが海外事業にも拡大され、そこではようやく元が取れ始めた段階であること――の三つである。それからこの会社は過去数年間にテレビの視聴率サービスとクーポン処理サービスからもある程度の売り上げを上げており、それもようやく黒字になり始めたところである。この事業が数年かけて成長してきたからではなく、これから先何年にもわたり、この事業が同じペースでしっかりと成長していくという強い見通しがあるために、新規上場から半年そこそこですでに株主にかなりの利が乗り始め、また大手機関投資家がこれこそある程度の安全性を兼ね備えた成長株で自分たちのニーズに合致すると判断していても、まず驚くようなことはない。

ここで「ニールセンという会社についてここまで細かく説明するのはなぜか」と尋ねられるかもしれない。これはどちらかというと独自性の高いビジネスで、その性質上、同じような投資チャンスが二度と訪れないような会社だからだ。もちろん、それがこの会社やその他の素晴らしい投資先となるサービス事業について私がまさに説明したいと思ったことだからだ、というのがその答えだ。大当たりする投資になる可能性が高いものは、まさに独自性が高く、ほかの人が簡単にまねできないものを提供する会社だけである。しかし経済全体としては、サービスを提供するビジネスのほうが目に見える製品を供給するビジネスよりも、さらにはやく成長している。単なる例であるが、ダン・アンド・ブラッドストリートとニールセンが投資の土俵に上がってきたように、ほかの企業も同じようにこの始まったばかりのこの一〇年の間に出現してくるかもしれない。そのような会社はあらゆる素晴らしい投資先としての基本条件を満たしているということを考えると、登場まで待ってみる価値は十分にあるのではないかと思う。

つまり、高い倫理観と異例の能力を持ち、需要の成長が平均以上の伸びを見せている分野へ会社の事業活動を導いてくれる経営陣のことである。通常、このような分野は何らかの理由で新規参入が困難な分野で、したがって、その会社は継続して期待される成長の分も含めて、完全な市場シェアを獲得していく。しかし、時に成長の可能性が十分にあり、その経営陣も異例の創意と能力を持ち合わせていた場合、大きな投資のチャンスはその会社がサービスを提供し、少なくとも表面的にはこの成長のパイの取り合いになる会社の多様性に対する自然な保護があまりなさそうな分野のなかの、さらに小さな専門的な区分にも訪れる可能性もある。

マーケットに紹介された同様の事例は、ニールセンの新規上場以外にも最近あった。それはマンパワーのことである。この会社は一九四八年に創立されたばかりであるが、数多くの種類のビジネスで求められる臨時労働力を派遣することに専念した、全米最大の全国組織である。一九五九年六月までにこの会社とそのライセンシーは、全米四〇州と世界一〇カ国に合計一六九の事務所を構えるまでになっていた。数多くのメーカーや金融機関、小売業者の最大手からひっきりなしに仕事の引き合いがあった。このような成長は、会社が本物のニーズを埋めていなければ実現することはなかっただろう。この会社は、個人経営の法律事務所から大企業までのすべてにわたり、病気や休暇、一時的に異常な量の仕事を受注したときのような状況が、訓練されているものの短期の雇用でなければ仕事ができないという人材に対するニーズを創りだしているということを知った。一方、主婦や学生や先生や退職者などといったグループのなかにはそのようなスキルを持った膨大な数の人材が存在し、彼らは正社員として働くことはできないものの、特定の曜日や月に働くことを希望しているかもしれないのである。マンパワーはこれらの人材に対して、派遣先となるさまざまな顧客の職場における実労時間に応じて給料を支払う。その結果、マンパワーの顧客は必要なスキルを持った臨時の人材確保にかかわる困難な仕事と、その人材を社員名簿に載せるためにかかるさまざまな費用の両方から開放されるのである。「福利厚生」の保険料や、表には見えない雇用関連費用もあるため、節約できるお金のほうが基本給与体系を基にしたマンパワーのフィーの超過分を完全に上回ることも多く、その他にも好ましくない臨時職員を選んでしまうリスクを回避する効果もある。この事業が急成長を遂げたのもうなずける。

しかし、これが本当に長期投資に適した事業と言えるだろうか。あるコミュニティーにそのような組織を立ち上げるために、必要となる資本金は比較的少ない。都市やその郊外に住んでいて友だちや知り合いの多い人であればだれでも、創意や販売術を身につけて、自分の住む地域周辺でまとまった量の取引を獲得することはできるかもしれない。これは単に、成長市場において多くの人が簡単に競争の土俵に立ち、一般的に投資の魅力がなくなってしまうような分野なのではないだろうか。

このサービス自体が比較的新しいものであるがゆえに、肯定的な答えを出してくれる未来しか見えないのではないかと思う。しかし私の考えでは、このような脆弱性があるにもかかわらず、マンパワーの本質的な投資価値は自明のことであり、今起こっている株価の急上昇にも説明がつくと思っている。マンパワーの経営陣は素晴らしい創意を発揮し、比較的関連性の薄い多くの分野で自社のサービスの道を切り開いた。オフィス部門では速記者、電話交換手から文書整理係、経理係、タビュレーター、さらに複雑な現代のオフィス機器のオペレーターにいたるまでさまざまなスキルを持つ人材を派遣していた。産業部門になると恐らくさらに広い範囲の人材を派遣しており、例えば、倉庫労働者や建物の管理人、在庫係、メッセンジャー、そして洗車係までも送ってしまう。販売部門であれば、販売営業員を派遣するのはもちろんのこと、実演販売員、モデル、マーケットの調査研究に必要なデータ収集専門のスタッフなども送ることがある。技術部門であればエンジニアや設計士、会計士といった専門分野の一時雇用のために訓練された人材を派遣する。このようなあらゆる経験を背景に、マンパワーはどのように仕事を獲得していけばよいのか、どうしたら比較的少ないコストで事業を回していけるかを学んできたのである。この会社は、仕事のボリュームもなければ顧客の購買意欲をかきたてたり、パートタイムの仕事を求めている有能な人材をうまく使ったりすることに関して経験の浅い新規参入者に対して、競争が困難になるような料金設定をするのである。

投資家がサービス業に対して一九六〇年代のような素晴らしい投資チャンスを求めているとすれば、この業界の置かれた新しい状況においては、前述の事例で挙げたダン・アンド・ブラッドストリート、A・C・ニールセン、マンパワーなどの企業活動とはまた違っているということを念頭に置くべきである。多くの場合、その事業の性質上、長期的な投資のターゲットとはならないだろう。それぞれの会社について、投資家は次の三つの質問を考えてみるべきである。つまり、この業界は素晴らしい成長が約束されているか。この会社の経営陣は真に突出しているか。この業界でトップに立てば、あとから参入してきた会社が先を行く会社に容易には追いつけないとか、また対等に成長を争うことすらできないか。この三つの質問すべてに「はい」と答えられる場合にのみ、そのサービス業界に大きな魅力があると言うことができるだろう。そういう答えが返ってくるならば、その株式は私たちがまさに突入したばかりのこの一〇年において最も見返りの多い銘柄の一つになるということが言える。

戦争直後の偽物の成長株

多くの投資家をより悪い結果へと陥れがちな大きなものの一つは、どのようなことであれ、最近起こった出来事がいつかまた必ず起こるだろうと思い続けていることだ。投資においてはよくある誤解である。何十年とまでは言わないまでも何年もの間、多くの鉄道株よりもそれ以外の株式に投資したほうが先行きは明るいということが保守的な投資家の目にもはっきり分かるようになってきた。そのあとでも、かなり分かっているはずの機関投資家は、一般的に受け入れられている考えだからという理由から、大きな割合の資金を昔ながらの銘柄で持っていた。

同様に、紙やセメント、製材業者といった特定の産業の多くの株主がものすごいパーセンテージの株価上昇を経験したため、一九五〇年代末の株価とその一〇年前、二〇年前の株価を比較してみれば、当時の株式の多くがいかに魅力的な投資先であったかということがお分かりいただけただろう。最近の投資調査報告書は、どれも筋の通らないものに見えてしまうだろう。

このような産業の特徴の一つは、巨額の資本が必要であることだ。セメント工場や製紙工場には、極めて巨額の投資が生産容量に応じて必要になる。製材所にはそれほど大きな資金が必要にならないものの、見事な製材株は単に製材所を持っているだけでなく、自前の材木供給先も持っている。森林を所有するためには、巨額の投資が必要となる。

ここで一九三〇年代の、大部分が消沈していた時代に戻ってみる。紙やセメント、木材などの産業が、当時は最も落ち込んでいた産業だった。それぞれの産業では程度の違いこそあれ、生産過剰によって工場は遊休施設となり、かろうじて稼動している工場があったとしてもわずかな利益しか上がっていなかった。一般的に株式というものは収益に対して価格が決まるものであり、その背後にある固定資産に対して決まるわけではない。そのためこれらの株式の大部分は、彼らが所有するセメント工場や製紙工場、森林地に当初かかったコストを反映して、大幅なディスカウントとなってしまったのである。

第二次世界大戦が終ってからほどなくして、これらの産業にある大きな変化が生じた。この変化には二つの側面があった。一つは、ほぼ全産業が関係した経済成長の大きな波によって、セメントや紙、木材に対する需要が急激に伸びた。その結果、戦前に過剰となっていた生産能力が必要になっただけでなく、さらに工場を建設しないと間に合わない状況になったのである。二番目の大きな要素は自明だろう。戦後の物価上昇のスパイラルで、セメントの生産や工場施設、製紙工場を拡大しようとしても、当時割りと新しかった工場の大部分が建設された一九二〇年代に一般的とされたコストと比べて、非常に多くのお金が必要になったということである。同様に伐採用森林地を追加取得しようとしても、資産価値上昇分に相応の対価を支払わないと不可能だった。

このように追加される施設は実際に必要となるものであることから、やがて戦後の原価基盤の流れに沿った新生産活動に見合う利益が出るような価格体系に市場自体が調整していった。しかしここで前述の産業において、当時まだ生産の多くを占めていた戦前からの工場の収益力に何が起こったのかを見てみる。これらの工場はフル稼働となったため、余力が当時よりもずっと大きかった戦前の稼動状況に比べると、まとまった増益要因となった。しかしそれに加えて、コスト競争力の非常に高い工場では十分価値ある収益を取ることができるように計算された価格体系下でビジネスが行われていた。そこでわいてくる小さな疑問は、なぜ利益が劇的に増加したのか、そしてこれらのセメントや製材、製紙といった会社の株価はなぜそれほどまでに大きく上昇して、見事な結果を残したのかということである。

私が、まれな例外を除いてこれらのグループの株式に投資をしても一九六〇年代にはそれほど素晴らしい投資にはならないと信じている理由は、戦争直後の時代にこれらの多くの銘柄が大きく上昇したことに説明がつかないからではない。それはある二つの、ともにこの大幅上昇をもたらした環境要因が二度と発生しないからである。その一つは物価上昇である。これは直近で見られたような傾向が恐らく続かないだろうと考えられる。しかし、これらの産業がおおむね繁栄し、またそれが継続していくと思われる兆候が各所に見られるなかで、そのような物価上昇の影響が再び力を持ち、「必要最小限」しか株価に織り込まれていなかった状況から脱却せざるを得ない状況になって、通常の健全な株価水準まで戻り、よってこれらの株式の大部分が大幅に上昇する結果となった。

セメントや紙や木材といった株式と、化学や電子や製薬関連の株式に市場レベルで起こったことをそれぞれ比較してみてもらいたい。後者のグループは、一九三〇年代後半には数セントという株価まで落ちることは一度もなかった。大部分は当時の収益力を見ても割高な水準であり、簿価の数倍もの株価で取引されていた。それ以来の株価大幅上昇の原因のほぼすべては、その期間にこれらの会社自身が開発した新製品によるもの、つまりおおむね研究開発や技術的な努力の成果であり、一九六〇年代を通しての将来を確実に約束するものとなったのである。これは一時的な「出世」とは違ったものであり、またほかの産業の株価上昇の要因となった「成金」的な展開とも違うものだった。

もちろん会社がそれぞれ異なるように、特定の個別企業を見るかぎりでは、こういう産業というふうにすっきりと一般化できる説明は存在しない。よって、その定義をきちんと決めなければならない。化学メーカーや電子会社などは、このようなダイナミックな産業においてお互い競い合おうとする傾向にあるものの、それでも徐々に縮小してきてしまっているのは新製品を開発する才能を持ち合わせていないからだ。それとは対照的に、スコットやクラウン・ゼラーバックなどといった特定の素晴らしい製紙会社は、独創的な開発とマーケティングで重要な新しい紙製品を生み出した。同社は何十年にもわたって株主に見返りを確実にもたらすような素晴らしい成長をしながら、自分たちのビジネスを純粋に築き上げていったのである。戦後の紙製品の長い歴史のなかで、ナプキンやタオル、コップ、そして特に牛乳や冷凍食品のパックといった製品の人口一人当たりの消費量が急拡大したことを見ると、スコットやクラウン・ゼラーバックなどの独創的な経営陣のやっていたことが容易に証明される。しかし、プラスチックや化学繊維の価格が徐々に下落していき、その特徴も多様性を増していくにつれて、使い捨てカップや一部の冷凍食品の容器、ドライクリーニング工場で使われる袋など、先ほどの紙中心の特定の市場に対する化学産業の苦戦がより明確になってくる。一九六〇年代も進むにつれて、主要な紙製品メーカーが自身のためにそれまで築き上げてきた商品ラインの一部を他産業の挑戦のために割くことができるのか、また常に改良され続けている化学繊維と対抗していくなかで、例えば使い捨て紙洋服といった領域において新しい販路を切り開くことができるかどうかを見ていくことはとても面白いことだろう。

ここ数年、非常に脚光を浴びていたという理由から、戦後初期には素晴らしいチャンスだったものの、一九六〇年代にはそれほどの脚光とはなりそうもない産業をもう一つだけ紹介しておく。もちろん、それは石油株だ。一九五〇年代もほぼ終わろうとしているころに限って、非常に投資向きだったと言える株はこれ以外にない。つい最近の一九五八年にも、各方面の機関投資家がこれらの株式の持ち分を減らすことなく、その熱はほぼ抑えようがないほど高まっていた。そのような株式をリストアップした表を見ても、単独の産業で石油株よりも大きな割合で組み込まれているものはほとんど見られなかった。しかし、そのような数字は多少なりとも勝手な定義によって決められる特定の産業分類によるものであるから、それほど大きな意味を持たないということはすでに説明したとおりである。

しかしこの後突然、金融界では石油株についてすでに分かっていた身の毛がよだつような出来事が起こってしまったのである。その理由は数々あるが、見つけるのに苦労はしない。米国では石油需要の年間上昇率が予想されていたよりも若干低い水準で推移していた。そのうえ二つの要因が差し迫っていて、予想されていた成長率をさらに抑えてしまう恐れがあった。一つはアメリカ国民が小型車、あるいは「エコノミーカー」と言われる燃費の改良された自動車に予想外に熱を上げていたことである。もう一つは、競合する代替燃料によって産業用や暖房用の燃料のための石油価格競争が激しくなっていたという状況である。その一方、浅くて採掘がより簡単な国内産の石油が発見し尽くされたように見えると、どんどん深く掘っていかなければばならないため、代わりの石油を掘り出す費用が着実に増加していく。同時に、海外での活動が以前のような魅力を失い始めていた。外国では石油の需要の拡大が年々速度を増し、そこまで収益の高い分野が見つかったということで、これらの「国際企業」は純粋な国内メーカーが陥っている苦しい状況とは無関係ではないかと思われていた。しかし、極端なナショナリズムの波がアラブ世界やベネズエラ、インドネシアに押し寄せ、「外人による石油開発」に対して憤りを感じている国民感情も伴っていた。最悪の場合は接収されるケースも考えられた。少なくとも税金は急激に増額された。このような状況を考えると、投資意欲に燃える多くの人々は、地下油田からの採掘量が永遠に増え続けるという確証に支えられて、堅調に売り上げと利益を伸ばしてきたそれまでの一五年間で最も素晴らしい業績を上げてきた産業に対して、深くかかわりすぎてはいないかという不安にかられることになった。

私のような多くの人にとって、保有する価値のある株とは、異例の成長が何年もずっと続いていく見込みがある株式であると信じている人々に対しては、今ここで挙げた石油株の重要な評価に力を入れるメリットがあると思っている。ほかの多くの産業よりも強く言えることは、石油メーカーの利益水準に関する最も重要な要因は製品の価格であるということだ。原油を見つけるのは徐々に困難になっていくのは確実で（したがって価格も上がっていく）、またこの産業における賃金をはじめとするコストもほかの産業と同様に右肩上がりに高くなっている。そのため、これらの企業の利益が増えるためには原油価格がさらに上昇することが必要である。

しかし、世界各地のこれだけ多くの場所で見つかる多くの量を考えると、そのような上昇は極めて難しいのではないかと思わざるを得ない。国内では、現行の価格体系でさえ政府が設定する輸入量割り当てと州政府の配分に依存しているため、だいたいの価格上昇はむしろ政治的に生み出されている。

しかし今日のように状況が変わり、石油株が持っている多くの上昇要因がなくなってしまったとしたら、より急進的な態度で石油株を批判してきた人々にとっても、同様に幻滅となることだろう。中東や南米、インドネシアなどで政治家が出す急進的なさまざまな声明文を読み、革命や地方政府の動きによっては保有している大手石油会社の株式を取り上げられてしまうのではないかと恐れる人もいる。石油の供給過剰は、株を考えればこのビジネスの魅力を削ぐ要因となっている。しかし、非常に長期間、前述のような動きのある多くの国に対する強力な防御となっている。接収が行われようとしていた一九五〇年代半ばのイランの場合、精製段階の石油に経済的な価値が与えられていないことが分かる。石油は離れた土地でなければ取引できないことになっている。大手企業だけがタンカーや顧客の販売店近くに貯蔵設備を持っている。そのうえ、大手しかその販売を行うだけの能力を持つ組織がない。一方、石油の現在の供給量は非常に多く、ある一つの国や民族が市場に出る石油を制限しようとすれば、あっという間に赤字になってしまう。カナダやベネズエラ、インドネシア、中東のアラブ諸国、イラン（アラブ諸国には含まれない）といった多様な自由主義国が一斉に協調して行動をとるということはほとんど考えられない。現在は北アフリカや南米の各地にもほかの地域と同等の石油貯蔵設備ができ始めている。このような環境においては、交渉の場で強いカードを持つのはいつも石油生産国であるとは限らないのだ。街のギャングのような集団によっていつ権力を握られ、特定の国における生産がストップしてしまうか分からないが、そのような動きは痛みを伴うことも多く、一時的なものにすぎない。

それでも、仮にその生産国が手元に強いカードを一枚も持っていないとしても、かなり強めのカードは持っているものである。私は一九六〇年代もまた最近のトレンドが継続していくと読んでいる。ゆっくりではあるが着実にこれらの国では税金の徴収額（言い換えると利益総額の一部だが、いずれにしても同じことである）が徐々に増えていくだろう。他方で世界全体での石油需要が伸びるなかで生産される総産油量も引き続き伸びていくと思われる。私の将来の予想では、これら二つの要素がほぼ相殺し合うと考えている。つまり、直近の未来においては大手国際石油会社の株式が最近の多くの事例のような素晴らしいパフォーマンスを見せることも、懸念を表明している一部の人の言うような投資リスクの元になるようなこともないということだ。

ここで私が述べていることが正しければ、現在最も好調な石油会社の優秀な経営者の多くが思っていることに反して、石油株投資の黄金期は終わったということになる。恐らく、かつてそれほどまでの人気を博したこのグループに終わりが訪れたということは、間もなくエネルギー生産者の別のグループで、これまで長年にわたって投資対象としては好ましくないとされてきた産業の一つに始まりのときが訪れるということだろう。もしかしたら機械化や地下の石炭の化学処理の分野での着実な前進によって、創造力とこの新しい世界を見通す力を持った人材を持つひとにぎりの石炭会社にとって、新しい展望が開ける日も近いのかもしれない。

■著者紹介

フィリップ・A・フィッシャー（Philip A. Fisher）

1928年から証券分析の仕事を始め、1931年にコンサルティングを主としたフィッシャー・アンド・カンパニーを創業。現代投資理論を確立した１人として知られている。本書を執筆後、大学などでも教鞭を執った。著書に『株式投資で普通でない利益を得る』（パンローリングより近刊予定）、『保守的な投資家ほどよく眠る』『投資哲学を作り上げる』などがある。なお、息子であるケネス・L・フィッシャーは、運用総資産300億ドル以上の独立系資産運用会社フィッシャー・インベストメンツ社の創業者・会長兼CEO、フォーブス誌の名物コラム「ポートフォリオ・ストラテジー」執筆者、ベストセラー『ケン・フィッシャーのPSR株分析』『チャートで見る株式市場200年の歴史』『投資家が大切にしたいたった３つの疑問』（いずれもパンローリング）などの著者である。

■監修者紹介

長尾慎太郎（ながお・しんたろう）

東京大学工学部原子力工学科卒。北陸先端科学技術大学院大学・修士（知識科学）。日米の銀行、投資顧問会社、ヘッジファンドなどを経て、現在は大手運用会社勤務。訳書に『魔術師リンダ・ラリーの短期売買入門』『新マーケットの魔術師』（いずれもパンローリング、共訳）、監修に『高勝率トレード学のススメ』『ラリー・ウィリアムズの短期売買法【第２版】』『コナーズの短期売買戦略』『続マーケットの魔術師』『続高勝率トレード学のススメ』『ウォール街のモメンタムウォーカー』『グレアム・バフェット流投資のスクリーニングモデル』『勘違いエリートが真のバリュー投資家になるまでの物語』『Rとトレード』『完全なる投資家の頭の中』『３%シグナル投資法』など、多数。

■訳者紹介

丸山清志（まるやま・せいし）

翻訳家。一橋大学法学部卒業後、カリフォルニア州立大学スタニスラス校政治学科卒業。米国現地生命保険会社に勤務後、日本の語学・留学関連会社を経て、翻訳家として独立。その後、CFP®の認定を受けファイナンシャルプランナーとして個人事務所を設立。現在、個人・法人向けFP相談業務、講演活動、翻訳・通訳業務を幅広く行う。

2016年5月3日　初版第1刷発行

ウィザードブックシリーズ㉟

株式投資が富への道を導く

著　者　フィリップ・A・フィッシャー
監修者　長尾慎太郎
訳　者　丸山清志
発行者　後藤康徳
発行所　パンローリング株式会社
〒160-0023　東京都新宿区西新宿 7-9-18-6F
TEL 03-5386-7391　FAX 03-5386-7393
http://www.panrolling.com/
E-mail　info@panrolling.com
編　集　エフ・ジー・アイ（Factory of Gnomic Three Monkeys Investment）合資会社
装　丁　パンローリング装丁室
組　版　パンローリング制作室
印刷·製本　株式会社シナノ

ISBN978-4-7759-7204-5
落丁・乱丁本はお取り替えします。

ファンダメンタルズ分析で読み解く市場

PanRolling Classics

ケン・フィッシャー

フィッシャー・インベストメンツ社の創業者兼 CEO。同社は 1979 年設立の独立系資金運用会社として、世界中の年金、基金、大学基金、保険会社、政府、個人富裕層などを顧客に持ち、運用総資産額は400億ドル（約４兆円）を超える。株価売上倍率（PSR）による株式分析、また小型株運用の先駆者として知られる。

ウィザードブックシリーズ182

投資家が大切にしたい たった3つの疑問

著者　ケン・フィッシャー

定価 本体3,800円+税　ISBN:9784775971499

投資の“神話”に挑戦し、それを逆手にとって自らの優位性にする考え方を徹底解説！

ケン・フィッシャーは本書で、多くの人々が判断の根拠としている従来の投資神話の　正体を暴き、他人の知らないことを知るためにすべき方法論を詳細に披露してくれて　いる。その方法論は、彼自身が長く大きな成功を収める土台となったものであり、たった3つの疑問に集約される。

ウィザードブックシリーズ 149

ケン・フィッシャーのPSR株分析

市場平均に左右されない超割安成長株の探し方

定価 本体2,300円+税　ISBN:9784775971161

先駆者による本当の株価売上倍率分析法

革新的な株式評価法「PSR（株価売上倍率）」を活用し、一時のグリッチ（不調）で人気（＝株価）を下げた「スーパー企業」を洗い出し、3～5年の間に価格が3～10倍になる「スーパー株式」に投資する指南書。

バフェットが執筆する「株主への手紙」を収録

14年ぶり 改定第3版

「カニンガムは私たちの哲学を体系化するという
素晴らしい仕事を成し遂げてくれた」——ウォーレン・バフェット

「とても実用的な書だ」—— チャーリー・マンガー

「バリュー投資の古典であり、バフェットを知るための究極の1冊」—— フィナンシャル・タイムズ

「このバフェットに関する書は素晴らしい」—— フォーブス

ローレンス・A・カニンガム 著

定価 本体2,300円+税　ISBN:9784775971857

関連書

ウィザードブックシリーズ 233

完全なる投資家の頭の中
マンガーとバフェットの議事録

定価 本体2,000円+税　ISBN:9784775972021

バフェットのビジネスパートナー、チャーリー・マンガーのすべて

本書は、マンガーへのインタビューや彼の講演、文章、投資家への手紙、そして、たくさんのファンドマネジャーやバリュー投資家やビジネス事例史家の話から抽出した要素を再構築して、マンガーの投資戦略に不可欠なステップを明かした初めての試みである。ベンジャミン・グレアムのバリュー投資システムから派生したマンガーの手法は非常に明快で、普通の投資家でもすぐに自分のポートフォリオに応用できる。しかし、本書はただの投資本ではない。これはあなたの人生を助けるメンタルモデルを育んでいくための教えでもあるのだ。

ウィザードブックシリーズ 230

勘違いエリートが
真のバリュー投資家になるまでの物語

定価 本体2,200円+税　ISBN:9784775971994

バフェットとのランチ権を65万ドルで買った男！

本書は、ウォール街の闇に直面した若者が、賢明な道を見つけ、それによってはるかに大きな報酬（金銭的にも人間的にも）を得るまでの興味深い物語である。著者は、偏見を捨て、ロールモデルから学び、ありのままの自分を受け入れて大きな成功をつかんだ。本書は非常に意味深い内容であるにもかかわらず、投資の世界に関心を持ち、自分の道を切り開いていきたい人にとっては素晴らしい実用的な指針になっている。

ウィザードブックシリーズ 227

ウォール街のモメンタムウォーカー

定価 本体4,800円+税　ISBN:9784775971949

「効率的市場仮説」を支持したサミュエルソンはなぜ投資先をバークシャーにしたのか

効率的市場仮説は経済理論の歴史のなかで最も重大な誤ちの1つである市場状態の変化をとらえ、低リスクで高リターンを上げ続ける戦略

ベンジャミン・グレアム

1894/05/08 ロンドン生まれ。1914 年アメリカ・コロンビア大学卒。ニューバーガー・ローブ社（ニューヨークの証券会社）に入社、1923-56 年グレアム・ノーマン・コーポレーション社長、1956 年以来カリフォルニア大学教授、ニューヨーク金融協会理事、証券アナリストセミナー評議員を歴任する。バリュー投資理論の考案者であり、おそらく過去最大の影響力を誇る投資家である。

ウィザードブックシリーズ 10

賢明なる投資家

割安株の見つけ方とバリュー投資を成功させる方法

定価 本体3,800円+税　ISBN:9784939103292

市場低迷の時期こそ、威力を発揮する「バリュー投資のバイブル」

ウォーレン・バフェットが師と仰ぎ、尊敬したベンジャミン・グレアムが残した「バリュー投資」の最高傑作！　だれも気づいていない将来伸びる「魅力のない二流企業株」や「割安株」の見つけ方を伝授。

ウィザードブックシリーズ24

賢明なる投資家【財務諸表編】

定価 本体3,800円+税　ISBN:9784939103469

ベア・マーケットでの最強かつ基本的な手引き書であり、「賢明なる投資家」になるための必読書！　ブル・マーケットでも、ベア・マーケットでも、儲かる株は財務諸表を見れば分かる！

ウィザードブックシリーズ87

新 賢明なる投資家(上)

定価 本体3,800円+税　ISBN:9784775970492

古典的名著に新たな注解が加わり、グレアムの時代を超えた英知が今日の市場に再びよみがえる！ みなさんが投資目標を達成するために読まれる本の中でも最も重要な1冊になるに違いない。

ウィザードブックシリーズ88

新 賢明なる投資家(下)

定価 本体3,800円+税　ISBN:9784775970508

原文を完全な状態で残し、今日の市況を視野に入れ、新たな注解を加え、グレアムの挙げた事例と最近の事例とを対比。投資目標達成のために読まれる本の中でも最も重要な1冊となるだろう。

ウィザードブックシリーズ 44

証券分析【1934年版】

定価 本体9,800円+税　ISBN:9784775970058

「不朽の傑作」ついに完全邦訳！　研ぎ澄まされた鋭い分析力、実地に即した深い思想、そして妥協を許さない決然とした論理の感触。時を超えたかけがえのない知恵と価値を持つメッセージ。

ウィザードブックシリーズ207

グレアムからの手紙

定価 本体3,800円+税　ISBN:9784775971741

ファイナンスの分野において歴史上最も卓越した洞察力を有した人物のひとりであるグレアムの半世紀にわたる證券分析のアイデアの進化を示す貴重な論文やインタビューのコレクション。